DANIEL JENSEN · ALEX VON KUCZKOWSKI

# PATRICK MAHOMES

**Die unglaubliche Geschichte des NFL-Superstars**

EDEL
SPORTS

# Inhaltsverzeichnis

# #1 DER PERFEKTE ATHLET

**„Erfolg wird einem nicht in den Schoss gelegt. Man muss ihn sich verdienen.“**

Das sagt Patrick Mahomes. Für ihn sind diese zwei Sätze nicht nur so dahingemurmelt. Sie sind für ihn auch mehr als nur ein Motto oder Credo – sie sind sein Leben. Mit Arbeit, Akribie und Talent wurde Mahomes zu einem der besten Sportler aller Zeiten. Er hat zahlreiche Titel gewonnen, hält diverse Rekorde in seinem Sport, verdient viel Geld und wird von Millionen Fans auf der ganzen Welt verehrt. Und dabei ist sein Weg noch lange nicht zu Ende.

Mahomes spielt Quarterback im American Football. Das ist die wichtigste Position in dieser uramerikanischen Sportart. Der Quarterback ist der Spielmacher in der Offensive. Er hält die Strippen in der Hand, dirigiert seine Nebenleute und hat einen maßgeblichen Anteil daran, wenn seine Mannschaft Spiele gewinnt oder verliert. Bislang hat Mahomes sein Team größtenteils zu Siegen verholfen. Mehr noch: Er hat es nach vielen erfolglosen Jahrzehnten endlich wieder zu Meisterschaften geführt. Mit noch nicht mal 30 Jahren ist er bereits jetzt eine Legende.

Sein Team sind die Kansas City Chiefs. Eine Mannschaft aus dem mittleren Westen der USA mit einer langen Geschichte und einem Kultstadion, in das fast 80.000 Anhänger treu zu jedem Heimspiel pilgern: dem berühmt-berüchtigten Arrowhead

Stadium. Die gigantische Betonschüssel hält den Weltrekord in Sachen Lautstärke und gilt somit als das lauteste Stadion der Welt. Hier wird Football geatmet und gefeiert – schon viele Stunden, bevor das Spiel beginnt.

American Football ist ein Kollisionssportart und gilt als brutal. Harte Zweikämpfe und schwere Verletzungen gehören dazu. Athletische Höchstleistungen vereint mit brachialem Einsatz. Disziplin ist hier Vorschrift, Schwäche zeigt niemand. Über Schmerzen wird – wenn überhaupt – nur hinter verschlossenen Türen gesprochen. Obwohl das komplexe Spiel, auch „Rasen-Schach" genannt, viele Unterbrechungen hat und durch Taktik geprägt ist, gibt es für die modernen Gladiatoren auf dem Rasen kaum Verschnaufpausen. Sie sind körperlich und geistig enorm gefordert, sind die unbestrittenen Stars und verdienen Millionen. Ob groß oder klein, dünn oder dick: Im American Football werden alle gebraucht. Für jede Figur gibt es eine Position auf dem Feld. Das stärkt den Teamgeist

Die besten American Footballer dieses Planeten spielen in der National Football League, kurz NFL. Sie ist die reichste, schillerndste und spektakulärste aller Profisportligen der Welt, entstanden vor über 100 Jahren mit heute Hunderten Millionen Anhängern auf allen Kontinenten. Ihr Finale, der Super Bowl, ist das größte TV-Ereignis des Jahres. Die Sieger erhalten die Vince-Lombardi-Trophy und insgesamt rund 150 diamantenbesetzte Ringe.

Die NFL erwirtschaftet jedes Jahr viele Milliarden US-Dollar, dank hochdotierter Verträge mit TV-Stationen, Streamingdiensten, Merchandise- und Werbepartnern sowie Ticketverkäufen. Alle 32 Teams haben ihren Wert in den letzten Jahren verdoppelt und verdreifacht. Die NFL ist eine Institution. Ein eigener Kosmos. Ein auf maximalen Profit zielendes Wirtschaftsunternehmen. Die

Liga versteht es perfekt, sich zu inszenieren und stellt ihre Sport-Asse ins mediale Rampenlicht. Sie produziert mit ihnen Hochglanzfilmchen und befördert sie so auf eine Stufe mit den Weltstars aus Hollywood und der Musikszene. An Thanksgiving, dem amerikanischen Erntedankfest, dreht sich in den USA längst nicht mehr alles um Truthähne. Sie sind eigentlich nur noch die Beilage. An Thanksgiving dreht sich alles um die NFL.

Patrick Mahomes ist *das* Gesicht der NFL. Er verkörpert die Liga. Sein Stil, die Art und Weise, wie er seine Rolle ausfüllt, ist einzigartig. Er ist der wohl kompletteste Quarterback aller Zeiten, gesegnet mit einer unfassbaren Kraft im Wurfarm, mit der er den Ball über 85 Yards weit schleudern kann. Mit seiner herausragenden Athletik gelingt es ihm, Spielzüge immer wieder zu verlängern. Seine Übersicht und Kreativität auf dem Platz zieht die Beobachter in ihren Bann. Er besitzt ein fotografisches Gedächtnis und lernt aus Fehlern so schnell wie kein zweiter. Und er besitzt einen unbedingten Siegeswillen. Er ist ein Anführer. An ihm können sich seine Teamkollegen orientieren, auf ihn können sie sich immer verlassen. Und er ist im Fahrwasser seines Teamkameraden Travis Kelce, der gleichzeitig sein *best buddy* ist, und dessen öffentlichkeitswirksamer Liaison mit Pop-Ikone Taylor Swift ein medialer Superstar mit zahlreichen Werbeverträgen.

Travis Kelce, ein kraftstrotzender Hüne und unangenehmer Gegenspieler auf dem Rasen, ist verlässlicher Empfänger seiner Pässe. Seit über 10 Jahren steht er bei den Kansas City Chiefs unter Vertrag. Seitdem zählt der Tight End, wie seine Position auf dem Football-Feld lautet, zu den absoluten Leistungsträgern. In den Spielzeiten 2016 bis 2022 fing er jedes Jahr Bälle für über 1000 Yards Raumgewinn – über einen Zeitraum von sechs Jahren ist das in der Geschichte der NFL noch keinem Tight End gelungen. Seine Hände sind wie eine Lebensversicherung für die Chiefs. Mahomes und Kelce verstehen sich blind auf dem Platz und sind auch privat beste Freunde.

Abseits des Sports ist Kelce ein äußerst charmanter Kerl. Aber er nimmt kein Blatt vor den Mund und eckt öfter an. Im November 2016 flog er im Spiel gegen die Jacksonville Jaguars vom Platz, weil er die Schiedsrichter nachäffte. Das kostete ihn 25.000 US-Dollar Strafe. Sein Kommentar in einem TV-Interview mit *ESPN:* „Ja, stimmt schon. Wenn ich auf dem Footballfeld bin, verhalte ich mich manchmal wie ein A…"

Geboren wurde Kelce im US-Bundesstaat Ohio. Früher, an der Highschool und teilweise auch noch am College, spielte er selbst Quarterback: „Ich denke, ich hätte in der NFL auch auf dieser Position Erfolg gehabt." Die gesamte College-Saison 2010 war er gesperrt. Der Grund: Er hatte am Vorabend des Sugar Bowls am 1. Januar 2010 zwischen seinen Cincinnati Bearcats und den Miami Gators in New Orleans gekifft. „Das war dumm. Seitdem habe ich das nie wieder gemacht", zeigte er sich später reumütig. Dass Kelce kein Kind von Traurigkeit ist, beweist auch seine Teilnahme an der TV-Dating-Show „Catching Kelce. 50 Girls, 1 Tight End" im Jahr 2016. Man stelle sich so was Ähnliches wie „Der Bachelor" vor, nur halt mit einem Footballspieler in der Rolle des Umgarnten. Kelces Auserwählte damals hieß Maya Benberry. Lange hielt das Glück aber nicht. Von 2017 bis 2022 war Travis mit It-Girl Kayla Nicole zusammen. Heute ist Kelce wieder in festen Händen. Und nicht in irgendwelchen Händen. Er ist mit dem größten Pop-Star der Welt liiert. Die Flirterei zwischen ihm und Taylor Swift begann im Sommer 2023. Als Swift am 24. September 2023 bei einem Chiefs-Spiel im Arrowhead Stadium auftauchte und dann auch noch neben seiner Mutter saß, war ihr romantisches Versteckspiel vorbei.

Ab jetzt durften alle sehen: ja, wir sind uns nah und mögen uns sehr. Im Podcast *Bussin' With The Boys* beschreibt Kelce den Moment, als er spürte, dass er sich ernsthaft in die Sängerin verguckt hatte: „Sie ist sehr selbstsicher. Ich glaube, das ist der Grund, warum ich mich in sie verliebt habe. Weil ich einfach gesehen habe, wie aufrichtig sie mit ihren Freunden und ihrer Familie umgeht. Es kann für jemanden, der so viel Aufmerksamkeit bekommt, ganz schön verrückt werden. Aber sie bleibt einfach so gelassen und cool."

Die gefeierte Sängerin und der beliebte NFL-Star – es klingt wie in einem Märchen. Das Paar verbringt jede freie Minute zusammen. Doch die Zeit ist rar. Taylor Swift ist von März 2023 bis Dezember 2024 auf großer „The Eras"-Welttournee mit insgesamt 152 Shows in 54 Städten auf fünf Kontinenten. Sie ist die erste Künstlerin, die mit einer Konzertreihe Einnahmen von einer Milliarden US-Dollar umsetzt und damit die erste Milliardärin der Geschichte mit Musik als Haupteinnahmequelle. Travis flog ihr in den vergangenen Monaten so oft es geht überall auf dem Erdball hinterher, um sie zu sehen. Als Kelce im Februar 2024 mit den Kansas City Chiefs den Super Bowl, das große NFL-Finale, in Las Vegas gewann, jettete wiederum Swift aus Tokio zu ihm, um ihn live zu unterstützen – mit einem 13-Stunden-Flug über 9.000 Kilometer unmittelbar nach einem ihrer Konzerte. Die unterschiedlichen Zeitzonen zwischen Japan und den USA machen es möglich.

Amor gespielt hat übrigens Patrick Mahomes. Er behauptet, Travis und Taylor miteinander verkuppelt zu haben. „Ich war derjenige, der Travis zum ersten Taylor-Konzert eingeladen hat, als der Plan mit dem Freundschaftsarmband entstand. Ich fühle mich, als wäre ich der Kuppler, ich habe ja auch dazu beigetragen. Ich habe ihm gesagt: ‚Alter, du solltest es einfach tun. Mach es einfach!'", sagte er in der *Pat McAfee Show.* Kelce hatte seine Handynummer auf ein Freundschaftsbändchen geschrieben und versucht, es Taylor Swift zu geben. Aber er hatte keine Chance. Ein Treffen im Backstage-Bereich kam nicht zustande.

Dass er darüber verärgert war, erzählte Travis dann seinem älteren Bruder Jason Kelce, ebenfalls ein NFL-Spieler mit Kultstatus, im gemeinsamen Podcast *New Heights.* Und richtete seine Worte auch noch in Richtung Taylor Swift: „Hey, ich habe dich gesehen, wie du die Bühne im Arrowhead gerockt hast. Vielleicht musst du auch mal sehen, wie ich das Arrowhead rocke, um zu sehen, wer von uns beiden cooler ist." Swift fand das lustig und cool – und begann, Travis zu daten.

Mittlerweile sind Patrick Mahomes und Travis Kelce auch mal gemeinsam zu viert unterwegs. Pärchen Date. Travis mit Taylor – und Patrick mit seiner Brittany. Dann wird zusammen gegessen oder gefeiert. Das Quartett versteht sich hervorragend. Und die Fans aus beiden Lagern, die der NFL und die „Swifties" (so werden Taylors Anhänger bezeichnet), drehen durch. Die Klatschreporter sowieso. Wo Patrick Mahomes ist, ist Glamour.

Harte Arbeit zahlt sich aus. Trotzdem ist die Geschichte des NFL-Superstars Patrick Mahomes unglaublich. Wie konnte er innerhalb kürzester Zeit von einem vielversprechenden *Baseball*-Talent zu einem gefeierten *Football*-Helden werden? Wie verliefen seine Kindheit in Texas, seine Karriere am College, sein Einstieg in die NFL? Wie tickt er privat? Und was für ein Team sind eigentlich die Kansas City Chiefs? All das und mehr erfahrt Ihr in den folgenden Kapiteln.

# #2 DER SUPERSTAR

## „Auf ein Hotdog gehört kein Ketchup!"

Diese Klarstellung stammt von Barack Obama, dem 44. Präsidenten der Vereinigten Staaten von Amerika. Und er legte noch nach: „Das ist eines dieser Dinge, die ab einem Alter von acht Jahren nicht mehr akzeptabel sind."

Warum Obama das sagte? Weil Patrick Mahomes das gaaanz anders sieht. Der Quarterback der Kansas City Chiefs hat eine besondere Beziehung zu Ketchup. Ob auf Burger, Sandwiches, Pommes, Pizza, Steak und sogar dem traditionellen Truthahn an Thanksgiving: Schon als kleiner Junge bestrich er sämtliches Essen mit dem roten Gold aus der Tube. Als die breite Öffentlichkeit nach seinem kometenhaften Aufstieg in der NFL davon Wind bekam, dass er seine Hotdogs lediglich mit Ketchup anstelle von gelbem Senf, gehackten Zwiebeln und einer Essiggurke belegt, war der Aufschrei im Fast-Food-Land USA riesig. So groß, dass sich sogar Ex-Präsident Obama augenzwinkernd genötigt sah, auf das „Ketchup Gate" zu reagieren.

„Es ist lange her, aber als kleines Kind habe ich immer Sandwiches gegessen, die nur aus Ketchup und Brot und sonst nichts bestanden", verriet Mahomes. „Die Leute fanden es sehr seltsam, dass ich weder Schinken, Käse oder Salat draufgepackt habe. Früher wurde ich dafür die ganze Zeit gehänselt."

Heute verdient Mahomes damit sehr viel Geld. Seit 2018 ist er das landesweite Werbegesicht von Ketchup-Produzent Hunt's. Auch in einem TV-Spot für die Versicherung State Farm, der 2020 veröffentlicht wurde, spielt seine Leidenschaft für Würzsauce auf Tomatenbasis eine große Rolle. Während sein Co-Star Aaron Rodgers, ebenfalls ein Quarterback-Superstar der NFL, in dem Spot einen Deal aushandelt, beschäftigt sich Mahomes ausschließlich mit einer Ketchupflasche. Er bedeckt ein ganzes Steak mit der roten Sauce und fragt erst, als die Flasche fast leer ist, in die Runde: „Wolltet ihr auch was?"

Gemeinsam mit Travis Kelce, seinem Team-Kollegen bei den Chiefs und engem Freund, wird Mahomes Anfang 2025 in Kansas City sogar ein eigenes Restaurant eröffnen: das „1587 Prime Steakhouse", benannt nach den Trikotnummern der beiden. Zusätzlich macht der Quarterback u. a. Werbung für Bier („Coors Light"), einen Energy Drink („Prime") und eine Fast-Food-Kette („Subway"). Auch gezuckerte Frühstücksflocken haben es ihm angetan. Als Kind hat er bergeweise „Kellogg's Frosties" verputzt. Diese Vorliebe teilte er später ebenfalls mit seinen Fans. Zusammen mit der US-Supermarktkette Hy-Vee brachte er am 1. August 2019 die Cerealien-Marke „Mahomes Magic Crunch" auf den Markt. In knalligem Rot. Und streng limitiert, denn Hy-Vee betreibt seine Läden nur in acht Bundesstaaten des Mittleren Westens der USA.

„Mahomes Magic Crunch" wurde sofort zum Kassenschlager! Hy-Vee hatte gehofft, in den ersten Wochen 50 000 Packungen verkaufen zu können, doch bereits nach wenigen Tagen waren 300 000 Boxen für den Preis von 3,99 US-Dollar weg. Interessierte Käufer, die nicht im Einzugskreis der Hy-Vee-Geschäfte wohnten, versuchten, die Flocken über das Internet auf Plattformen wie Amazon oder eBay zu erwerben – für einen deutlich höheren Preis. Patricks Cerealien hatten quasi Sammlerwert.

Da stellt sich doch die Frage, wie Patrick Mahomes trotz seiner speziellen Essensvorlieben so erfolgreich werden konnte?

## Eigener Fitnesstrainer seit der 4. Klasse

Ein ganz wichtiger Mensch im Leben von Patrick Mahomes ist Bobby Stroupe. Ihre Zusammenarbeit begann bereits, als Mahomes gerade mal die 4. Schulklasse besuchte. Stroupe ist Personal Trainer und Gründer des „Athlete Performance Enhancement Center" (APEC) in Texas. Seine Kunden sind talentierte Sportler, fitnessliebende Promis und große Firmen wie zum Beispiel „Nike". Schon seit vielen Jahren achtet Stroupe darauf, dass Mahomes ein professionelles Sportlerleben führt. Seit es einen festen Ernährungsplan gibt, sind die Zeiten von schnellem, ungesundem Essen und Bestellungen bei Lieferdiensten vorbei. Da festgestellt wurde, dass Patrick an bestimmten Unverträglichkeiten leidet (unter anderem reagiert er besonders auf Gräser und fast alle Nüsse allergisch), befolgt er einen speziellen Ernährungsplan, den ein eigener professioneller Koch für ihn umsetzt.

Außerdem trägt Mahomes, auch während der NFL-Spiele, ein Fitnessarmband der Marke „Whoop" – dahinter steckt ein Start-up-Unternehmen, in das er auch selbst investiert hat. Das Armband hilft ihm dabei, herauszufinden, wie lange er sich nach sportlichen Höchstleistungen erholen muss. Besonders wichtig sind dabei die zeitlichen Schwankungen zwischen den Herzschlägen. So entsteht in seinem Smartphone jeden Tag ein individueller Trainingsplan für die nächsten 24 Stunden.

Auch Schlaf ist Teil seines Fitnessprogramms. Für Mahomes ist die nächtliche Erholung weit mehr als eine Pflicht, Schlafen ist fast so etwas wie zu einem Hobby geworden. „Patrick ist wahrscheinlich der produktivste Schläfer im Profisport. Er schläft jede Nacht zehn Stunden und sorgt für kurze Schlafpausen am Tag. Ich kenne außer Löwen nicht mal Tiere, die so auf ihre Energie achten“, erzählt Stroupe. Und fügt hinzu: „Wenn Schlafen ein Videospiel wäre, würde er alle Punkte holen.“

Kaum jemand kennt Mahomes' Körper so gut wie sein enger Vertrauter. „Ganz ehrlich: Patrick hat nicht die Statur eines griechischen Gottes. Wenn man sich sein anatomisches Setup anschaut, ist er eher wie ein umgedrehter Zentaur. Er hat einen mächtigen Oberkörper und eine schmalere untere Körperhälfte“, erklärt Stroupe. Dadurch sei seine Kraft aus den Beinen zwar limitiert. Aber: „Patrick hat die sportlichste Wirbelsäule, die ich jemals gesehen habe.“ Dank ihr kann er sich blitzschnell drehen, fast um die eigene Achse. Diese Flexibilität hat Mahomes mithilfe von Stroupe gezielt weiter ausgebaut. Er kann im Rückwärtsgang 89 Prozent der Geschwindigkeit erreichen, die er beim Vorwärtslaufen draufhat. Das schaffen nicht mal Weltklassesprinter, weil sie es so gut wie nie trainieren. Wenn der Quarterback einen Halbkreis läuft, ist er sogar drei Prozent schneller als auf einer geraden Strecke – ein Riesenvorteil auf dem Footballfeld.

## Die große Liebe

Unterstützt wird Mahomes bei der Einhaltung seines gesunden Lebenstils auch von Brittany – seiner großen Liebe. Seit der Highschool sind die beiden unzertrennlich. Zunächst waren sie nur Schulfreude, Brittany Matthews war ein Jahrgang über

Patrick. Aber dann wurde plötzlich mehr daraus. Am Valentinstag 2012 wollte Patrick Brittany eigentlich nur ärgern, als er ihr in der Schulcafeteria vor den Augen ihrer johlenden Freunde und vieler Mitschüler eine rote Rose und eine Karte überreichte. Was als Scherz gemeint war, empfand sie jedoch als ziemlich süß. Trotz einiger „Kiss her"-Anfeuerungsrufe passierte an diesem Tag aber erst mal nichts zwischen ihnen. Zu unklar war ihr, ob er wirklich Gefühle für sie hatte oder alles nur eine jugendliche Mutprobe war. Doch die unerwartete romantische Geste setzte offenbar etwas in Gang: „Boom, plötzlich haben wir uns verknallt", erzählte Brittany später.

Anfang April 2012, wenige Woche nach Patricks erstem „Liebesbeweis", wurden sie offiziell ein Paar, ein Herz und eine Seele. Am 2. August, nach vier Monaten Zweisamkeit, stellte Brittany überglücklich auf Instagram fest: „Das ist die beste Zeit meines Lebens." Und schickte ihrem Patrick ein Emoji-Herz hinterher.

Das erste gemeinsame Weihnachtsfest geriet aber zur Nervenprobe. Sie hatten verabredet, Zeit mit beiden Familien zu verbringen – was durch die Trennungen von Patricks und Brittanys Eltern aber zu einem Balanceakt wurde, beide Paare waren zu diesem Zeitpunkt bereits geschieden. Britannys Mutter Diana ist Physiotherapeutin, ihr Vater Scott verdient sein Geld als Unternehmer im Gesundheitssektor, von ihm hat Brittany ihr Interesse an Fitness. Und dann gibt es da noch Devin, ihren älteren Bruder, sowie Landon, einen jüngeren Stiefbruder. Mahomes rutschte bei dem Gedanken, mit der Familie seiner ersten (und bis heute einzigen) Freundin am Tisch zu sitzen, das Herz in die Hose. Er wollte nichts falsch machen und einen guten Eindruck hinterlassen.

Brittany war damals selbst erfolgreiche Sportlerin und ähnlich verrückt nach Fußball wie Patrick nach Football, Baseball und Basketball. Als Stürmerin erzielte sie die meisten Tore ihres

Jahrgangs. Das sorgte dafür, dass sie nach ihrem Highschool-Abschluss ein Stipendium der University of Texas erhielt und später sogar einen Rekord am College aufstellte: drei Hattricks in einer Saison – bis heute unerreicht.

Es war eine unbelastete Beziehung zweier talentierter Sportler, die das Leben in vollen Zügen genossen und zunächst nicht wussten, was in den nächsten Jahren auf sie zukommen würde (*mehr dazu in den nächsten Kapiteln*).

Brittany ging als Fußballerin später sogar für ein Jahr nach Island. Mit UMF Afturelding gewann sie dort die Meisterschaft. Nach ihrer Rückkehr im Jahr 2017 beendete sie ihre Fußballkarriere, baute ihre eigene Fitnessmarke „Brittany Lynne Fitness" auf und kümmerte sich noch mehr um ihren Patrick. Im September 2020, wenige Monate nach seinem ersten Super-Bowl-Triumph mit den Kansas City Chiefs in Miami gegen die San Francisco 49ers machte Patrick seiner Liebsten einen romantischen Heiratsantrag – und zwar passenderweise im Arrowhead Stadium! Anlass war die Überreichung der Super-Bowl-Ringe an Spieler und Mitarbeiter in einer feierlichen Zeremonie. Danach führte Patrick seine Brittany in eine Loge des Stadions. Auf dem Boden lagen weiße und rote Rosen verstreut, am Fenster stand in Leuchtschrift „Will you marry me?". Romantik pur! Als sie sich zu ihm umdrehte, kniete er sich auf den Boden und überreichte ihr einen riesigen Klunker – einen Acht-Karat-Diamanten auf einem doppelten Band aus Weißgold. Experten schätzten den Wert des Verlobungsrings auf etwa 500 000 US-Dollar. Damit ist er etwa zehnmal so teuer, wie der Super-Bowl-Ring der Chiefs.

Zum Zeitpunkt des Antrags war Brittany schon schwanger, Töchterchen Sterling Skye kam am 20. Februar 2021 zur Welt.

Geheiratet wurde dann am 12. März 2022 auf der hawaiianischen Insel Maui. Neben dem Brautpaar und seinen Familien waren auch Patricks engste Footballgefährten dabei: die Chiefs-Spieler Travis Kelce, Orlando Brown Jr., Demarcus Robinson, Clyde Edwards-Helaire, Tyrann Mathieu sowie sein früherer College Coach Kliff Kingsbury und sein Fitnesstrainer Bobby Stroupe. Freunde aus der High School durften natürlich auch nicht fehlen. Schon die Einladung zur Hochzeit war etwas Besonderes: Die männlichen Gäste erhielten neben einer Karte eine Luxusuhr von „Rolex", die Frauen konnten sich über ein goldenes Armband von „Cartier" freuen.

Patricks Trauzeuge war sein jüngerer Bruder Jackson, Brittany entschied sich für ihre Freundin Kayla Nicole, die damalige Lebensgefährtin von Travis Kelce. Mahomes trug für die feierliche Prozedur einen grauen Anzug mit schwarzen Schuhen, Brittany ein eigens für sie entworfenes Kleid von Versace. Blumenkind war natürlich Sterling Skye. Am 28. November 2022 wurde ihr zweites Kind geboren, ihr Sohn Patrick Bronze Lavon III wurde nach seinem Vater sowie Großvater benannt. Bei dem Namen Bronze handelt es sich um einen Spitznamen, den Patricks Bruder Jackson vorgeschlagen hatte: „Wie wäre es mit Bronze? Es passt perfekt zu Sterling." Im Sommer 2024 kündigte das Ehepaar Mahomes an, bald zum dritten Mal Eltern zu werden. Zur Familie gehören auch noch zwei Hunde: Steel, ein Pitbull, und Silver, ein Cane Corso.

Genug Platz für alle ist da. Im Sommer 2023 bezog die Familie Mahomes ihr neues Zuhause: eine Mega-Villa. Das drei Hektar große Grundstück in Loch Lloyd im US-Bundesstaat Missouri nahe Kansas City ließen Patrick und Brittany in zwei Jahren Bauzeit ganz nach ihren Vorstellungen gestalten. Das riesige Areal beinhaltet u. a. einen eigenen Par-3-Golfkurs, ein

50-Yard-Football-Feld mit persönlichem Logo sowie einen großen Swimmingpool und einen See. Auch im Inneren ist alles vom Feinsten, inklusive u. a. einer Basketballhalle, einem Kino, einem Weinkeller und einem Extra-Raum nur für Patricks große Sneaker-Sammlung. Dieses Anwesen ist ein Ausdruck von Erfolg und Extravaganz. „Unser Zuhause hat alles, was wir schon immer haben wollten", strahlte Brittany nach dem Einzug. Auch in Texas besitzen die Mahomes Immobilien im Wert mehrerer Millionen US-Dollar.

## Der kleine Bruder

Während sich Brittany der Liebe ihres Mannes sicher sein kann, wird sie von der Öffentlichkeit weniger herzlich behandelt. An ihr und Mahomes' viereinhalb Jahre jüngerem Bruder Jackson scheiden sich die Geister. Viele NFL-Fans haben es zu ihrem Hobby gemacht, Brittany und Jackson zu kritisieren. Auf Social-Media-Plattformen werden die beiden regelmäßig angefeindet, ihre Fotos und Videos mit Gehässigkeiten kommentiert. Während Patrick Mahomes durch seinen sportlichen Erfolg und seine positive Außendarstellung „Fans" nur wenig Angriffsfläche bietet, sind seine Frau und sein Bruder offenbar einfache Zielscheiben, um ihn zu ärgern und den Frust nach Niederlagen rauszulassen.

NFL-Insider Ian Rapoport hat dafür kein Verständnis. „Die beiden haben nichts falsch gemacht. Das ist einfach eine negative Seite dieser Online-Welt. Eine gewisse Reichweite bedeutet auch, dass man in den Fokus rutscht. Ich weiß nicht, was wirklich dahintersteckt. Aber ich glaube, dass es daran liegt, dass Mahomes ein netter Mensch ist, der niemandem etwas tut und stets auf dem Teppich geblieben ist. Er hat in Kansas City einen

Vertrag unterschrieben, der ihn lange in der Stadt halten wird. Und das zu Konditionen, die sehr teamfreundlich sind. Es gibt einfach keinen Grund, ihn zu hassen", sagt der Kult-Experte.

Jackson Mahomes war in der Highschool sportlich ähnlich talentiert wie sein älterer Bruder. Er spielte erfolgreich Basketball für die Whitehouse Wildcats und hätte ebenfalls die Chance gehabt, ein Universitätsstipendium zu bekommen. „Ich habe Basketball geliebt. Aber als es Richtung College ging, fühlte es sich nicht mehr gut an. Damals wusste ich nicht, was ich im Leben machen sollte", erinnert sich Jackson. Er konzentrierte sich dann erst mal darauf, täglich Videos für die Social-Media-Plattform TikTok zu drehen. Der erste Clip am 25. September 2019 hatte den Titel „Ja, Patrick Mahomes ist mein Bruder". Mittlerweile hat Jackson ebenfalls Millionen Follower, und die meisten seiner von ihm produzierten Inhalte haben nichts mehr mit Patrick zu tun.

In Interviews sprach Jackson später über die Schwierigkeiten, die er hatte, weil er immer der „kleine Mahomes" war: „Es ist mir sehr wichtig, dass die Leute mich als Jackson von TikTok kennen, weil es das erste Mal im Leben ist, dass ich nicht nur als Bruder von Patrick wahrgenommen werde." Vergleiche mit anderen musste er sein gesamtes Leben ertragen. Jackson wurde in seiner Kindheit an seinem Vater Pat, dem Baseballprofi aus Tyler, dann an seinem Patenonkel, der Baseballlegende LaTroy Hawkins, und schließlich am Bruder in der NFL gemessen. In der Highschool schrien die gegnerischen Fans „Du bist nicht Patrick", wenn er am Ball war. Jackson verletzten die hämischen Kommentare. Aber er versteckte sich nicht, sondern versuchte, offensiv damit umzugehen. Er stellte Inhalte auf Instagram und YouTube und brachte eine eigene Fashion-Kollektion mit dem ironischen Namen „Unathletic" heraus.

Folgt man Patrick Mahomes auf Social Media, könnte man den Eindruck gewinnen, der Footballstar führe ein typisches Celebrity-Glamour-Leben. Eingekleidet in Versace, Prada, Gucci oder Boss tritt er beim Formel-1-Rennen in Miami auf, spielt Golf mit Justin Timberlake, vergnügt sich mit seiner Brittany beim Coachella Festival oder umarmt Taylor Swift. Wenn man seine alten Kumpels, Teamkollegen oder NFL-Experten fragt, ergibt sich ein anderes Bild – das einer sehr bodenständigen Person. Sein engster Freundeskreis besteht aus Menschen, die er seit der Highschool kennt. Mahomes verbringt in der Offseason viel Zeit in seiner Heimat Texas und wählt sorgfältig aus, wem er vertraut.

Im Mai 2017 erlebte er einen Schockmoment. Damals besuchte er ein Baseballspiel in seiner Geburtsstadt Tyler. Als er sich gerade mit früheren Schulkameraden auf den Nachhauseweg machen wollte, wurde die Gruppe am Auto von zwei Männern mit Pistolen im Gürtel überfallen und ausgeraubt. Die beiden Täter, Michael Pinkerton und Billy Ray Johnson, konnten aber nur einen Tag später identifiziert und festgenommen werden. Sie hatten keine Ahnung, dass sie einen gerade erst gedrafteten NFL-Spieler bestohlen hatten. „Ich bin einfach glücklich, dass meine Freunde und ich sicher sind und die Cops die Verdächtigen verhaftet haben", sagte Mahomes kurz darauf.

Auch zu seinen (geschiedenen Eltern) hat der Superstar engen Kontakt. Bis heute sind seine Mutter Randi und sein Vater Pat bei fast jedem Heimspiel und wichtigen Auswärtsspielen dabei. Ihr Sohn hatte schon 2018 einen Werbedeal mit der lokalen Airline „Executive AirShare" vereinbart, der beinhaltet, dass seine Eltern aus Tyler abgeholt und pünktlich zum Kickoff der Spiele seiner Chiefs gebracht werden. Aber nicht nur Randi und Pat nehmen dieses Angebot in Anspruch, sondern auch die Familie von Brittany sowie viele alte Freunde aus der Highschool und dem College. Mahomes hat immer gern ein paar alte Vertraute im Stadion, um mit ihnen dann nach dem Abpfiff noch etwas essen zu gehen und sich auszutauschen. Das hat für ihn Tradition.

Leider endete eine dieser Reisen in einer Tragödie: In Woche zehn der Saison 2018, am 11. November gegen die Arizona Cardinals, kamen Brittanys Mutter Diana und ihr Stiefvater Paul Massey ins Arrowhead Stadium, um live dabei zu sein, als ihr Schwiegersohn einen historischen Rekord der früheren Quarterback-Legende Len Dawson aus dem Jahr 1964 überbot (Dawson schaffte in einer Saison 30 Touchdowns in 14 Spielen, Patrick brach den Rekord in zehn Spielen). Nach dem Spiel, das die Chiefs 26:14 gewannen, fing Head Coach Andy Reid seinen Quarterback auf dem Weg zur Pressekonferenz ab und teilte ihm betroffen mit, dass der Stiefvater von Brittany plötzlich kollabiert und verstorben war. Das Unglück ereignete sich bereits während des Einlasses direkt vorm Stadion. Die herbeigeeilten Rettungskräfte konnten nur noch den Tod feststellen. Brittany entschied dann, dass Patrick erst nach dem Spiel von dem Vorfall erfahren sollte. Rückblickend war es sicher das bislang traurigste Spiel in Mahomes' Karriere.

## Soziale Verantwortung

Ja, Patrick Mahomes verdient sehr viel Geld. Aber er gibt auch sehr viel ab. 2019 kündigte er in der Late Night Show von Jimmy Fallon die „15 and the Mahomies"-Stiftung an, die sich zum Ziel gesetzt hat, das Leben von sozial benachteiligten Kindern, aber auch von Kriegsveteranen und Obdachlosen zu verbessern. Ein besonderer Fokus liegt dabei auf Mahomes' Heimat in Osttexas und seinem Wohnort Kansas City. Dort sorgt er unter anderem dafür, dass die Kids Sportschuhe haben, um Flag Football zu spielen. Er lädt regelmäßig Schüler zu Heimspielen der Chiefs ein und unterstützt Leseprogramme von Bildungseinrichtungen. Ein Teil der Erlöse aus seinen „Mahomes Magic Crunch"-Flakes fließt ebenfalls in seine Stiftung. Patrick hat verstanden, dass er durch seine Position etwas verändern kann.

„Wenn du so eine Plattform erhältst wie ich, musst du versuchen, sie zu nutzen und die Welt zu einem besseren Ort zu machen", sagt er. Jüngst hat Mahomes auch damit begonnen, in verschiedene lokale Sportteams zu investieren. Seit 2020 ist er einer von 20 Besitzern des Baseballteams der Kansas City Royals aus der Major League Baseball. Bei den örtlichen Profifußballern ist das Ehepaar Mahomes ebenfalls engagiert: Patrick unterstützt die Männer von Sporting Kansas City, Brittany ist Mitteilhaberin des Frauenteams von Kansas City Current. Irgendwann möchte Patrick auch ein Basketballteam aus der NBA in Kansas City etablieren. Und eine Burger-Kette. Mit weiteren Geschäftsleuten plant er, bis 2027 insgesamt 30 Filialen des Restaurants Whataburger in Missouri und Kansas anzusiedeln. Fast die Hälfte davon hat schon geöffnet. Der Ketchup-Liebhaber war bei seiner Ankunft im Mittleren Westen überrascht, dass es diese Fast-Food-Kette dort nicht gibt. Die Bürger von Kansas City freut es, dass sich ihr Footballstar langfristig in die Stadt einbringt, soziale Zwecke unterstützt und das Sport- und Gastronomieangebot verbessern will. Mahomes betont, dass er noch sehr viele Jahre bleiben möchte. Über einen Vereinswechsel macht er sich keine Gedanken. Seine volle Aufmerksamkeit gilt dem sportlichen Erfolg mit den Chiefs.

Am Herzen liegt ihm aber auch sein Engagement für die „Black Lives Matter"-Bewegung. Mahomes ist sich seiner gesellschaftlichen Verantwortung bewusst. Schon vor dem Super Bowl 2020 fragten ihn Reporter auf einer Pressekonferenz, was es für ihn bedeute, als schwarzer Quarterback auf der großen Footballbühne zu stehen, worauf er antwortete: „Die beste Sache daran ist, dass ich ein Vorbild für Kinder aller Hautfarben sein kann, egal, wo sie aufwachsen. Sie sehen, dass sie ihren Traum erreichen können. Guckt auf mich als schwarzen Quarterback mit einem schwarzen Vater und einer weißen Mutter. Ich bin der Beweis, dass es nicht darauf ankommt, wo du herkommst."

Als am 25. Mai 2020 ein Afroamerikaner namens George Floyd von einem weißen Polizeibeamten getötet wurde und ein Aufschrei durchs Land ging, war Mahomes einer der Ersten, die sich öffentlich dazu positionierten. Als Wide Receiver Michael Thomas von den New Orleans Saints aus der NFL bei ihm anrief und ihn bat, bei einem inoffiziellen Videoprojekt zur Unterstützung der „Black Lives Matter"-Bewegung mitzumachen, sagte er sofort zu. Dieses Video veränderte letztlich die Art und Weise, wie die NFL, vielleicht sogar der gesamte US-Sport, mit dem Thema umging. Die Aktionen von 49ers-Quarterback Colin Kaepernick, der 2016 aus Protest gegen Rassismus und Polizeigewalt gegen Schwarze während der US-Nationalhymne auf dem Footballfeld in die Knie gegangen war, hatten trotz viel Aufregung und der Unterstützung zahlreicher NFL-Spieler zu keinem radikalen Umdenken in der Liga geführt. Jetzt aber baten die wichtigsten schwarzen Spieler der NFL, darunter in der Person von Mahomes der Top-Quarterback des amtierenden Meisters, darum, dass sich auch die Liga hinter die Proteste stellt.

NFL Commissioner Roger Goodell konnte sich dem Thema nun nicht mehr verschließen und machte es zur Chefsache. Sogar live im Fernsehen sagte er die magischen Worte „Black Lives Matter." Doug Williams war in der Saison 1987 der erste schwarze Quarterback in der Geschichte der NFL, der in einem Super Bowl als Starter spielte – für die damaligen Washington Redskins, die gegen die Denver Broncos 42:10 gewannen. Nach Erscheinen des Videos von den aktuellen Stars der Liga äußerte auch er sich: „Lasst mich eines sagen, die Unterstützung von Patrick Mahomes war unfassbar wichtig. Wir sprechen hier nicht über einen Veteranen, der schon seit 15 Jahren in der Liga spielt, sondern von einem jungen Mann, der noch keine 25 Jahre alt ist. Er ist MVP der Liga, hat einen Super Bowl gewonnen und wollte dabei sein. Das war sehr stark." Auch in der Folge erhob Mahomes immer wieder seine Stimme und erklärte, warum: „Die Leute hören zumindest hin, wenn ich etwas sage. Vielleicht stimmen sie mir nicht zu, aber sie hören es sich an. Ich glaube, dass es mein Job und meine Pflicht ist, diese Plattform zu nutzen."

Mahomes' Vorbildfunktion wird auch musikalisch gewürdigt. In den letzten Jahren sind hunderte Songs produziert worden, mit Texten, in denen sein Name vorkommt. Im Song „Mahomes" des Rapper-Trios Migos aus dem Jahr 2021 wird der Footballspieler als jemand besungen, der Erfolg hat, vorangeht und Menschen mitreißt. Auch Weltstar Drake beschäftigt sich im Song „Lemon Pepper Freestyle" aus demselben Jahr damit, dass die Chiefs Patrick gar nicht genug Geld für seine Leistungen bezahlen können. Die größte Bedeutung hat Mahomes aber für den Rapper Aaron Dontez Yates, bekannt als Tech N9ne, der aus Kansas City stammt und selbst großer Chiefs-Fan ist. Mit „Red Kingdom" hat Tech N9ne 2019 die moderne musikalische

Hymne des Teams produziert, und immer wieder taucht Mahomes als Leuchtgestalt in seinen Texten auf.

## Mahomes verändert den Sport

Patrick Mahomes hat in den letzten Jahren einige Grundsätze der NFL erschüttert. Nie zuvor war ein schwarzer Quarterback erfolgreicher und konnte so frei seine Meinung äußern, ohne Konsequenzen für seine Karriere zu befürchten. Nie zuvor hat ein Spielmacher so regelmäßig irre Würfe aus verschiedensten Lagen und Situationen bei seinen Passempfänger angebracht. Er kann Dinge, die andere nicht mal versuchen. Seine sportliche Vielfalt ist sein größtes Plus.

Es lebe der Generalist! So lautet der Titel eines Bestellers von David Epstein. Darin erklärt der Autor, warum es für ein erfolgreiches Leben hilfreich sein kann, nicht nur eine Sache gut zu können. Nicht Spezialisierung sei der Schlüssel zum Erfolg, sondern der Blick über den Tellerrand. Für diese These hat er Ausnahmekünstler wie den Maler Vincent van Gogh oder Profisportler wie Roger Federer oder Tiger Woods porträtiert. Epstein hätte auch Mahomes für seine Untersuchung analysieren können. Denn er besitzt ein Talent für sportliche Vielfalt und verspürt zusätzlich keinen Druck. Sobald Mahomes ein Footballfeld betritt, fühlt er sich gut. Er hat in seinem Leben viel Zeit in Sportstätten verbracht. Er ist es gewohnt, im Mittelpunkt zu stehen und der zu sein, von dem die Massen Außergewöhnliches erwarten. So etwas macht ihn nicht mehr nervös.

„Patrick war als Kind nie aufgeregt", erinnert sich Mama Randi. „Es hat mich manchmal fast verrückt gemacht. Weder im Disney World noch bei seinem Vater auf dem Feld im großen Yankee

Stadium, Patrick war einfach nicht aufgeregt. Das ist seine Persönlichkeit. Sein Bruder hingegen ist so zappelig, dass es für 20 Menschen reicht."

Erfolgreiche Athleten sind immer auch verbissene Wettkämpfer. Das zeigt sich bei Mahomes beim Golf. Diese Sportart erlernte er als Jugendlicher, weil seine Mutter im Hollytree Country Club arbeitet, zu dem auch ein großer Golfplatz gehört. Wenn es zeitlich passt, geht Patrick gern mal mit Travis Kelce eine Runde spielen. Dabei haben die beiden eine Regel etabliert:

„Never lay up" – niemals nur vorlegen. Im Zweifel gehen sie also lieber Risiko, also zwei kürzere Schläge zu machen, um das Loch zu erreichen.

Auch beim Training auf dem Footballplatz in Kansas City möchte Mahomes immer das Maximum rausholen. Regelmäßig überzeugt er seine Mitspieler, verrückte Spielzüge auszuprobieren. Berühmt ist sein „Hinter dem Rücken"-Pass. „Er sieht überall immer noch die Magie in der Welt", erzählt Chris Conley, ein früherer Wide Receiver der Chiefs. Bereits seit dem College versucht Mahomes, beidhändig zu werfen. Angefangen hat das mit einem „Spielchen" mit seinem damaligen Trainer Kliff Kingsbury und seinem Ersatz-Quarterback Nic Simonek. Die drei hatten das populäre Basketballspiel H-O-R-S-E neu interpretiert. Dabei gibt immer einer einen möglichst schwierigen Wurf aus wechselnder Entfernung vor, und die anderen müssen ihn nachmachen. Um die Schwierigkeit zu erhöhen, wurden auch Würfe mit links eingeführt. Mittlerweile hat Mahomes auch in der NFL bereits wichtige Würfe mit links bei seinen Mitspielern platziert.

Neben seiner Fähigkeit, blitzschnell Entscheidungen zu treffen, profitiert Mahomes auch immer wieder von seiner wichtigsten Waffe: seinem rechten Arm. Nur wenige Quarterbacks können so weit werfen wie er und den Ball aus so absurden

Positionen ans Ziel bringen. Das Geheimnis dahinter ist, dass er sich seine Power nicht nur aus dem gesamten Arm, sondern zusätzlich vor allem aus dem Handgelenk holt. „Er schnippt den Ball fast aus der Hand", erklärt Chiefs-Cheftrainer Andy Reid. Und Vater Pat ergänzt: „Patrick sollte im Baseball immer sein Handgelenk einsetzen, damit der Fastball am Anfang steigt. Dadurch sind seine Gelenke immer stärker geworden."

Als Mahomes nach dem Weggang von Alex Smith 2018 zum Starting Quarterback und damit zum neuen Anführer der Chiefs ernannt wurde, halfen ihm erneut seine Kindheitserfahrungen in den Kabinen der MLB-Profibaseballer. Dort hatte er bereits das Verhalten der Topstars erlebt und konnte sich was abschauen. So war es Mahomes wichtig, sich erst einmal durch gute Trainingsleistungen Respekt zu verschaffen, bevor er dann auch den Mund aufmachte. „Er hat einfach die Kontrolle übernommen. Vom ersten Tag an", erinnert sich Travis Kelce. „Patrick ist nicht schüchtern, wenn es ums Führen geht. Er macht es uns allen einfacher, weil er die Richtung vorgibt und wir ihm folgen können."

Ein guter Leader muss den Kontakt zu seinen Mitspielern pflegen. NFL-Reporter Ian Rapoport interviewte Mahomes mal in einem Trainingslager der Chiefs in St. Joseph und berichtete: „Mahomes freut sich jedes Jahr darauf, seine neuen Teamkollegen in den Wochen vorm Saisonstart intensiv kennenzulernen und sich an verschiedene Tische zu setzen, sich mit allen zu unterhalten und ein Vertrauensverhältnis aufzubauen. Das ist ungewöhnlich in der NFL. Normalerweise halten die großen Stars immer etwas Abstand und bleiben unter sich."

Normalerweise. Aber was ist bei Patrick Mahomes schon normal?

# #3 DIE ENTSCHEIDUNG

**„Hör auf mit Football. Damit verschwendest du nur deine Zeit. Das Verletzungsrisiko ist viel zu groß.“**

Die ernsten Worte, die Pat Mahomes an seinen Sohn Patrick, der auf dem Beifahrersitz neben ihm saß, richtete, waren deutlich und unmissverständlich. Es musste eine Entscheidung her. Die gemeinsame Autofahrt bot die beste Gelegenheit dazu, die beiden würden schließlich noch einige Stunden über den Highway brettern. Pat Mahomes war fest entschlossen, genau jetzt die richtigen Weichen für eine erfolgreiche Zukunft zu stellen. Es war ein Wochenende im Oktober 2011. Pat Mahomes spürte damals, dass sein Sohn nur ein paar Jahre davon entfernt war, in den USA ein gefeierter Sportstar zu werden. An jenem Wochenende waren sie zusammen zu einem der bedeutendsten Colleges der USA gefahren: der University of Texas in Austin. Das Footballteam der Uni, die Texas Longhorns, ist in ganz Amerika bekannt, für sie zu spielen, der Traum hunderttausender Jugendlicher. Für Patrick Mahomes war die Erfüllung dieses Traumes nun zum Greifen nah. Er hatte eine Einladung auf den Campus bekommen. Und dort wurde ihm dann das Angebot unterbreitet, kostenfrei zu studieren und einen begehrten Platz im Kader zu bekommen. Wow!

Seinen Papa hatte Patrick als Verstärkung mitgenommen, weil der sich in der Sportszene bestens auskannte. Nun waren sie auf der Rückfahrt. Für Amerikaner sind vier Stunden Autofahrt nur ein kurzer Roadtrip. So blieben Vater und Sohn auch nicht über Nacht in einem Hotel, sondern machten sich nach dem Gespräch mit dem Head Coach der Longhorns direkt wieder auf den Nachhauseweg, zurück nach Tyler, dem beschaulichen Örtchen in Texas, in dem Patrick Mahomes noch über zwei Jahre zur Highschool gehen würde.

Pat Mahomes hatte in den letzten Wochen viel nachgedacht, nächtelang gegrübelt und an Plänen für die Karriere seines Sohnes getüftelt. Nun – nach dem Gespräch an der Uni – ahnte er, dass sie sich entscheiden mussten. Die Familie Mahomes stand an einem Scheideweg. Sie hatte mehrere Optionen, die Wahl zwischen drei Wegen, die alle in unterschiedliche Richtungen führten. Welcher war der Richtige?

Auf jeden Fall nicht Football! Das wurde Pat nun endgültig bewusst. Das Angebot der Longhorns hatte bei ihm die letzten Zweifel ausgeräumt. Das klingt erst mal absurd, wenn man bedenkt, dass am Ende des Gesprächs ja eine Zusage stand. Patrick Mahomes sollte zukünftig für die Longhorns spielen. Als Safety. Das ist eine Position in der Verteidigung beim American Football, auf der Spieler, vereinfacht ausgedrückt, nur eine Aufgabe haben: Passversuche des Gegners zu verhindern.

So weit, so gut. Doch für Pat Mahomes war das Angebot nicht akzeptabel, denn sein Sohn spielte nicht nur Football, sondern gleichzeitig auch noch Baseball und Basketball. Und zwar deutlich erfolgreicher. In diesen Sportarten gehörte er zu den besten Spielern seiner Highschool. Im Football nicht. Hier war er als „Sophomore" in seinem zweiten Jahr an der Schule eher schnöder Durchschnitt. So schaffte er es in der Vorsaison zwar immer mal wieder, dem Gegner den Ball abzuluchsen, doch am Ende verlor sein Team, die Whitehouse Wildcats, meist deutlich: 49:70

gegen Sulphur Springs, 14:42 gegen die Tyler Lions, 6:64 gegen die Kilgore Bulldogs, 24:45 gegen die Sherman Bearcats. Es war ernüchternd. Und frustrierend.

In den Augen des Vaters waren die Bemühungen seines Sprösslings auf dem Footballfeld mittlerweile bloß noch Zeitverschwendung. Ein Hobby mit zu großer Verletzungsgefahr. Er fand, sein Sohn sei zu Höherem berufen. Denn das Talent, um ein erfolgreicher Profisportler zu werden, hatte er schon in die Wiege gelegt bekommen, und zwar von seinem Vater. Pat Mahomes war nämlich selbst vor einigen Jahren noch ein gefeierter Sportstar gewesen – auf dem in Diamantenform angelegten Baseballfeld. Und dort gehörte auch sein Sohn hin. Basta!

## Sohn eines Baseballstars

Pat Mahomes, Jahrgang 1970, hatte es seinem mächtigen Wurfarm zu verdanken, dass er weit über seine texanische Heimat hinaus bekannt war. Er spielte elf Jahre in der Major League Baseball (MLB), einer Profiliga, die jedes Jahr Milliardenumsätze macht. Baseball ist der uramerikanische Sport schlechthin. Wer hier spielt, wird angehimmelt. Und verdient sehr viel Geld. Mahomes konnte seiner Frau und den beiden Söhnen ein schönes Leben ermöglichen. Er entwickelte sich zwar nie zu einem Superstar, bekam aber trotzdem Jahr für Jahr lukrative Angebote von Teams aus ganz Amerika und sogar aus Japan. Die Familie reiste viel. Der Vater war im Sommer meist nicht zu Hause, sondern beruflich auf Achse, denn in der MLB gehen Teams regelmäßig auf Tour und bestreiten dann mehrere Auswärtsspiele am Stück.

Um mehr gemeinsame Zeit zwischen März und Oktober (in diesen Monaten läuft die MLB-Saison) zu haben, nahm Vater

Pat seinen Sohn Patrick im Sommer regelmäßig mit zum Training und auch mal ins Stadion. Die gleichaltrigen Kinder der anderen Spieler hatten meist Angst vor den fliegenden Bällen auf dem Feld, und spätestens nach einigen Tagen fanden sie es langweilig. Aber der kleine Patrick war sofort Feuer und Flamme für diese Sportart. Sobald er das Spielfeld betrat, wollte er es gar nicht mehr verlassen.

Im Alter von sechs Jahren lernte der Junge von den Besten des Sports. Sein Vater spielte damals mit vielen heutigen Baseball-Legenden zusammen. Und die nahmen sich viel Zeit, um dem kleinen, wissbegierigen Knirps ihres Teamkollegen die Grundlagen ihrer Sportart beizubringen. Von Derek Jeter zum Beispiel, dem Superstar der New York Yankees, lernte Patrick, welche Hingabe es braucht, um erfolgreich zu sein. Jeter trainierte oft stundenlang seinen Wurfarm, um die verrücktesten Würfe im Repertoire zu haben. Er trommelte nach jedem Training die Pitcher seines Teams (das sind die Werfer im Baseball) für Sonderschichten zusammen, um noch ein paar Prozent besser am Abschlag zu werden. Zufrieden war er mit sich fast nie. Bei ihm konnte sich Patrick abgucken, was es heißt, das maximal Mögliche aus sich und den anderen herausholen zu wollen. Für Jeter gab es nämlich nur ein Ziel: gewinnen!

Der Schlagtechnik von Patrick widmete sich Alex Rodríguez (ja, genau: der Ex-Freund der Weltstars Jennifer Lopez und Cameron Diaz). Rodríguez gewann 2009 die World Series mit den Yankees, zählte jahrelang zu den besten Spielern der MLB – und erklärte Patrick ganz genau, worauf es ankommt, damit der Ball möglichst gerade und weit in Richtung der Tribünen fliegt. Oder wie man das richtige Timing beim Schwung entwickelt.

Der erste Catch, an den sich Patrick heute noch erinnert, wurde vom zweimaligen All Star und mehrfachen „Gold Glove"- Sieger

Robin Ventura geschlagen. Und das kam so: Im Rahmen der World Series im Jahr 2000 wärmte sich Ventura gerade auf dem Spielfeld auf und schlug ein paar Bälle. Der fünfjährige Patrick stand mit einigen Mitspielern seines Vaters etwas abseits des Geschehens im Outfield. Plötzlich flog ein Ball von Ventura flach in seine Richtung. Mahomes Jr. reagierte blitzschnell und begrub die Kugel in seinem Lederhandschuh, als sei es das Normalste auf der Welt. Die meisten Menschen wären diesem Geschoss wohl eher aus dem Weg gesprungen. Oder hätten es nicht mal gesehen.

Patrick Mahomes hatte schon früh eine beeindruckende Kraft im rechten Arm. Durch die intensive Zeit mit den Profikollegen seines Vaters lernte er, härter und weiter zu werfen als andere Spieler in seinem Alter. Einmal schleuderte er als Shortstop (Verteidiger zwischen der zweiten und dritten Base) den Ball so hart und präzise, dass er aus Versehen den First Baseman, also seinen eigenen Mitspieler, mitten ins Gesicht traf. Dessen Nase blieb zwar heil, die Brille war aber nicht mehr zu gebrauchen.

Sein damaliger Jugendtrainer wollte Patrick beibringen, den Ball nur halb so stark zu werfen und lieber über den Boden rollen zu lassen, um schwerere Verletzungen der Mitspieler zu verhindern. Doch das gefiel seinem Vater gar nicht! Pat Mahomes wollte die noch im Aufbau befindliche Technik und Wurfqualität seines Sohnes auf keinen Fall gefährden und forderte für ihn eine neue Position auf dem Feld, damit so was nicht noch mal passierte. So wanderte Patrick erst mal ins Outfield, wo die Distanzen deutlich größer waren und die Bälle nicht so wuchtig bei seinen Mitspielern ankamen. Aber auch da war er nicht lange glücklich und wurde in ein neues Team gesteckt. Seine Mitspieler dort waren bis zu drei Jahre älter, aber keiner hatte einen solchen Arm wie der Sohn des MLB-Spielers Mahomes. Nach nur wenigen Wochen war Patrick auch in diesem Team Stammspieler – wieder als Shortstop.

Und die Entwicklung des jungen Sportlers ging rasend schnell weiter. Schon bald reichte der große Garten des Hauses nicht mehr für die Wurfübungen der Familie. Patrick feuerte den Ball bereits als Zehnjähriger knapp 60 Meter weit. Sein Vater trainierte bewusst die Armstärke seines Sohnes, mit einer Übung, die sich „Long Toss" nennt. Dabei geht es darum, die Entfernung zwischen zwei Werfern immer weiter zu vergrößern und am Ende zwei bis drei Würfe aus der maximal möglichen Entfernung zu machen. So wird die Muskelkraft im Arm sukzessive ausgebaut.

## Ein Leben für Baseball

Obwohl sein Vater in den großen Baseballstadien Amerikas spielte, lebte Patrick Mahomes bis zum Ende seiner Highschool-Zeit in der beschaulichen Kleinstadt Tyler. Die liegt irgendwo im Nirgendwo im Osten von Texas zwischen Dallas und der östlichen Grenze zu Louisiana inmitten von Wäldern und Seen. Benannt ist die Heimat von rund 100 000 Einwohnern nach dem früheren US-Präsidenten John Tyler, der 1845 dafür sorgte, dass der Bundesstaat Texas in die USA eingegliedert wurde. Und für noch etwas ist Tyler berühmt: Rosen. Einmal im Jahr veranstaltet der Ort das über die Grenzen hinaus beliebte Texas Rose Festival. Einen Baseballstar erwartet man hier eher nicht. Offenbar war es aber genau das, was Papa Pat hier hielt: Er war in Tyler eine echte Berühmtheit. Ein typisch-amerikanischern „Hometown Hero", der nach den nervenaufreibenden Duellen auf dem „Field of

Dreams", wie das Baseballfeld im gleichnamigen Film genannt wird, immer wieder in seine Heimat zurückkehrte. Hier schaute man zu ihm auf, hier bewunderte und hofierte man ihn.

Im Baseball war Pat ein Spätzünder, er fing erst mit 17 Jahren in seinem letzten Schuljahr an der Highschool als Pitcher an. Trotzdem fiel er schnell einigen Scouts vom College auf und wurde 1988 in seinem Abschlussjahr erstmals in die All-Texas-Auswahl seines Jahrgangs gewählt – und zwar nicht nur im Baseball, sondern auch im Basketball! Für seine Leistungen in Football und Leichtathletik reichte es „nur" für das Auswahlteam seines Countys (vergleichbar mit einem Landeskreis bei uns). Durch seine sportlichen Leistungen und das große Interesse mehrerer Universitäten der höchsten Spielklasse in den USA, der Division I, stand ihm der Weg ans College frei. Dabei konnte auch er sich – wie sein Sohn Patrick Jahre später – sogar entscheiden, welchen Sport er ausüben wollte: Baseball, Football oder Basketball. Seine Wahl fiel auf Basketball und ein Stipendium der University of Arkansas. Doch es kam anders.

Im Draft der Major League Baseball 1988 wurde Pat Mahomes, der erst wenige Wochen zuvor die Highschool beendet hatte, völlig überraschend an Position 155 in der sechsten Runde von den Minnesota Twins ausgewählt. Damit tat sich eine völlig neue Karriereoption auf, mit einem völlig anderem Spielgerät: Baseball statt Basketball. Und es sollte alles viel schneller gehen, denn im Baseball konnte er ohne den Umweg übers College direkt als Profi Geld verdienen. Ein verlockendes Angebot, sowohl sportlich als auch finanziell. Pat Mahomes entschied sich spontan noch mal um: für Baseball und gegen Basketball.

Doch ganz so einfach war sein beruflicher Aufstieg dann doch nicht – es sollte noch knapp vier Jahre dauern, bis er endlich auch für Minnesota spielen durfte. Die Twins bildeten

Mahomes nämlich in Provinzkäffern wie Elizabethton, Kenosha und Visalia in kleinen Teams aus den unteren Ligen des US-Baseballsystems aus. Erst in seiner vierten Saison in den sogenannten Minor Leagues konnte er die Scouts vollends von sich überzeugen. Als Spieler der Orlando Sun Rays schaffte er einen 1.78 ERA über 116 Innings und gewann mit dem Team den Titel der Southern League. (der ERA-Wert erklärt, wie viele Runs ein Pitcher im Durchschnitt pro neun Innings, also einem regulären Spiel ohne Verlängerung, zulässt.) Kein Pitcher in der Geschichte dieses Amateurteams hatte zwischen 1919 und 2003 jemals einen besseren ERA-Wert in einer Saison als Mahomes. Dadurch machte er einen Karrieresprung und wurde nach Portland zu den Beavers in die höchste Spielklasse der Minors befördert. Nun war er nur noch einen Schritt von den Profis entfernt. Mit weiterhin konstant guten Leistungen verdiente er sich in Portland im Laufe des Jahres die Chance, im Vorbereitungscamp des Top-Kaders der Twins dabei zu sein und sich erstmals mit den Stars zu messen. Er nutzte sie! Und durfte am 12. April 1992 gegen die Texas Rangers endlich das erste Mal das Trikot der Minnesota Twins überstreifen.

Als sein ältester Sohn Patrick am 17. September 1995 zur Welt kam, war Pat Mahomes in seiner vierten Saison bei den Twins und in der Major League mittlerweile etabliert. Nur einen Tag nach der Geburt von Patrick stand er bei einem 10:4-Sieg der Twins für dreieinhalb Innings auf dem Feld, ohne einen einzigen Run zuzulassen, und sicherte seinem Team damit zum Spielende die Führung. Gegner waren übrigens die Kansas City Royals, deren Mitbesitzer sein Sohn rund 25 Jahre später werden würde.

Doch im folgenden Jahr erlebte Pat einen Karriereknick. Am 26. August 1996 tauschten ihn die Minnesota Twins gegen Brian Looney von den Boston Red Sox ein. Sportler in amerikanischen

Profiligen haben wenig Mitspracherecht, die Teams können ihre „Angestellten" nach Belieben zu anderen Mannschaften tranferieren, auch gegen deren Willen. Mahomes fand sich plötzlich in einer fremden Großstadt wieder und konnte nichts dagegen unternehmen. So sind nun mal die Regeln.

Nach seinem Traumstart direkt nach der Highschool und einem starken Debüt in der Profiliga stand Pat plötzlich vor einer harten Bewährungsprobe. In seinem Repertoire hatte er zu dieser Zeit letztlich nur zwei halbwegs gute Würfe: einen überzeugenden Fastball, der die magische Grenze von 100 mph erreichte, und einen Slider, der ihm nicht immer glückte. Vor allem am Anfang seiner Karriere hatte er die Gegner mit der Geschwindigkeit seiner Würfe oft überrumpelt. Nach drei, vier Innings stellten diese sich aber auf sein begrenztes Repertoire ein und profitierten von der abnehmenden Explosivität der Würfe. Die Folge: viele Hits und späte Niederlagen. Mahomes Sr. war als Starting Pitcher schlicht nicht gut genug. Er bekam bei den Red Sox keinen neuen Vertrag.

1997 ließ er sich deshalb auf ein Abenteuer ein: Er verließ Amerika und ging für zwei Jahre ins ferne Japan, viele Flugstunden von seiner Familie entfernt. Sein neues Team waren die Yokohama BayStars aus der japanischen Nippon League, mit denen er 1998 sogar die Meisterschaft feierte. Aber auch hier war er keine Stammkraft. Zu Beginn der zweiten Hälfte der Meisterschaftssaison war Mahomes nicht mehr gut genug für den Kader und saß meist auf der Tribüne – ein absoluter Tiefpunkt seiner Karriere. Als er 1998 aus Japan in die USA zurückkehrte, dachte er voller Selbstzweifel zum ersten Mal über ein Karriereende nach. Doch seine engsten Vertrauten überredeten ihn, weiterzumachen und seine Einstellung zum Profisport zu verändern. Zuvor hatte Pat immer an sein Talent geglaubt und sich darauf verlassen. Nun schob er Extraschichten und lernte, dass sich langfristiger Erfolg erst mit täglich harter Arbeit einstellt.

Die MLB-Teams hatten ihn weiterhin auf dem Zettel. Die erste Mannschaft, die sich nach dem Japan-Abenteuer bei ihm meldete, waren die New York Mets. Sie gaben ihm eine Chance und wurden auch nicht nervös, als er es zu Beginn der Saison nicht sofort in den Kader der Profis schaffte. Im Nachwuchsteam der Mets, den Norfolk Tides, zeigte er starke Leistungen und empfahl sich für höhere Aufgaben. Nun war er nicht mehr das Talent, das als Starting Pitcher die Gegner reihenweise aus dem Spiel nehmen sollte, sondern ein sogenannter Relief Pitcher. Das ist ein Rollenspieler für besondere Momente, der durch seine Erfahrung und seinen harten Wurf zwei, drei Innings über die Runde bringen, Vorsprünge sichern und Siege nach Hause holen kann. Mit dieser neuen Aufgabe und einer reiferen Einstellung zum Sport erlebte Pat Mahomes 1999 sein bestes Jahr als Pitcher in der Major League Baseball. Er schaffte es, in allen seinen Einsätzen ungeschlagen zu bleiben und die reguläre Saison mit einem 8:0-Rekord abzuschließen. Die Mets hatten in jenem Jahr sogar realistische Chancen, die Meisterschaft zu gewinnen, schieden aber letztlich in den Playoffs kurz vor der World Series, dem großen Finale der MLB, aus. Das er- reichten sie ein Jahr später – allerdings ohne Mahomes, der da schon wieder auf der Tribüne saß. Wie schon in Japan musste er tatenlos mit ansehen, wie sich sein Team bis ins Endspiel siegte. An seine starke Vorsaison konnte er nicht anknüpfen, in den Playoffs durften andere Spieler ran. In der Finalserie scheiterten die Mets mit 1:4 am Stadtkonkurrenten, den New York Yankees. Im Dezember wurde Pat Mahomes entlassen.

## Die Scheidung der Eltern

„Wandervogel“ Mahomes setzte seine Reise also fort. Zwangsläufig. Als Free Agent konnte er nach den ordentlichen Leistungen der letzten Jahre aber immerhin zum ersten Mal frei wählen, wo es mit seiner Karriere weitergehen sollte. Er wollte näher bei seiner Familie sein und fand mit den Texas Rangers das ideale Team – erst mal wieder nur für eine Saison. Dort unterschrieb im gleichen Jahr aber auch Alex Rodríguez einen Vertrag über zehn Jahre im Wert von 252 Millionen US-Dollar und beherrschte natürlich die Schlagzeilen – die Rückkehr des Relief Pitchers Mahomes in seine Heimat Texas ging in der Baseballwelt unter. Dass im Rampenlicht stets andere standen, zog sich wie ein roter Faden durch die Karriere von Mahomes Sr.

Der Wechsel hatte aber auch etwas Positives: Der Manager der Rangers erlaubte ihm, regelmäßig an Wochenenden seine Frau und die beiden Kinder zu besuchen (2000 war Patricks Bruder Jackson zur Welt gekommen). Damit konnte Pat endlich auch die Baseballspiele seines Sohns Patrick besuchen, etwas, was ihm bei den vielen Umzügen und anstrengenden Reisen bisher entgangen war.

Mahomes genoss die Saison vor der eigenen Haustür, spielte recht ordentlich und gewöhnte sich an dieses ganz neue Familienleben. Doch die Rangers blieben weit hinter den hohen Erwartungen zurück. Trotz der Verpflichtung von Alex Rodríguez gewannen sie nur wenige Spiele. Das hatte Konsequenzen. Erstes „Opfer“ wurde Jerry Narron, der General Manager der Texans. Auch Pat Mahomes hatte trotz seines Wunsches, weiter in der Heimat zu spielen, nun keine Zukunft mehr im Team. Denn während Narron ihn noch schätzte und um seine Qualitäten als „Closer“ (einer, der Führungen in den letzten

Runden des Spiels über die Zeit rettet) wusste, unterbreitete ihm der neue General Manager Buck Showalter keinen neuen Vertrag. Die Rangers wollten lieber ein neues Team mit frischen Talenten um Rodríguez aufbauen, um zum Meisterschaftsanwärter zu werden, Mahomes passte nicht mehr ins Konzept. Er musste sich einen neuen Arbeitgeber suchen. Mal wieder.

Den fand er knapp 1000 Meilen weiter nördlich bei den Chicago Cubs, wo er aber auch nur ein Jahr blieb. Genau wie anschließend bei den Pittsburgh Pirates. Sollte er alles hinschmeißen? Die Karriere beenden? Nein, noch nicht! Pat Mahomes setzte seine Reise in den unterklassigen Minor Leagues fort, wurde zum sogenannten „Journeyman“ – immer mit der Hoffnung, es doch noch mal in die MLB zu schaffen. Doch diese Hoffnung erfüllte sich nicht. Kaum war er irgendwo angekommen, musste er kurz danach schon wieder die Koffer packen. Im Alter von 38 Jahren zog Mahomes Sr. dann einen endgültigen Schlussstrich unter seine aktive Laufbahn und kam zurück nach Texas, ins unaufgeregte Tyler. Nach Hause zu seiner Familie.

Doch die jahrelange räumliche Distanz zur Familie hatte Spuren hinterlassen. Die künstlich am Leben gehaltene Karriere, die vielen Reisen, die oft monatelange Abwesenheit: All das sorgte dafür, dass sich Pat und Randi Mahomes schleichend auseinanderlebten. 2006 ließen sie sich scheiden. Für Patrick Mahomes ein Schock, wie seine Mutter später erzählte: „Es war das schwerste Jahr für ihn.“

Aus sportlicher Sicht hatte dieses traurige Erlebnis für Mahomes Jr. aber auch etwas Gutes: Da die Familie nun sparen musste, wechselte Patrick von der privaten auf eine staatliche Schule. Dort traf er auf viele alte Freunde und Bekannte, mit denen er früher zusammen in den „Little Leagues“ so viel Spaß gehabt hatte. Mit ihnen konnte er unbeschwert um Körbe, Homeruns und Touchdowns kämpfen, wenn auch mit deutlich mehr Erfahrung und Ernsthaftigkeit als damals. Sport war in dieser Zeit für ihn die wichtigste Ablenkung von der angespannten Situation zu Hause.

Patricks wichtigste Bezugsperson war Mutter Randi. Im Gegensatz zum Vater war sie bei Sorgen oder Fragen immer ansprechbar, kümmerte sich um Patrick und dessen viereinhalb Jahre jüngeren Bruder Jackson. Der Lebensmittelpunkt der Familie war immer das beschauliche Tyler geblieben. 1997 hatten Pat und Randi ein riesiges Anwesen mit einem luxuriös ausgestatteten Haus und einem weitläufigen Garten mit Swimmingpool gekauft. Nach der Trennung zog Randi 2006 mit den beiden Kindern in ein weniger imposantes Haus mit einem deutlich kleineren Garten im Vorort Whitehouse.

Mahomes' Mutter kam 1976 als Randi Martin auf die Welt und wuchs in einem behüteten, christlich geprägten Haushalt auf. Ihr Vater Randy Martin, ein Schuldirektor, legte großen Wert auf die Bildung seiner vier Kinder. In der Highschool spielte Randi Softball und Basketball, ihre größte Leidenschaft war aber die Musikband der Schule. Bei deren Auftritten performte sie als „Bajorette", als uniformierte Tänzerin, die einen Taktstock durch die Luft wirbelt. In ihrem letzten Highschool-Jahr hörte Randi mit Sport und Musik auf, um sich pflichtbewusst auf ihren Abschluss zu konzentrieren, eine Entscheidung, die sie im Nachhinein bedauerte. Aber Randi war auch eine Rebellin. Nur wenige Wochen nach ihrem bestandenen Highschool-Abschluss lernte sie Pat Mahomes – den Star des Basketball- und Baseballteams der Highschool – kennen und lieben. Zusammen planten sie schon den Umzug ans College. Doch als ihre Eltern ihren Freund zum ersten Mal kennenlernten, waren sie geschockt. Ihre Tochter und ein Schwarzer? Das war nicht akzeptabel.

Sie musste sich also zwischen ihren Eltern und ihrer großen Liebe entscheiden. Randi trennte sich nicht von Pat, sondern brach schweren Herzens mit ihren konservativen Eltern. Erst viele Jahre später kam es zu einer versöhnlichen Aussprache. In einem Interview mit dem *Houston Chronicle* erinnerte sich Randi später: „Wenn ich jetzt zurückschaue auf meine Eltern, verstehe ich, dass sie mich und meine Kinder vor dem Bösen in dieser Welt schützen wollten. Wir sind in einer kleinen Stadt aufgewachsen, wo niemand einen Menschen mit anderer Hautfarbe gedatet hat."

In der kleinen Gemeinde Whitehouse war Patrick Mahomes im Laufe seiner Kindheit meist durch die Prominenz seines Vaters vor rassistischen Äußerungen geschützt. Niemand griff den lokalen Baseballhelden oder dessen Sohn an. Trotzdem versuchte Randi, ihren Sohn früh darauf vorzubereiten, was seine Hautfarbe in der amerikanischen Gesellschaft auslösen könnte. Als ein Schulfreund von Patrick das „N -Wort" in seiner Gegenwart benutzte, griff sie ein und erklärte den beiden ausführlich, wieso der Gebrauch dieses abwertenden Begriffs verletzend und nicht akzeptabel war.

## Wilde Kerle

Als Kind war Patrick daueraktiv und nur schwer zu bändigen. Ein Beispiel: Als Randi und Pat heirateten, war er vier Jahre alt. Man hatte ihn mit der Aufgabe betraut, auf der Bühne das Ringkissen zu halten und es seinen Eltern im richtigen Moment zu reichen. Doch er wollte lieber Werfen spielen – und schleuderte das Kissen im hohen Bogen zu seinem Cousin in die erste Reihe. Der konnte auf den spontanen Pass aber nicht schnell genug reagieren und griff daneben. Das Kissen landete auf dem Kirchenboden. Ups! Doch Randi und Pat hatten so etwas zum Glück schon geahnt und die teuren Ringe bereits zuvor in Sicherheit gebracht. Sie wussten, dass ihr Sohn jeden handlichen Gegenstand in ein Wurfgeschoss verwandelte.

Patrick war ein glühender Sportfan, probierte fast jede Disziplin aus, spielte auch Fußball. Der einzige Sport, den er in seiner Kindheit nicht ausübte, war American Football. Damit begann er erst in der siebten Klasse. Fan dieser Sportart war er zu diesem Zeitpunkt aber schon, insbesondere die Dallas Cowboys hatten es ihm angetan. Sein Idol war Quarterback Tony Romo, von dem auch ein Poster in seinem Kinderzimmer hing.

Seine Mutter musste sich seit der Scheidung von Pat als alleinerziehende Mutter durchschlagen. Zuvor lebte sie als Ehefrau eines Baseballstars in einem schönen Anwesen, musste nicht arbeiten gehen und konnte sich auf die Erziehung der zwei Kinder konzentrieren. Nach der Scheidung machte sie oft Überstunden, um ihren Kindern vieles zu ermöglichen. Das beeindruckte Patrick, der sich niemals beschwerte: „Meine Mutter hatte den größten Einfluss auf mich. Jeden einzelnen Tag ging sie zur Arbeit, schaute sich meine Spiele an und war einfach für mich da."

2004 bekam Randi einen Job als Rezeptionistin im Hollytree Country Club in Tyler, einem Golfkomplex mit Restaurant, Tennisplätzen und Swimmingpool. Außerdem organisierte sie Partys für wohlhabenden Gäste. Die Arbeit als Eventplanerin machte ihr viel Spaß, verschaffte ihr Anerkennung und steigerte ihr Selbstbewusstsein. Doch so konnte sie gerade am Wochenende nur wenig Zeit mit Patrick und Jackson verbringen. Ihre Urlaubstage sparte sie sich auf, um sich freinehmen zu können, wenn einer ihrer Söhne krank war.

Und die machten es ihrer Mutter nicht leicht. Die beiden halbstarken Jungs duellierten sich in jeder erdenklichen

Sportart im Haus und im Garten. Obwohl Jackson viereinhalb Jahre jünger ist als Patrick, gab er nie auf. Die Wettkämpfe wuchsen sich zu regelrechten Kämpfen aus, und am Ende ging immer irgendetwas zu Bruch. Mal war es die Haustür, dann einige Lampen und einmal sogar der Ofen in der Küche. Irgendwann gab Randi auf. Es gab keine neuen Möbel mehr, solange nicht zumindest einer der beiden ausgezogen war.

Ein weiterer wichtiger Faktor im Leben der Mahomes war ihr Glaube. Religion ist gerade im sogenannten „Bible Belt" (einer großen Region im Südosten der USA, die von Texas im Westen bis Virginia im Nordosten und Florida im Süden reicht) stark ausgeprägt. In ihrer eigenen Kindheit verbrachte Randi Mahomes viel Zeit in der Kirche. Mit dem Auszug aus dem elterlichen Zuhause wandte sie sich unbewusst etwas ab, aber als Pat in Japan spielte, fragten sie neue Freunde in Yokohama, ob sie während eines Besuchs bei ihrem Mann nicht mal mit zu einem Gottesdienst kommen wolle. Während sie in der Kirche war, erlebte Randi zum ersten Mal in ihrem Leben ein Erdbeben. In Japan bebt die Erde jährlich rund 5000-mal, das gehört für die Einheimischen zum Alltag. Für Randi war es im ersten Moment aber natürlich ein Schock. Die mitfühlende Reaktion des Priesters und der anderen Menschen in der Kirche, die den Gottesdienst kurz unterbrachen, um sich um sie zu kümmern, machten ihr bewusst, wie wichtig der enge Zusammenhalt einer Glaubensgemeinschaft für sie war. Obwohl sie durch ihre Arbeit im Hollytree Country Club nur wenig Zeit hatte, war der Besuch des Gottesdienstes am Sonntag für Patrick und Jackson Pflicht.

Nach ihrer Scheidung bekamen sowohl Randi als auch Pat weitere Kinder mit neuen Partnern – und Patrick und Jackson drei Stiefschwestern: Mia von Mama Randi sowie Zoe und Avery von Papa Pat. Die drei stehen aber nicht in der Öffentlichkeit.

## Oder doch lieber Basketball?

Neben seinen Eltern gibt es einen weiteren wichtigen Menschen im Leben von Patrick Mahomes: seinen Patenonkel, den früheren Baseball-Pitcher LaTroy Hawkins, Jahrgang 1972. Hawkins wurde während der gemeinsamen Zeit bei den Minnesota Twins zu einem guten Kumpel von Pat Mahomes. Die beiden freundeten sich an, als Mahomes Sr. bereits in der MLB spielte, Hawkins aber noch in den Minor Leagues um die Anerkennung der Trainer kämpfte. Mahomes sah in Hawkins einen Bruder im Geiste. Beide gehörten als Schwarze zu einer Minderheit unter den größtenteils weißen Mitspielern. Pat nahm LaTroy unter seine Fittiche und lud ihn unter anderem regelmäßig zum Mittagessen ein. Er wollte für die nächste Generation schwarzer Spieler ein Vorbild sein und ihnen den Weg etwas ebnen.

Auch zu Pats Familie hatte Hawkins schnell einen guten Draht. Für ihn war es selbstverständlich, dass er auf den kleinen Patrick aufpasste, wenn seine Eltern mal einen Abend für sich haben wollten. Hawkins hatte stets ein offenes Ohr, wenn der Sohn seines besten Freundes mit Fragen zu ihm kam. Er war damals davon überzeugt, dass sein Patensohn später weder Baseball noch Football spielen würde, wie er im Interview mit *The Times* erzählte: „Alle sprechen immer über Baseball und Football, aber er war für mich ein noch besserer Basketballspieler."

Das bewies Patrick Mahomes mit beachtlichen Zahlen: In seiner letzten Highschool-Saison machte er im Schnitt 19 Punkte pro Spiel und legte während eines Playoff-Erfolgs noch einen drauf: Er erzielte 37 der 54 Punkte seines Teams und gewann das Spiel damit fast im Alleingang. Und dass, obwohl er eigentlich einige Zentimeter zu klein war für diesen Sport. Adam Cook, damals Patricks Footballtrainer, erinnert sich: „Seine größte Stärke war, dass er das Feld für seine Mitspieler öffnen konnte. Er hat zwei oder drei Verteidiger auf sich gezogen und den Ball dann entgegen der eigenen Laufrichtung quer über den Court geworfen." Genau wie heutzutage auf dem Footballfeld.

Auch Greg Ward, der später als Passempfänger für die Philadelphia Eagles in der NFL spielte und ebenfalls in Tyler aufwuchs, wird einen besonderen Moment im Duell mit Mahomes nie vergessen: „Patrick hat einfach mal über einen Typen hinweggedunkt. Das war verrückt!" Die Halle tobte, aber der Schiedsrichter entschied auf Offensiv-Foul. Die Szene hat sich trotzdem ins Gedächtnis der Zuschauer eingebrannt.

Mahomes' damaliger Mitschüler Spencer Shaw teilte 2020 einen Auszug aus dem gemeinsamen Highschool-Jahrbuch, in dem er bereits vorhersagte, dass Mahomes eines Tages mit einem Super-Bowl-Ring zum Jahrgangstreffen kommen würde. Er erkannte richtig: „Patrick war richtig gut in Basketball, dabei war es nicht mal seine beste Disziplin. Es war aber auch die Sportart, in die er am wenigsten Zeit investierte. Meines Erachtens wäre er überall erfolgreich geworden. Es ging mehr darum, wofür er sich entscheidet und wie er sich dann entwickelt."

Das war zu diesem Zeitpunkt noch völlig offen.

## Die Entscheidung für Football

Trotz der guten Argumente seines Vaters und seinem Erfolg in Baseball und Basketball konnte sich Patrick Mahomes emotional nicht vom American Football trennen. Er wollte diese Sportart einfach nicht aufgeben – und entschied sich im Sommer 2012 weiterzumachen. Gegen den Willen seines Vaters! Die

Worte, die Pat Mahomes rund neun Monate zuvor auf der gemeinsamen Autofahrt zur University of Texas an seinen Sohn Patrick gerichtet hatte, waren endgültig verpufft.

Seine Mutter Randi glaubt zu wissen, warum: „Beim Basketball haben sie gut gespielt, aber niemand kam zu den Spielen. Das Baseballteam war erfolgreich, aber niemand kam zu den Spielen. Beim Football hingegen waren die Ränge immer voll." Das war es, was den Sport für Mahomes im footballverrückten Texas so faszinierend machte. Die Freitagabende gehörten im Herbst dem lokalen Footballteam – das zeigt allein die Größe des Stadions: Im 8000-Seelen-Ort Whitehouse haben die Wildcats eine eigene Spielstätte mit 7000 Sitzen. So etwas gibt es nur in Texas.

Vater Pat, der die Entscheidung seines Sohnes akzeptierte, hat eine andere Theorie, wieso sich sein Sohn am Ende für Football entschied: „Er hat zu dem Zeitpunkt schon so lange Baseball gespielt, dass er das Spiel in- und auswendig kannte. Football war damals aber etwas Neues, und ich glaube, es reizte ihn, all das zu lernen, was es braucht, um erfolgreich zu sein. Er genießt es, gecoacht zu werden, und das machte es damals interessanter."

Baseball ist ein deutlich übersichtlicherer Sport als Football. Er lebt vom direkten Duell zwischen Pitcher und Batter (dem Schlagmann, der den Ball für einen Homerun auf die Tribüne befördern will). Es gibt zwar eine Vielzahl von möglichen Würfen und Strategien, aber alles findet in einem relativ klaren Rahmen statt und ist in den neun Innings, die ein Spiel dauert, relativ statisch. Im Football hingegen bietet jeder Spielzug unendlich viele Möglichkeiten. Der Quarterback muss als Spielmacher in Bruchteilen von Sekunden erkennen, was der Gegner macht, um richtige Entscheidungen zu treffen. Deshalb ist Quarterback sicherlich die schwierigste Position im amerikanischen Profisport.

## OFFENSIVE DER WHITEHOUSE WILDCATS 11/12

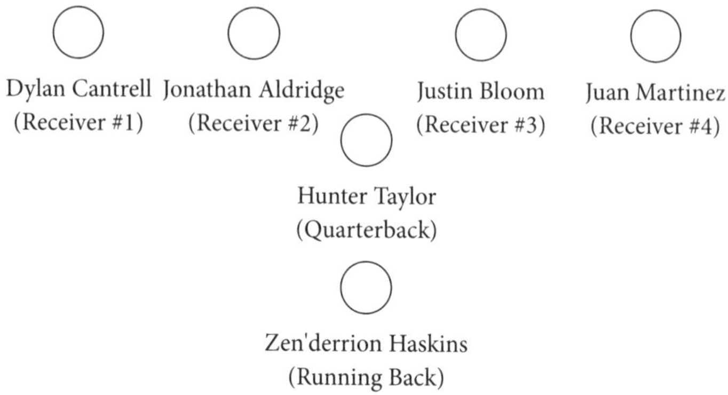


Randy McFarlin, der damalige Head Coach der Whitehouse Wildcats, hatte Mahomes ja zunächst die Position des Safety schmackhaft gemacht: „Er war nicht unser bester Safety. Ich habe nur versucht, sein Interesse am Sport hochzuhalten", gab er später zu. McFarlin hatte Angst, dass der talentierte Junge sich ganz dem Baseball verschreiben würde, so wie es sich sein Vater wünschte. Seine Mutter wiederum erzählte Patrick in jenem Sommer davon, wie sie als junges Mädchen ihre Tanzsportkarriere aufgegeben hatte, um mehr Zeit fürs Lernen zu haben: „Du wirst es bereuen und dich langweilen, während deine Freunde auf dem Feld sind."

Mahomes entschloss sich letztlich, dem Rat der Mutter zu folgen. Zum Glück! Und die Fortsetzung der Footballkarriere an der Highschool wurde von einer weiteren Gegebenheit begünstigt: Hunter Taylor, bisheriger Quarterback der Wildcats, machte im Sommer seinen Abschluss und damit den Platz an der Spitze der Offense für Patrick frei. Randi Mahomes über diese neue Situation: „Endlich durfte er Quarterback spielen und das Team anführen."

Damit war auch das Angebot der Texas Longhorns, des Footballteams der University of Texas, vom Herbst des Vorjahres hinfällig und definitiv vom Tisch. Der Footballspieler Patrick Mahomes war kein Safety mehr, sondern ab sofort Quarterback.

## Der beste Freund ist plötzlich Konkurrent

Ob Patrick Mahomes Baseball, Football oder Basketball spielte, seine besten Mitspieler waren immer dieselben: Ryan Cheatham, Jaylon Dews, Jake Parker und Coleman Patterson. Sie standen schon in der Middle School als „Starting Five" auf dem Basketball Court, warfen sich die Bälle beim Baseball zu und spielten auch zusammen Football. Über die Jahre entwickelten sie auf den diversen Spielfeldern eine immer stärkere Chemie, wussten, was die anderen gerade planten, und konnten sich in kniffligen Situationen aufeinander verlassen. Doch genau diese Chemie stand zu Beginn der Footballsaison 2012 plötzlich vor einer harten Bewährungsprobe, denn bevor Mahomes zum Starting Quarterback seiner Highschool wurde, musste er sich mit seinem besten Freund Ryan Cheatham messen. Der galt nämlich ebenfalls als aussichtsreicher Kandidat für diese Position. Damit waren beide jetzt unmittelbare Konkurrenten! Während beim Baseball und Basketball jeder von ihnen glänzen konnte, braucht ein Footballteam *einen* klaren Anführer.

Cheatham überzeugte durch seine Statur, einen starken Arm und einen sicheren Wurf. Er konnte das Spiel „lesen" und war mobil genug, um auch selbst mal zu Fuß wichtige Yards zu erlaufen. Sein Spiel war das eines überdurchschnittlich guten Pocket Passers, also eines Quarterbacks, der meist hinter seinen Verteidigern in der „Pocket" bleibt und von dort aus den Ball verteilt. Im Vergleich dazu war Mahomes' Technik weniger ausgereift, und ihm fehlte die Erfahrung, um einzuschätzen, wann man zum Beispiel ein sicheres First Down erläuft und wann man den Spielzug mit einem Wurf an die Seitenlinie abschenkt. Das lag daran, dass er noch nie an einem Quarterback-Sommercamp teilgenommen hatte. Die meisten anderen Highschool-Talente feilten in den Ferien intensiv an ihrer Technik, spielten immer wieder Situationen im „Sieben gegen Sieben" nach und lernten, in unterschiedlichen Szenarien die richtigen Entscheidungen zu treffen. Alle außer Patrick Mahomes. Der reiste im Sommer zusammen mit seinem Bruder Jackson meist mit seinem Vater durch die Baseballstadien des Landes.

Aber dieser Nachteil erwies sich letztendlich als Vorteil: Mahomes war zu diesem Zeitpunkt ein ungeschliffener Rohdiamant.

Er handelte unberechenbar und war leichtsinnig. Er warf Bälle in Richtungen, in die ein Quarterback niemals werfen sollte. Er bewegte sich überraschend aus der Pocket, drehte sich von den Verteidigern weg und verlängerte Spielzüge in Momenten, in denen andere den Ball schon längst in Richtung Tribüne geworfen hätten. Das führte natürlich auch zu Fehlern, ärgerlichen Interceptions und Raumverlusten, aber wenn es funktionierte, entstanden die von Trainern und Kommentatoren so geliebten „Big Plays", die in Touchdowns mündeten und Spiele drehen konnten.

Am Ende der Vorbereitung auf die neue Saison waren die Coaches der Wildcats noch unsicher, ob nun Cheatham oder Mahomes die Rolle des Anführers auf dem Feld verdient hatte. Darum entschieden sie sich zunächst für beide und teilten die Spielzeit in den ersten zwei Partien der Saison fair unter ihnen auf. Jeder Quarterback führte das Team jeweils eine Halbzeit auf den Platz. Im ersten Match bei den Hallsville Bobcats zeigte Mahomes sein Talent in der ersten Halbzeit und warf für 265 Yards, drei Touchdowns und eine Interception. Cheatham schaffte nach dem Wechsel nur 89 Yards, erzielte einen Touchdown, blieb ohne Interception. Vorteil Mahomes, Sieg für die Wildcats mit 35:18. Im zweiten Spiel gegen Chapel Hill wurde es noch deutlicher: Mahomes kam diesmal auf 256 Yards, wieder mit drei Touchdowns und keiner Interception in den ersten 30 Minuten des Spiels. Cheatham hingegen gelangen bei ähnlich vielen Wurfversuchen nur 114 Yards und ein Touchdown, dafür produzierte er aber zwei Interceptions. Erneut war Mahomes wirkungsvoller und sorgte für den zweiten Sieg im zweiten Spiel seines Teams.

Das dritte Spiel der Saison brachte dann den endgültigen Wendepunkt: Es war der 14. September 2012, ein regnerischer Tag in Tyler. Der Gegner hieß Sulphur Springs. Von Anfang an war es ein chaotisches Spiel, in dem Patrick Mahomes nicht nur seine Werferqualitäten, sondern auch seine Kreativität unter schwierigen Bedingungen unter Beweis stellen musste. Seine Wildcats lagen zur Halbzeit knapp mit 21:20 vorn. Nun traf Offensive Coordinator Adam Cook eine Entscheidung – und verzichtete fortan auf die faire Verteilung der Spielzeit. Mahomes war ab sofort der Starting Quarterback der Whitehouse Highschool.

Cheatham musste am Spielfeldrand mit ansehen, wie sein guter Freund das Spiel verdient mit 38:33 gewann und nur wenig falsch machte. Mahomes warf für über 400 Yards und einen Touchdown, erlief selbst in zwölf Versuchen weitere 100 Yards und erzielte damit drei zusätzliche Touchdowns. Es war sein erstes Spiel mit über 500 Yards insgesamt. Und womöglich einer der wichtigsten Momente in seiner noch jungen Footballkarriere. Von nun an wurde Mahomes von den Fans auf Händen getragen. Auch sein Freund Ryan Cheatham konnte akzeptieren, dass er den Kürzeren gezogen hatte: „Als er angefangen hat, diese Big Plays zu machen, dachte ich: Ich weiß nicht, ob ich das auch kann."

Für den Rest der Saison war Cheatham der Ersatzmann von Mahomes. In seinem letzten Highschool-Jahr versuchte er sich dann als Wide Receiver – und bekam Pässe von seinem Freund. In 13 Spielen gelangen Cheatham 60 Fänge für insgesamt 624 Receiving Yards und acht Touchdowns. Deutlich besser war er im Baseball, wo er für seine Highschool mit 13:0 ungeschlagen blieb. Die großen Angebote blieben aber aus, und so führte es ihn nicht auf ein renommiertes Division-I-College, sondern auf das lokale Tyler Junior College, wo er in der dritten Division Baseball spielte. Wie sein Leben wohl verlaufen wäre ohne Patrick Mahomes als direkten Konkurrenten?

**OFFENSIVE DER WHITEHOUSE WILDCATS 12/13**

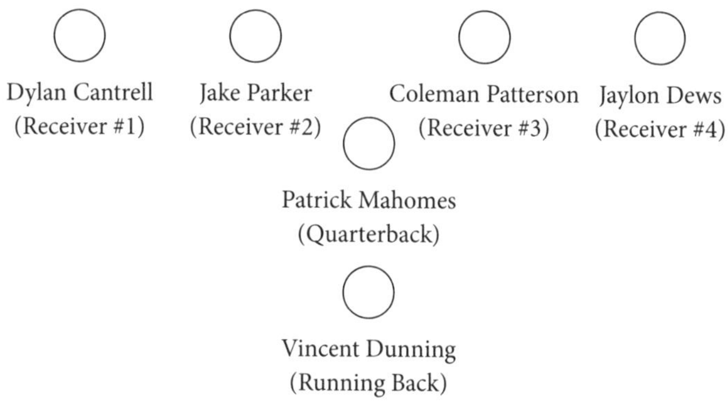


## Kliff Kingsbury und die Texas Tech zeigen Interesse

Für Patrick Mahomes ging das Abenteuer Highschool-Football nach den ersten Erfolgen nun erst richtig los. Nach den drei Siegen zum Saisonstart folgten fünf Touchdown-Pässe gegen die

Marshall Mavericks, fünf weitere beim Sieg gegen die Lincoln Tigers und erneut fünf gegen die Nacogdoches Dragons. Die Whitehouse Wildcats blieben weiter ungeschlagen und sorgten mit Mahomes für Schlagzeilen im footballverrückten Texas. Schon in den nächsten Partien interessierten sich plötzlich etliche College-Scouts für den Jungen mit den wilden Würfen, schnellen Beinen und dem unglaublichen Arm. Randy McFarlin, sein damaliger Head Coach, fasste alles in einem Satz zusammen: „Er hatte die pure Freude am Spiel."

Trotzdem reichte es nicht für den ganz großen Wurf. In der regulären Saison verloren die Wildcats trotz einer Glanzleistung von Mahomes (vier Touchdown-Pässe und ein Rushing Touchdown) gegen den großen Rivalen der John Tyler Highschool. Und in den Playoffs gewann das Team nur ein Spiel. Zwar warf Mahomes in der zweiten K.-o.-Runde gegen die Wylie East Raiders erneut fünf Touchdowns und hielt sein Team bis zum Ende im Rennen, doch es sollte nicht sein: Die Wildcats verloren das Auswärtsspiel in der Defensive. 56:63, Saisonende! Die Statistiken seiner ersten Saison als Quarterback eines Footballteams sind trotzdem beeindruckend: Mahomes gelangen 3839 Yards und 46 Touchdowns durch die Luft sowie 258 Yards und sechs Touchdowns auf dem Boden. Leistungen, die dafür sorgten, dass sich vermehrt College-Coaches über den Junior aus Whitehouse informierten, zu Hause bei ihm anriefen oder vor der Haustür standen. Jetzt musste Patrick Mahomes nicht mehr wie noch ein Jahr zuvor zusammen mit seinem Vater zu den Colleges fahren – sie kamen zu ihm.

Einer der interessierten Coaches war Kliff Kingsbury. Der hatte kurz zuvor den Job als Cheftrainer der Texas Tech University übernommen und war auf der Suche nach wurfgewaltigen Spielmachern, die in einer „Air Raid"-Offensive funktionierten – genau das System, das Mahomes auch schon in seinem Highschool-Team kennengelernt hatte. „Air Raid" startet in einer „Shotgun"-Formation (einer Aufstellung der Offensive, in der der Quarterback einige Meter hinter seinem Center steht und den Ball nicht übernimmt, sondern durch die Beine zugeworfen bekommt). Er soll dadurch mehr Zeit und Raum bekommen, um den Ball zu einem der vier Passempfänger zu werfen. Alternativ hat er aber auch die Chance, sich aus dem Kreis seiner Schutzleute zu lösen und zur Seite zu „scramblen", also auszuscheren, um den Spielzug zu verlängern oder selbst einige Meter zu laufen. Die „Air Raid"-Offensive ermöglicht oft große Raumgewinne, weite Würfe und ist perfekt auf die Offensivspektakel im Highschool- und College-Football zugeschnitten. Idealerweise braucht man dazu aber einen kreativen Spielmacher, der schnelle Entscheidungen trifft. Der Spielzüge mit seinen Füßen verlängern kann. Der einen überdurchschnittlichen Wurfarm hat, um schnelle Receiver zu bedienen, und der keine Angst hat, Risiken einzugehen. Schon in seiner ersten Saison als Quarterback der Whitehouse Wildcats war Patrick Mahomes ein Paradebeispiel für das, was Kingsbury für sein Team suchte. Das Vorbild bei der Suche war Johnny Manziel, der 2012 unter Kingsbury (der damals noch Offensive Coordinator der Texas A&M University war) die Heisman Trophy gewonnen hatte – die wichtigste individuelle Auszeichnung im College-Football – und 2014 in der ersten Runde des NFL Draft von den Cleveland Browns ausgewählt wurde.

Auch wenn Mahomes durch seine Leistungen an der Highschool einigen Scouts und Trainern auffiel, die den Weg nach Whitehouse nicht scheuten, waren außer Kingsbury und der Texas Tech nur wenige Universitäten ernsthaft an ihm interessiert. Sein Mentor Adam Cook verzweifelte fast: „Ich wusste, wie gut er war, aber ich konnte ihm keine Einladung zu College-Scouting-Events verschaffen. Es war frustrierend." Die Gründe dafür sind für viele Experten noch heute ein Mysterium. Mahomes erhielt letztlich nur drei konkrete Angebote von Colleges – alle aus Texas. Vielleicht lag es daran, dass nicht klar war, ob er auf dem College Football, Baseball oder Basketball spielen wollte. Oder daran, dass keiner der Scouts ihn je in einem der Quarterback-Camps im Sommer hatte spielen sehen. Oder an seiner unkonventionellen Spielweise, die den Spielern in Sommercamps eigentlich abtrainiert wird. Vielleicht war der Grund aber auch, dass er als Sophomore noch nicht als Quarterback gespielt hatte und damit zu spät auf den Listen der Scouts auftauchte. So hatten die großen College-Footballteams wie die LSU Tigers oder die Oklahoma Sooners den Jungen aus Whitehouse nicht auf dem Schirm. Und das war gut – für Kliff Kingsbury, für die Texas Tech Red Raiders und letztlich auch für Patrick Mahomes.

Am 21. April 2013, noch vor seinem letzten Jahr an der Highschool, legte sich Patrick fest: Er würde an der Texas Tech University unter Kliff Kingsbury Football spielen. Doch das College erlaubte ihm auch, parallel dazu Teil der Baseballmannschaft zu werden. Das war am Ende ein wichtiges Kriterium für Patrick, der sich immer noch nicht endgültig entschieden hatte, in welche Richtung die Profikarriere gehen sollte.

Schon in den ersten Gesprächen Anfang des Jahres 2013 entwickelte sich zwischen dem Head Coach der Texas Tech und seinem zukünftigen Spieler eine ganz besondere Verbindung. Kingsbury hatte Mahomes erklärt, was er mit der Offensive vorhatte. Patrick sollte viel werfen, durfte aber weiter kreativ in seinem Spiel sein und seine Beine einsetzen. Sein damaliger Highschool-Mitschüler Coleman Patterson erinnert sich: „Ich weiß noch, wie sehr sich Patrick über das Angebot gefreut hat, weil sie bei Texas Tech den Ball so viel durch die Luft bewegen wollten. Das war auch der Grund, wieso er Kingsbury und der Tech schon zehn Monate früher als eigentlich nötig zusagte."

Und Kingsbury, mit 34 Jahren noch ein sehr junger Coach, war überglücklich, mit Mahomes einen dynamischen Athleten zu bekommen, der bereits in seiner kurzen Highschool-Karriere bewiesen hatte, dass er gewinnen konnte. Das war genau das, was Kingsbury brauchte, um als neuer Cheftrainer im College-Football für Furore zu sorgen. Doch bevor sie endgültig zusammenarbeiten konnten, musste Mahomes noch ein Jahr zur Highschool gehen, und Kingsbury arbeitete in Lubbock, wo die Texas Tech beheimatet ist, übergangsweise mit einem anderen Freshman-Quarterback in Lubbock zusammen. Sein Name: Baker Mayfield.

## Das letzte Jahr an der Highschool

Für Patrick Mahomes ging das Leben nach seiner richtungsweisenden Entscheidung erst mal ganz normal weiter. Seine damalige Freundin und heutige Ehefrau Brittany machte im Sommer ihren Highschool-Abschluss und entschied sich für ein Studium der Kinesiologie am lokalen Ableger der University of Texas in Tyler. Dort wollte sie auch ihre Fußballkarriere fortsetzen. Das hatte den Vorteil, dass sie in der Stadt blieb und die Turteltäubchen das kommende Jahr noch zusammen verbringen konnten, bevor Patrick ins rund 700 Kilometer entfernte Lubbock ziehen würde, eine Autofahrt von knapp sieben Stunden.

Das Senior-Jahr an der Highschool sollte für den guten Schüler Mahomes gleich in mehrfacher Hinsicht der nächste Schritt sein. Seine Mutter wollte, dass er an einem Plan B arbeitete, falls die Karriere als Profisportler ins Stocken geriet. Weder sie noch Vater Pat hatten nach der Highschool an einem College studiert. Sie musste hart arbeiten, um nach der Trennung als Eventplanerin Fuß zu fassen – eine richtige Ausbildung wäre da ein deutlich besseres Fundament gewesen. Daher bereitete sich Mahomes neben der Schule in Pre-College-Kursen auf sein Marketingstudium an der Uni vor – und trat gleichzeitig wieder in drei verschiedenen Sportarten für seine Whitehouse Wildcats an. Angestachelt durch die aus seiner Sicht völlig unnötige Niederlage im letzten Footballspiel der Vorsaison, wollte er es im neuen Jahr besser machen. Patrick hatte klare Ziele – und einen neuen Head Coach. Der bisherige Offensive Coordinator Adam Cook ersetzte den langjährigen Cheftrainer Randy McFarlin. Cook, der Mahomes-Förderer, setzte sich gegen 63 andere Bewerber durch – allein diese Zahl zeigt, welche Relevanz der Trainerposten des Footballteams an einer Highschool in Texas hat. Der Erfolg der Wildcats-Offense in der Vorsaison mit ihrem neuen Spielmacher Mahomes trug sicher maßgeblich dazu bei, dass die Wahl auf Cook fiel, Patricks Pässe und Touchdowns halfen seinem Mentor also bei dessen Beförderung. Den Posten als Head Coach der Whitehouse Wildcats bekleidet Cook übrigens heute, über zehn Jahre später, immer noch.

In seiner ersten Saison als Head Coach wollte der neue Taktgeber den Zusammenhalt des Footballteams an der Whitehouse Highschool mit einem einfachen Motto stärken: „Keep swinging." Ob im Training, im Kraftraum oder auf dem Spielfeld: Seine Jungs sollten immer weitermachen, sich pushen und niemals aufgeben. Um diesem Grundsatz noch etwas mehr Nachdruck zu verleihen, kaufte der Trainer einen großen Vorschlaghammer. Bei jedem Heimspiel durfte einer der Spieler aus der Kabine laufen und das übergroße Werkzeug in die Luft recken – als Belohnung für starke Leistungen im Training oder wichtige Plays in den vorangegangenen Spielen.

Nach einigen Wochen stellte Cook fest, dass die meisten Leistungsträger des Teams den Hammer schon unter den wilden Anfeuerungsrufen der Mitschüler und Eltern ins Stadion getragen hatten. Nur der wichtigste Spieler der Wildcats hatte sich bislang immer zurückgehalten. Er hatte andere vorgeschlagen, wollte nicht nur Spieler, sondern auch Team-Managern die Ehre zuteilwerden lassen. Patrick Mahomes wusste damals schon, dass er einen Platz in einem Division-I-College sicher hatte, aber ihm war klar, dass viele seiner Mitspieler nur selten in den Genuss der Aufmerksamkeit kamen, die er als erfolgreicher Sportler bereits gewohnt war. Und so gönnte er es den anderen, auch mal umjubelt zu werden. Erst im ersten Playoff-Spiel seiner letzten Highschool-Saison trug er den Hammer aufs Feld.

Patrick hat von seinen Eltern gelernt, dass der Anspruch eines Führungsspieler sein muss, nicht nur auf sich selbst zu achten, sondern das Team um sich herum zu stärken. Nach den Spielen wollte er deshalb die Fragen der lokalen Reporter über sich und seine Zukunft gar nicht beantworten, sondern viel lieber über die Qualität seiner Offensive Line, die starken Leistungen seiner Wide Receiver oder die wichtigen Plays der Defensive sprechen. Auch auf dem Feld zählte für Patrick nur das Team, für Cook eine der großen Qualitäten seines ehemaligen Schützlings: „Er wollte seine Mitspieler mitreißen. Es ging um den Teamerfolg, und er hatte verstanden, dass sie besser spielten, wenn sie sich gut fühlten."

In seinem Senior-Jahr wurde der beste Spieler seines Teams zum besten Spieler, der jemals an der Whitehouse Highschool Football gespielt hat. Sein Vorgänger Hunter Taylor hatte zwar insgesamt für mehr Yards geworfen, aber Mahomes machte das gesamte Team besser. Seine Zahlen in 2012 und 2013 waren außergewöhnlich. Und sie hätten noch viel besser sein können, wenn er nicht regelmäßig bei klaren Führungen für seinen Ersatzmann ausgewechselt worden wäre. Mahomes sorgte dafür, dass die Wildcats in der regulären Saison ungeschlagen blieben und sich auch für die bittere Niederlage des Vorjahres gegen die John Tyler Highschool revanchierten.

Fast noch beeindruckender als seine Leistungen auf dem Footballfeld waren zu diesem Zeitpunkt allerdings die im Baseballtrikot. In seiner letzten Baseballsaison an der Highschool lieferte er eine besonders denkwürdige Performance ab. In einem Match gegen Mount Pleasant stand er Michael Kopech gegenüber, einem Konkurrenten, mit dem er sich schon in den Vorjahren hitzige Duelle geliefert hatte. Kopech sollte es später in die Major League Baseball schaffen. Er wurde von den Boston Red Sox an Position 33 im MLB Draft 2014 gewählt und wechselte 2016 zu den Chicago White Sox. Doch an diesem Nachmittag hatte er keine Chance gegen einen entfesselt aufspielenden Mahomes. Dem gelang ein fast perfektes Spiel. Keiner der Batter schaffte es, einen seiner Würfe ins Feld zu schlagen und dann die erste Base zu erreichen – im Baseball „No-Hitter" genannt. Auch Kopech spielte stark und ließ nur zwei Hits zu, die den Whitehouse Wildcats aber zum Sieg reichten.

Das Spiel fand unter den Augen von 35 bis 40 Scouts statt. Während die meisten auf der Tribüne Platz nahmen, hatte sich eine Gruppe direkt hinter dem jeweiligen Catcher positioniert, bewaffnet mit Radarpistolen, um das Potenzial der beiden Spieler in Zahlen zu übersetzen. Mahomes warf den Ball an diesem Nachmittag bis zu 95 mph schnell, Kopech feuerte einige Fastballs mit bis zu 98 mph ab. Werte auf Profiniveau! Doch für Mahomes war noch lange nicht Feierabend: Am Abend stand ein weiteres Baseballspiel gegen die Princeton Highschool an. Dort übernahm Peyton Conser als Pitcher, und Mahomes durfte sich am Schlagmal austoben. Mit drei Hits inklusive des einzigen Homeruns des Tages sorgte er für drei Punkte auf dem Scoreboard beim ungefährdeten 10:3. Ein gelungener Tag im Leben des Highschool-Athleten Patrick Mahomes.

## Die Jagd nach dem ersten Titel

Nach der makellosen Regular Season wollte das Footballteam der Wildcats jetzt noch mehr erreichen. Ziel war der Division-Titel und damit das Recht, um die State-Meisterschaft zu spielen. So gut war die Highschool noch nie und mit ihrem ungewöhnlichen Quarterback-Talent fühlten sie sich bereit dazu. Dafür müssten sie in den Playoffs sechs aufeinanderfolgende Spiele gewinnen – gegen die besten Teams aus Texas.

**OFFENSIVE DER WHITEHOUSE WILDCATS 13/14**

In der ersten Runde trafen sie auswärts als klarer Favorit auf die Seguin Matadors aus Arlington, direkt zwischen den Großstädten Dallas und Fort Worth gelegen und Standort des AT&T Stadiums vom NFL-Team Dallas Cowboys. Ein entfesselt aufspielender Underdog brachte Mahomes und seine Wildcats an den Rand einer Niederlage. Nur knapp zwei Minuten vor dem Ende des Spiels punkteten die Matadors mit einem 44-Yard-Run und gingen 44:37 in Führung. Ein 45-Yard-Kickoff-Return brachte Mahomes in eine gute Ausgangslage, um das Spiel noch mal zu drehen. Aber nach einigen Spielzügen sah es nicht gut aus: „4th down and 8 yards to go." Coach Cook setzte komplett auf seinen Quarterback und sagte einen Laufspielzug durch die Mitte an. Mahomes setzte die Taktik nicht nur um, er erarbeitete sich mit nur noch wenigen Sekunden auf der Uhr im Stil eines Running Backs über 25 Yards Raumgewinn durch die Mitte. Zwei Verteidiger zog er mit sich über die Goal Line. Touchdown, Ausgleich, Overtime!

In der Verlängerung gewannen die Matadors den Münzwurf und durften als Erstes ihre Offensive auf den Platz stellen. Mit den ersten drei Spielzügen schafften sie aber nur acht Yards und standen nun vor der Entscheidung, den Ball entweder mit einem Punt an Mahomes zu übergeben oder der eigenen Offensive zu vertrauen. Das barg ein gewisses Risiko, weil der Gegner seine Angriffsserie dann eventuell mit einer deutlich besseren Spielposition starten konnte. Seguin setzte alles auf eine Karte – und scheiterte krachend: Das Mahomes-Team blitzte den Gegner, und der Whitehouse-Linebacker Chris Reese löste sich aus seinem Block. Er erwischte den gegnerischen Running Back weit vor der Line of Scrimmage bei seinem Versuch, nach außen zu laufen. Boom! Acht Yards Raumverlust und Ballbesitz für die Wildcats. Nur vier weitere Laufspielzüge von Mahomes und seinem Running Back Dominique Hollie beendeten das Spiel mit einem Touchdown. Durchatmen, zweite Runde erreicht! Dort warteten die Sulphur Springs Wildcats.

Ende November war es auch in Texas bitterlich kalt, und Coach Cook hatte sich für das Spiel etwas Besonderes ausgedacht. Da es schwieriger war, den Ball bei diesen Wetterverhältnissen zu werfen, wollte er in wichtigen Momenten noch stärker auf das Laufspiel setzen und stellte daher oft ein „Jumbo Package“ auf, eine Formation ohne Wide Receiver, dafür mit den besten Blockern und Laufspielern auf dem Platz. Mahomes’ Freund Ryan Cheatham kam dabei eine wichtige Rolle zu. Er hatte in der Kälte schon oft genug bewiesen, dass er kein Problem damit hatte, den Ball festzuhalten. Daher sollte er gerade in entscheidenden Situationen als Running Back wichtige Yards erlaufen. Die Taktik ging von Anfang an auf. Die Wildcats schafften nur 208 Yards durch die Luft, konnten aber bei 47 Laufversuchen 377 Yards erreichen und hatten vier Spieler mit über 50 Yards im Team – neben den etatmäßigen Running Backs Shemar Smith und Hollie auch Mahomes und dessen früheren Quarterback-Konkurrenten Cheatham. Das Spiel ging am Ende deutlich mit 38:14 an die Wildcats. Das war ihr zwölfter Sieg und damit Schulrekord – kein Team der Whitehouse Highschool hatte jemals mehr Erfolge in einer Saison geschafft.

In der dritten Runde der Playoffs wartete dann ein weiterer Brocken: die Mesquite Poteet Pirates. Die Mannschaft aus einem Vorort von Dallas stand zwischen den Wildcats und ihrer ersten Teilnahme an den Regional Championships – dem Finalspiel für die besten Teams einer Region. Die Pirates hatten bislang nur ein einziges Spiel in der Saison verloren. Prunkstück war aber nicht ihre Offensive, sondern die Verteidiger um Linebacker Malik Jefferson, die die meisten Gegner unter

20 Punkten hielten. Allein Jefferson kam vor diesem Spiel unter anderem auf 25 Tackles for Loss (Raumverlust für den Gegner), 12 Sacks sowie zwei Forced Fumbles, die er jeweils auch selbst recovern konnte – außergewöhnliche Statistiken für einen Spieler in seinem Junior-Jahr an der Highschool. Später im College lief er für die Texas Longhorns auf, und im NFL Draft 2018 wählten ihn die Cincinnati Bengals in Runde drei aus.

Doch an diesem Tag stand Pirates-Quarterback Lane Novy zusammen mit Mahomes im Fokus der Zuschauer. Aufgrund der starken gegnerischen Verteidiger am Boden wusste Coach Cook, dass sein Team nur mit einem risikoreichen Passspiel erfolgreich sein konnte. Und so kam es: Das Duell der beiden Teams war von der ersten Minute an ein Shootout und sollte rekordverdächtig enden. Die Wildcats starteten furios und gingen mit den ersten Drives jeweils in Führung, doch Novy und seine Pirates konnten antworten – immer wieder. Nach sieben Minuten stand es 14:14 – inklusive dreier Touchdowns innerhalb von nur 36 Sekunden. Beide Teams gaben Vollgas und wollten den Gegner überrollen. Bei einer knappen 20:14-Führung für die Wildcats wechselten die Teams die Seiten.

Im zweiten Viertel hatten Mahomes und seine Mitspieler eine Schwächephase, das nutzten die Pirates konsequent aus. Sie punkteten innerhalb von vier Minuten gleich dreimal. Jetzt stand Mahomes unter Druck und versuchte noch vor der Halbzeit, den Anschluss zu schaffen. Mit zwei Rushing Touchdowns kamen die Wildcats zwar wieder ins Spiel, doch die Pirates reagierten souverän. Novy baute die Führung mit einem weiteren Touchdown kurz vor der Halbzeit aus. Eine letzte Chance hatte Mahomes noch, sein Team vor der Pause zurückzubringen. Aber er warf – den Ball zum Gegner. Interception! Erst seine fünfte in dieser Saison. Es blieb beim 41:33 für Poteet zur Halbzeit.

In der zweiten Hälfte wurden die Angriffsversuche der Wildcats immer verzweifelter. Doch die Pirates hatten immer eine Antwort parat. Obwohl die letzten vier Drives der Wildcats alle erfolgreich waren, stand es kurz vor Ende 60:65. Ein weiterer Touchdown musste her. Von der eigenen 23-Yard-Linie startend, zielte Mahomes zuerst auf Wide Receiver Jake Parker, der insgesamt zehn Pässe über unglaubliche 283 Yards fing. Mit einem Ball über 14 Yards auf Cheatham bewegte er die Marker erneut. Aber dann passierte es: Ein einfacher Wurf über sieben, acht Yards auf seinen Rushing Back Dominique Hall sprang aus dessen Händen in die Luft und von dort in die Arme des Pirates-Verteidigers Malachi Cobb. Uff. Allen Wildcats war in diesem Moment klar: Es ist vorbei! Jubel bei den Pirates, blankes Entsetzen bei Whitehouse. Es blieb beim 60:65. Die Highschool-Karriere von Patrick Mahomes war vorzeitig beendet. Und damit auch die gemeinsame Zeit auf dem Feld mit seinen besten Freunden.

Die Statistiken seines letzten Spiels sind atemberaubend: Mahomes warf für 619 Yards, erzielte fünf Touchdowns und lief selbst für zwei weitere. Sein Gegenüber war ähnlich gut: Lane Novy gelangen sechs Touchdown-Pässe. Zudem blieb er im Gegensatz zu Mahomes ohne Interception. Beide zusammen erreichten unglaubliche 1030 Yards durch die Luft – die drittmeisten in der Playoff-Geschichte texanischer Highschools.

„Patrick hatte immer wieder eine Antwort mit seinen Big Plays. Jemand musste am Ende einen Fehler machen. Das ganze Spiel über standen beide Teams unter Druck. Die Interception war nicht sein Fehler, aber in diesem einen Moment haben sie es nicht hingekriegt. Das war ausschlaggebend“, erklärte Novy später im Interview. Mahomes hingegen war untröstlich, die Tränen liefen, und sein Vater sowie sein Head Coach nahmen ihn in den Arm. Für Patrick stand damals schon fest: „Mit diesen Jungs über viele Jahre Football zu spielen, war definitiv eine der besten Zeiten meines Lebens."

Auch wenn seinem Team am Ende die große Trophäe verwehrt blieb, gab es für den Quarterback der Wildcats „Silverware", wie der Amerikaner sagt. Er wurde zum „Associated Press Texas Football Player of the Year 2013" gewählt und gewann den „Max Preps Male Athlete of the Year Award" als bester Highschool-Athlet der USA für seine eindrucksvollen Leistungen in allen wichtigen US-Sportarten. Dabei schlug er namhafte Konkurrenten wie zum Beispiel Kyler Murray, der damals schon als Junior in Texas für Furore sorgte und 2019 als „First Overall Pick" im Draft zu NFL-Team Arizona Cardinals gehen würde. Oder Mike Gesicki, der damals als größtes Tight-End-Talent Amerikas galt und zusätzlich noch im Volleyball erfolgreich war.

Doch keiner von ihnen tanzte wie Mahomes auf drei Hochzeiten gleichzeitig. Denn neben den mehr als 5500 Yards und 65 Touchdowns als Footballspieler beendete dieser seine Highschool-Karriere als Baseball-Pitcher mit einem Fastball von über 93 mph und einem Batting-Average von .450, was bedeutet: Bei 45 Prozent seiner Einsätze als Batter erreichte er die erste Base. In der MLB hätten im gleichen Jahr 34,1 Prozent für Platz eins in der Saisonstatistik gereicht. Und auch auf dem Basketballfeld hinterließ Mahomes große Fußstapfen. Die Wildhouse Wildcats wiesen eine Bilanz von 28:7 Siegen auf, und Mahomes schaffte einen Durchschnitt von 19 Punkten sowie acht Rebounds pro Spiel. Eine Meisterschaft blieb ihm aber auch in den anderen beiden Sportarten verwehrt.

Patricks Freunde Ryan Cheatham, Jaylon Dews, Jake Parker und Coleman Patterson schlugen ganz unterschiedliche Richtungen ein. Ryan spielte am lokalen Tyler Junior College Baseball und wechselte später zur University of Texas at Tyler. Mit beiden Colleges gewann er nationale Meisterschaften und war einer der Starspieler. Er studierte Maschinenbau und arbeitet heute in Fort Worth für ein Energieunternehmen. Jalon spielte an der University of Southern Arkansas Football und studierte Kinesiologie. Jake und Coleman gingen erst gemeinsam zum Tyler Junior College, um ein Jahr später ihr Glück als Wide Receiver an der Texas Tech unter Quarterback Patrick Mahomes zu versuchen. Coleman machte einen Abschluss in Marketing und arbeitet aktuell für ein Pharmaunternehmen in Houston. Jake brach sein Studium ab und arbeitete erst im texanischen Midland als Supervisor und Sprengmeister an einer Ölmine. 2019 packte ihn die Football-Lust wieder und er meldete sich beim Division-3-College Howard Payne University an, um erneut zu studieren und wieder als Wide Receiver zu spielen.

## Ein ungewisser College-Start

Mit dem Ende des Senior-Schuljahres entbrannte in Ost-Texas eine spannende Diskussion um die Zukunft des Rohdiamanten Mahomes. Was würde passieren, wenn er sehr früh im MLB Draft 2014 ausgewählt würde, für die er sich trotz seiner Zusage bei Texas Tech angemeldet hatte? Interessierten MLB-Teams hatte er zwar früh signalisiert, dass er am College vor allem Football spielen wollte, doch nicht alle ließen locker. Daher ließ Mahomes in einem Interview mit einer lokalen Zeitung wissen, dass er ein Angebot aus der MLB nur annehmen würde, wenn er mindestens einen Bonus über zwei Millionen

US-Dollar erhielte. Und: Er müsse in der ersten Runde ausgewählt werden.

College-Coach Kliff Kingsbury machte sich ernsthaft Sorgen, dass sein neuer Quarterback den Verlockungen des schnellen Geldes und eines Baseball-Profivertrags erliegen könnte, anstatt pünktlich zum Saisonstart bei Texas Tech auf der Matte zu stehen. *Baseball America* sah Mahomes zwar nur an Position 419 aller Draft-Talente, aber die Entscheidungen der Teams in so einem Auswahlprozess sind oft schwer vorherzusehen.

Und Mahomes war nicht der einzige Quarterback, der Kingsbury Kopfzerbrechen bereitete. Im letzten Jahr entdeckte der Coach mit Baker Mayfield einen Spieler, der eigentlich nur als Backup eingeplant war, dann aber plötzlich überragende Leistungen zeigte. Das Highschool-Football-Talent meldete sich ohne ein Stipendium als sogenannter „Walk-on" an der Texas Tech an und zahlte selbst für sein Studium – ein Kuriosum, weil eigentlich alle überdurchschnittlich talentierten Sportler finanziell von der Universität unterstützt werden. Da er mit den Angeboten der Florida Atlantic University, der New Mexico University und der Rice University aber nicht glücklich war, versuchte er, auf diesem unkonventionellen Weg ein besseres Team zu finden.

In der Saisonvorbereitung hatte Mayfield Glück, dass sich der designierte Starter der Red Raiders, Michael Brewer, verletzte und der Wettkampf um die Rolle des Starting Quarterbacks im Sommer 2013 nun völlig offen war. Mayfield überraschte die Verantwortlichen um Kliff Kingsbury mit seinem spielerischen Niveau und war plötzlich eine echte Alternative. So wurde er zum ersten Walk-on-Spieler, der in der höchsten College-Spielklasse als Starter im Saisoneröffnungsspiel zum Einsatz kam. Und Mayfield nutzte seine Chance. Die „Air Raid"-Offensive von Kingsbury passte perfekt zu ihm und er machte seine ersten Spiele zu einem wahren Touchdown-Fest. Nach fünf Spielen war sein Team noch immer ungeschlagen und er hatte schon für fast 1500 Yards gepasst.

Im fünften Spiel wurde Baker aber durch eine Verletzung gestoppt und musste in den nächsten Begegnungen pausieren. Spiel sechs und sieben gewannen die Red Raiders auch ohne ihn. Danach verlor das Team zwei Spiele und auch Mayfields Rückkehr konnte die Niederlagenserie nicht stoppen. Er monierte später, dass er sich in dieser Zeit nicht vom Team unterstützt fühlte, und kritisierte, dass Kingsbury nicht mit ihm gesprochen habe. Die Beziehung des Head Coaches zu seinem wichtigsten Spieler war empfindlich gestört. Mayfield spielte zwar noch zwei weitere Partien für die Red Raiders (beide gingen verloren), kündigte aber im Dezember 2013 an, dass er das Team schnellstmöglich verlassen wolle. Er begründete dies damit, dass die Uni ihm auch für das nächste Jahr kein Stipendium angeboten habe. Kingsbury dementierte öffentlich, doch der Schaden war irreparabel und die Trennung nicht mehr aufzuhalten.

Kingsburys Quarterback-Auswahl für die kommende Saison war nun ziemlich ausgedünnt. Hinzu kam, dass Mahomes, der zunächst als Ersatzmann eingeplant war, ja öffentlich mit dem Gedanken spielte, eventuell in die Major League Baseball zu wechseln. Für Mahomes war die Situation jedoch günstig: Mit Mayfield *und* dem zweiten Quarterback Davis Webb im Team wäre für ihn nicht absehbar gewesen, wann er würde spielen dürfen. Doch durch Mayfields Abgang hatte er plötzlich eine realistische Chance auf baldige Einsatzzeiten für Texas Tech. Bingo!

Den MLB Draft verfolgte die Familie Mahomes gemeinsam auf der heimischen Couch. Die Stimmung war gut. Niemand im Raum rechnete ernsthaft damit, dass ein Team Patrick in der ersten Runde ein Angebot unterbreiten würde. Doch dann klingelte plötzlich das Telefon! Auf dem Display ploppte eine Vorwahl aus dem US-Bundesstaat Arizona auf. Die Diamondbacks hatten ein Auge auf Patrick Mahomes geworfen und wollten ihn unbedingt davon überzeugen, Baseballprofi zu werden. Sein Vater Pat sprach im Interview mit dem *Forth Worth Star* von einer „netten Summe“, die seinem Sohn am Telefon angeboten wurde. Gerüchteweise war es ein Millionenbetrag, der Patrick nach Arizona locken sollte. Doch der traf eine „reife Entscheidung“, wie sein Patenonkel Hawkins später der Presse mitteilte – er lehnte ab. Die Diamondbacks drafteten ihn also nicht. Und letztendlich wurde Patrick Mahomes erst in der 37. Runde von den Detroit Tigers ausgewählt. Sie hatten damit ein Vorgriffsrecht auf ihn, sollte er sich irgendwann tatsächlich dafür interessieren, in der MLB anzutreten. Für die Tigers war dieser Pick kein großes Risiko und sie hofften, zukünftig eine ernsthafte Option für Mahomes zu sein. Vielleicht reichte sein Talent für College-Football ja doch nicht und er würde zu seiner ersten Sportliebe zurückkehren? Wer wusste das schon? Große Hoffnungen machten sie sich aber offenbar nicht. Das lässt eine Nachricht erahnen, die Scott Pleis, der Scouting Director der Tigers, auf dem Anrufbeantworter der Familie Mahomes hinterließ: „Wir wissen, dass du wahrscheinlich nicht kommst. Aber wir wollten es trotzdem versuchen.“

Patrick Mahomes konnte die Nachricht nicht mehr abrufen, weil er am Morgen des darauffolgenden Tages in Lubbock, der Heimat der Texas Tech Red Raiders, angekommen war. Da ging der Draft gerade in die zweite Runde und es sollte noch einige Zeit dauern, bis die 37. Runde erreicht war. Die maximale Summe bei Vertragsunterschrift nach einem Pick in einer so späten Runde lag sowieso „nur“ bei 137 500 US-Dollar. Viel weniger, als die Diamondbacks ihm geboten hatten, und keine Summe, die Mahomes an Football zweifeln ließ.

Später gab er zu, dass es aus seiner Sicht unmöglich gewesen wäre, seinen Karriereplan ins Wanken zu bringen. Er hatte immer vor, für die Red Raiders Football zu spielen. Mit den im Interview „geforderten“ zwei Millionen US-Dollar als Bonus hatte er nur das Interesse der MLB-Teams abwehren wollen. Tatsächlich hatte Mahomes schon einige Wochen zuvor ein Flugticket für den Morgen nach dem Beginn des MLB Draft gekauft. Von der nächstgelegenen Großstadt Dallas nach Lubbock in West-Texas, zu seinem neuen Wohnort.

# #4 DER ROHDIAMANT

## „Guns up!“

So begrüßte Coach Kliff Kingsbury seinen neuen Quarterback Patrick Mahomes in Lubbock, der quirligen Studentenstadt mitten in der Prärie von West-Texas. Er formte dabei ein „L“ mit dem Daumen und dem Zeigefinger seiner rechten Hand. Das ist das Erkennungszeichen der Studenten der Texas Tech, das hier jedes Kind kennt. Lubbock ist mit knapp 250 000 Einwohnern nicht grade klein, fühlt sich aber auch noch nicht nach Großstadt an. Es fehlen die Downtown-Hochhäuser und typischen Glasbauten amerikanischer Metropolen. Stattdessen dominiert im Zentrum die Universität mit ihren hellbraun-beigen Gebäuden und den roten Dächern.

33 000 Studenten sind hier eingeschrieben. Sie beleben den Ort zu jeder Tageszeit. Vormittags wuseln sie mit Büchern und Notizblöcken über das riesige Areal der Universität, abends genießen sie in den vielen Bars und Restaurants ihr junges Leben. Viele waren noch nie so weit weg von zu Hause. So auch Patrick Mahomes, der aus dem beschaulichen Tyler in die pulsierende Studentenstadt zog. Hier wollte der hochtalentierte Quarterback den nächsten Schritt in seiner Entwicklung nehmen. Auf dem Weg in die NFL. Sein Stipendium enthielt nicht nur die Gebühren für das Studium, sondern auch die Kosten für die Unterbringung auf dem Campus und die tägliche Verpflegung.

Dafür bekam das College die Namens- und Markenrechte an ihm.

Die Gegend um Lubbock, der elftgrößten Stadt in Texas, ist für ihre Ölproduktion und die South Plains, ein riesiges Baumwollanbaugebiet, bekannt. Die Umgebung wirkt wie aus einem Karl-May-Western: flache Präriegräser, rote Canyons und einzelne Windräder, so weit das Auge reicht. Die größte Touristenattraktion der Stadt ist ein Museum, das dem Musiker und Entertainer Buddy Holly gewidmet ist, der hier im Jahr 1936 das Licht der Welt erblickte und den Großteil seines Lebens verbrachte. Noch heute pilgern Tausende Fans jedes Jahr hierhin ins Nirgendwo, um die gleiche Luft wie ihr Idol zu atmen und einen Eindruck vom Ort seines Schaffens zu bekommen.

Doch der größte Star Lubbocks ist das Footballteam der Texas Tech University. Die gesamte Stadt atmet, riecht und lebt diesen College-Sport. Während der Saison im Herbst sind überall die knallroten Shirts mit dem Doppel-T auf der Brust zu sehen. Das Logo des Teams zu tragen, ist keine Modeerscheinung, sondern symbolisiert die totale Identifizierung mit der Uni. Die Footballstars werden auf der Straße erkannt, und an Spieltagen stoppt die Stadt alle anderen Aktivitäten, um sich auf den Kickoff einzustimmen. Schon gegen Mittag startet die Vorbereitung auf das Footballspiel am Abend und die Stadt wird noch lauter und geselliger vor lauter Vorfreude auf die folgenden Stunden. Ganz Lubbock ist dann eine einzige Party. Überall bilden sich Grüppchen, die grillen und Bier trinken. „Vorglühen" in großer Runde.

Und das hat eine lange Tradition. Das Footballteam der Texas Tech formierte sich bereits im Jahr 1925. Damals hießen sie noch Matadors, angelehnt an die spanische Architektur auf dem Campus. Der heutige Beiname Red Raiders entstand erst 1937. Erfunden wurde er von Collier Parrish, einem Reporter der Lokalzeitung *Lubbock Morning Avalanche*, den die glänzend roten Trikots beeindruckt hatten.

TTU spielt in der Big 12 Conference. Die verschiedenen College Conferences sind wie unabhängige Ligen, die ihre TV- Rechte vermarkten, separate Regelwerke besitzen und jedes Jahr einen Großteil der Spiele gegeneinander bestreiten. Die Big 12 ist Teil der Power Five Conferences, die im College- Football die sportlich besten Teams beheimaten. Gemeinsam mit einigen weiteren Conferences wird sie als „NCAA Division I" bezeichnet. Neben der Big 12 sind auch die ACC, Big Ten, Pac-12 und SEC Teil dieser elitären Riege. Insgesamt gehören 128 Colleges in die Division I und stellen damit so etwas wie die sportliche Superliga der Universitäten dar. Für talentierte Highschool-Schüler gilt: Nur wer in seiner Sportart in eines dieser 128 Colleges aufgenommen wird, hat eine realistische Chance auf eine Profikarriere.

Und dann gibt es noch die Bowls: Die Gewinner der Conferences stellen im College-Football den Großteil der Teilnehmer der aktuell fünf wichtigsten Bowl Games, die so etwas wie die Finalspiele der College-Saison sind. Zum einen gibt es das National Championship Game, das mit Halbfinals beginnt und in dem die vier besten Teams des Landes vertreten sind. Sie spielen den College-Champion aus. Zum anderen gibt es aktuell vier weitere offizielle Bowl Games: den Rose Bowl in Kalifornien, den Sugar Bowl in New Orleans, den Fiesta Bowl in Arizona und den Orange Bowl in Florida. Dort kann „The Best of the Rest" die College-Saison mit einem Highlight vor dem nationalem TV-Publikum beenden. Zusätzlich gibt es noch eine Vielzahl an weiteren Bowls, die zwischen verschiedenen

Conferences und von Jahr zu Jahr – abhängig vom Budget möglicher Sponsoren – ausgetragen werden.

Um die Relevanz aufzuzeigen: die Big 12 Conference nimmt mit TV-Rechten mehr Geld ein als die Deutsche Bundesliga. College-Football schlägt also König Fußball. Aber auch live ist College-Football in den USA ein Wahnsinn. Die Universitäten haben riesige Stadien – so fasst die Arena der Red Raiders in Lubbock etwa 66 000 Fans. Und es geht noch größer: Das zuschauerreichste College-Stadion der USA steht in Ann Arbor. Im Michigan Stadium der gleichnamigen Universität finden 107 000 Fans Platz. Insgesamt acht solcher Mega-Arenen mit einer Kapazität von über 100 000 gibt es in den Vereinigten Staaten. Hier ist College-Football mehr als Sport. Sieg oder Niederlage entscheiden, ob die Laune der Menschen in der Folgewoche entspannt oder angespannt ist.

Die Fans der Red Raiders sind besonders für ihre kreativen Einlagen bekannt. Seit 1992 werfen sie in jedem Heimspiel rohe Tortillafladen aufs Spielfeld. Grund dafür ist ein ESPN-Kommentator, der dem TV-Publikum mal erzählte, dass es in Lubbock nichts außer dem Footballteam und eine Tortilla-Fabrik gäbe. Als Reaktion darauf stehen seitdem wilde Tortillawürfe auf der Tagesordnung. Es kam auch schon vor, dass Schiedsrichter der Texas Tech eine 15-Yard-Strafe androhten, sollten weitere Teigfladen auf den Rasen flattern. Die Universität hat die Einlasskontrollen in den letzten Jahren zwar massiv verstärkt – aber ohne großen Erfolg. Die Studenten kleben sich die Teigfladen mit Tesafilm an den Körper, verstecken sie in ihren Cowboystiefeln oder legen sich kleine Fladen gefaltet ins Portemonnaie. Es gibt sogar eigene Fanseiten im Netz, die sich dem Schmuggeln von Tortillas ins Stadion widmen!

## Der Kampf um Anerkennung

Patrick Mahomes hatte im Sommer 2014 erst mal andere Sorgen. Er war neu hier und musste sich zunächst orientieren. Er hatte sich für das Studienfach Marketing & Business Management eingeschrieben. Der erste sportliche Einsatz für den Frischling kam im Sommercamp der Red Raiders. Das vorherige Frühlingsprogramm des College-Teams konnte der junge Quarterback noch nicht mitmachen, er war erst später dazugestoßen. Seine Rolle war daher klar: Er war der talentierte Ersatzmann von Routinier Davis Webb. Der hatte den Zweikampf gegen Baker Mayfield im Vorjahr zwar zunächst verloren, dann aber nach Mayfields Verletzung ordentlich abgeliefert. Jetzt freute er sich, dass sein Konkurrent das College verlassen hatte und er an der Reihe war, eine Saison lang als Nummer eins zu starten. Die Fans der Red Raiders wussten zu diesem Zeitpunkt nicht so recht, wie sie die aktuelle Spielmacher-Situation in ihrem Team einschätzen sollten. Texas Tech hat traditionell wurfgewaltige Quarterbacks. Starke Arme und lange Würfe – mit diesen Attributen ist hier niemand mehr zu beeindrucken. Das beste Beispiel dafür ist ihr Cheftrainer selbst. Kliff Kingsbury führte die Red Raiders 2002 als Quarterback in den Tangerine Bowl und sorgte mit einer furiosen Offensivleistung für ein 55:15 gegen die Clemson Tigers. Zusätzlich sicherte er sich die Sammy Baugh Trophy als bester College-Passgeber des Jahres und wurde zum AP Offensive Player of the Year gewählt. Kingsbury war der Prototyp eines Spielmachers für die Texas Tech. In vier Jahren als Quarterback des Teams warf er für 12 429 Yards, 95 Touchdowns und nur 40 Interceptions. Er verkörperte die spektakuläre Show, die in Lubbock erwartet wird – ohne sich dabei viel zu bewegen oder allzu riskante Spielzüge zu versuchen. Mahomes war anders, das verunsicherte Fans und Medien gleichermaßen. Er war kein System-Quarterback, der Gelerntes abspult, sondern ein Naturtalent, das seinen Instinkten folgte. Was an der Highschool zu Rekordspielen führte, war auf dem College ein Risiko.

Der Umzug nach Lubbock war für Patrick auch persönlich eine große Umstellung. Aus dem gemeinsamen Haushalt mit Mutter Randi, Bruder Jackson und der kleinen Schwester Mia ging es in ein Apartment mit gleich drei Mitbewohnern. Die Studenten haben auf dem Campus ein persönliches Schlafzimmer und teilen sich das Wohnzimmer, die Küche und das Badezimmer mit anderen. Einer von Mahomes' Mitbewohnern war Cameron Batson. Der kam eigentlich als Quarterback auf den Campus, sollte aber nun als Wide Receiver für die Red Raiders spielen. Das Experiment gelang, Batson wurde zur wichtigen Komponente im Angriff der Texas Tech. Später schaffte er es als Passempfänger in die NFL und spielte drei Jahre bei den Tennessee Titans. Schon im Vorfeld hatte Coach Kingsbury ihm ein paar Worte zu Mahomes mitgegeben: „Dieser neue Quarterback ist eine Granate. Der wirft dir in den kommenden Jahren die Bälle zu. Freu dich drauf!"

Als sie zum ersten Mal aufeinandertrafen, fiel Batson direkt Patricks hohe Stimme auf: „Wir haben ihn damals immer geärgert, weil er wie ein Frosch klingt." Batson war vielleicht der Erste, der diesen Vergleich im College zog – die ihm nachgesagte stimmliche Ähnlichkeit mit Muppets-Frosch Kermit kannte Patrick aber schon aus der Highschool. Seit seinem Stimmbruch in der siebten Klasse ärgerten ihn Freunde und Teamkollegen mit seiner ungewöhnlichen Stimmfarbe. Den Spitznamen Kermit, den er bis heute hat, erhielt er endgültig von Texas Tech Equipment Manager Zane Perry, der ihn jeden Tag auf dem Campus so begrüßte.

Auch wenn die Medien noch nicht ganz überzeugt von ihm waren, startete das Abenteuer College-Football für Mahomes in einer spannenden Konstellation. Durch die Abgänge von Baker Mayfield und seinem Vorgänger Michael Brewer blieben nur noch Davis Webb und er als Quarterbacks im Team der Red Raiders. Damit war schon im Sommercamp klar, dass der Freshman aus Whitehouse schnell zu seinen ersten Spielminuten kommen würde. Im College werden die Ersatzspieler nämlich aufs Feld geschickt, sobald ein Sieg oder eine Niederlage sicher scheint. Aufgrund des größeren Leistungsgefälles, ist das bei College-Spielen öfter der Fall als in der NFL. So war Mahomes zuversichtlich, dass er nicht nur auf der Bank sitzen, sondern schon in seinem ersten College-Jahr Erfahrungen auf dem Platz sammeln würde.

Bereits im ersten Trainingsspiel sorgte er mit seinen Leistungen für Staunen und Bewunderung. Er warf für fünf Touchdowns und gewann mit den Ersatzleuten gegen das erste Team der Red Raiders. Dabei hatte er bislang weder das Playbook (die Sammlung der Spielzüge und taktischen Kniffe eines jeden Teams) verinnerlicht noch die Mitspieler wirklich kennengelernt. Und Quarterback-Konkurrent Davis Webb war noch aus einem weiteren Grund von ihm beeindruckt: „Er nahm das Coaching direkt an. Coach Kingsbury gab uns jeden Tag einige Tipps. Patrick hörte ruhig zu und setzte sie am nächsten Tag direkt um. Er war wie ein Schwamm." Trotzdem wollte es Kingsbury langsam mit Mahomes angehen, wie er auf der letzten Pressekonferenz vor dem Saisonstart andeutete: „Wir werden versuchen, ihm so viel Spielzeit wie möglich in seinem ersten Jahr zu geben. Er wird sich austoben dürfen." Mehr aber auch nicht.

## OFFENSIVE DER TEXAS TECH RED RAIDERS 14/15

In den ersten drei Saisonspielen durfte Mahomes kein einziges Mal ran. Davis Webb war gesetzt. Er hatte nach guten Leistungen im Vorjahr die Red Raiders Ende Dezember in den Holiday Bowl geführt. Und auch gegen den damaligen Gegner Arizona State überzeugte der junge Quarterback auf ganzer Linie. Schon in der ersten Halbzeit kam er auf vier Touchdown-Würfe sowie 301 Yards Raumgewinn und konnte die klare Führung in der zweiten Halbzeit nach Hause bringen – 37:23! Aber Webb gelang es nicht, an seine Leistungen vom Vorjahr anzuknüpfen. Die ersten beiden Spiele der Saison gegen Central Arkansas und die University of Texas at El Paso konnte Texas Tech mit ihm am Ruder zwar gewinnen, souverän sah das Team gegen die kleineren Colleges aus schwächeren Conferences jedoch nicht aus. Die Red Raiders setzten sich jeweils erst im letzten Viertel durch. Die wirklich schweren Brocken aus der eigenen Big 12 Conference warteten erst ab Spiel vier auf sie. Da würde die Leistung der ersten Spiele nicht mehr reichen. Das war jetzt schon deutlich.

Endgültig vermasselt wurde der Saisonstart durch das Duell mit den Oklahoma State Cowboys, nicht nur der erste Big-12-Konkurrent, sondern auch ein langjähriger Rivale. Gegen die Cowboys hatte es für die Red Raiders zuletzt fünf Niederlagen in Folge gegeben, darunter eine empfindliche 6:66-Schmach, die bis heute die höchste Pleite in der Geschichte des Teams ist. Weil sein Team wieder in Rückstand lag, riskierte Webb jetzt Kopf und Kragen. In einem verzweifelten Versuch, ein neues First Down zu erringen, lief er über knapp zehn Yards und sprang dann mit dem Kopf voran in zwei Verteidiger. Er landete auf der Seite, und jeder sah, dass mit seiner Schulter etwas nicht in Ordnung war. Autsch! Das Gelenk war ausgekugelt – an Weiterspielen war nicht zu denken. Jetzt musste Backup- Frischling Mahomes zeigen, ob er seine Mitspieler direkt zu einem wichtigen Sieg führen konnte. Einsatz!

## Die erste Chance

Der Ernstfall war eingetreten. Patrick Mahomes brauchte erst mal einen Helm. Er hatte sich in der Aufregung einen falschen gegriffen. Doch wo war seiner? Die TV-Kameras fingen den kuriosen Start seiner College-Karriere live ein. Hektik, fragende Blicke, dann endlich kam jemand mit dem richtigen Kopfschutz auf ihn zu. Es konnte losgehen. Auf ESPN klangen die Kommentatoren nicht sonderlich begeistert, als sie den Ersatz von Webb ankündigten. Der Name Mahomes war ihnen fremd, und so klang es dann eher nach einem Doppelnamen: „Mahome-Mez comin' in."

Die erste Aufgabe: ein Third Down mit 24 Yards – undankbar. Mahomes täuschte einen kurzen Pass an und lief dann selbst über

14 Yards. Zwar kein First Down, aber zumindest etwas Meter gemacht. Er musste erst mal wieder runter vom Feld, kehrte aber wenige Minuten später zurück. Mit vier neuen Versuchen und dem Wissen, dass er jetzt Großes zeigen musste. Zweimal wartete er in der Pocket, scannte das Feld nach einem freien Wide Receiver – vergeblich. Sekunden später lag er jeweils auf dem Hosenboden. Willkommen im College-Football! Der unsanfte Start hatte Gründe: Das Spiel war schneller, die Zeit für Würfe kürzer und die Verteidiger gnadenloser. Mahomes gab später zu, dass ihn die Geschwindigkeit in diesen Momenten schlicht überfordert hatte. Er musste sich anpassen – und zwar schnell.

Im dritten Down geriet Mahomes dann wieder mächtig unter Druck. Seine Pocket kollabierte, der Blitz der Cowboys auf den Quarterback gelang, und einer der Verteidiger konnte ihm den Ball aus den Händen schlagen. Fumble! Mahomes reagierte blitzschnell, eroberte sich den Ball zurück und warf ihn im Hechtsprung zur Seite in Richtung seines Running Backs DeAndre Washington. Der fing den Ball tatsächlich, wollte sich drehen, verlor ihn dabei aber auch. Das Spielgerät landete letztlich bei einem Cowboy. Der erste Passversuch von Mahomes als Red Raider war eine Interception. Auweia.

Wohlwollende Beobachter sahen einen jungen Quarterback, der zeigte, dass er zu mehr fähig sein könnte und Spielzüge durch seine Instinkte intuitiv verlängerte. Die Kritiker hingegen fühlten sich bestätigt: Mahomes hätte mit einem Wurf ins Aus weiteren Schaden abwenden müssen, aber er konnte nicht akzeptieren, dass das Play schiefgegangen war, wollte auf Teufel komm raus aufs Ganze gehen. „Unreif “ und „riskant“ nannten Reporter dieses Verhalten.

Eine schöne Anekdote am Rand: Mit der Interception zum Start reihte sich Mahomes in eine illustre Reihe ein: Lamar

Jackson, heute Quarterback-Star bei den Baltimore Ravens, warf in seinem ersten Versuch an der University of Louisville ebenfalls einen Pick. Und auch der wohl beste Quarterback aller Zeiten, Tom Brady, startete seine College-Karriere in Michigan mit einer Interception. Also war Mahomes' Fauxpas ja vielleicht sogar ein gutes Omen …

Wie ging der Jungspund mit diesem Missgeschick um? Nach der Devise: abhaken und weitermachen. Oft muss man Rückschläge einfach hinter sich zu lassen und den Fokus auf die nächste Aufgabe richten. Das hatte sich Patrick als kleiner Junge von seinem Vater Pat, Patenonkel LaTroy Hawkins und MLB-Legenden wie Alex Rodriguez und Derek Jeter abgeguckt. Und genau das setzte er jetzt um. Im nächsten Angriff dirigierte er seine Mitspieler über das ganze Feld bis dicht an die gegnerische Endzone. Dort sah er Wide Receiver Jakeem Grant in die linke Ecke der Endzone sprinten – und feuerte den Ball in dessen Richtung. Etwa 20 Minuten nach Patricks erster Interception am College folgte sein erster Touchdown am College. Die Niederlage in seinem ersten Spiel konnte er aber letztlich nicht mehr abwenden – die Red Raiders verloren gegen Oklahoma State 35:45. Eine Woche später gegen die Kansas State Wildcats war Davis Webb wieder einsatzbereit, wirkte aber durch die Schulterverletzung noch gehemmt. Und er machte Fehler. Nach seiner vierten Interception des Tages durfte Mahomes wieder ran. Diesmal mit weniger Druck, das Spiel war zu diesem Zeitpunkt ja schon so gut wie verloren. Er brachte in den letzten Minuten fünf seiner sieben Passversuche an, vermied eine Interception und wirkte nicht mehr wie ein Fremdkörper auf dem Feld. Schon im zweiten Spiel seiner College-Karriere hatte er sich offensichtlich an das Tempo gewöhnt. Der mittelmäßige Saisonstart brachte aber langsam die Gewissheit, dass die Red

Raiders dieses Jahr nicht ganz oben mitspielen würden. Nach der Niederlage gegen Kansas State folgten eine weitere gegen West Virginia und dann ein überzeugender Sieg gegen die Kansas Jayhawks. Davis Webb glänzte zwar nicht, machte aber auch keine großen Fehler.

Der Tiefpunkt der Saison ereignete sich am 25. Oktober 2014. Die Red Raiders spielten in Forth Worth gegen die Horned Frogs der Texas Christian University – und wurden förmlich an die Wand genagelt! Am Ende kam Texas Tech mit 27:82 unter die Räder und hatte 785 Offense Yards zugelassen. Ein Desaster. 82 erzielte Punkte waren ein neuer Big-12-Rekord. So viele Zähler hatte bis dahin noch nie ein Team in einem Spiel gemacht. TCU-Quarterback Trevone Boykin (stand später im Kader der Seattle Seahawks) warf an diesem Tag sieben Touchdowns. Eine schwere Verletzung von Webb machte das Drama für die Red Raiders perfekt. Der Spielmacher knickte im dritten Viertel böse um und konnte danach nicht mehr auftreten. Die Ärzte stellten schnell fest: Webb würde 2014 nicht mehr zum Einsatz kommen können. Saison-Aus! Somit hatten die Red Raiders ab sofort einen neuen Starting Quarterback: Patrick Mahomes.

## Plötzlich die Nummer eins

Das typische Studentenleben in Lubbock hatte für Patrick keinen großen Reiz. Ihn traf man nach dem Training nur selten in einer Bar. Er war ein Athlet mit großen Zielen, für die er hart arbeitete. Party-Ablenkung brauchte er nicht. Er traf sich viel lieber mal mit seinen Mitspielern zum Filmabend in der WG. Und als ob er nicht schon genug Football im Alltag hatte, waren Streifen, in denen es um Football ging, dann seine erste Wahl.

Dem *Lubbock Avalanche Journal* verriet er, dass das Football-Drama *Gegen jede Regel* (Originaltitel *Remember the Titans*) seit der Kindheit sein absoluter Lieblingsfilm sei.

Während Patrick in Lubbock nicht viel mehr außer Sport und Lernen im Kopf hatte, spielte seine damalige Freundin und heutige Ehefrau Brittany mit ihrer College-Mannschaft im 700 Kilometer entfernten Tyler erfolgreich Fußball und qualifizierte sich mit ihrem Team für das NCAA-Turnier – zum ersten Mal in der Geschichte ihrer Universität. Die Fußballsaison lief im College nahezu parallel zur Spielzeit der Footballer. Dadurch waren gegenseitige Besuche selten und wenn, dann nur für ein paar wenige Tage. Das verliebte Pärchen führte eine Fernbeziehung. Auch frühere Freunde von Mahomes, wie zum Beispiel Jaylon Dews, hatte es in andere Teile Amerikas verschlagen. Dews spielte als Wide Receiver für die Southern Arkansas Muleriders und kämpfte um Einsatzzeiten. In langen Telefonaten tauschten sich die beiden immer wieder darüber aus, wie es aktuell so lief und wer wohl zuerst die Chance auf eine Rolle als Stammkraft bekommen würde. Durch die Verletzung von Webb hatte Mahomes nun die besseren Karten.

Der Gegner für sein Debüt als Starter konnte für ihn nicht passender sein. Es waren die Texas Longhorns. Wir erinnern uns: Die hatten ihn damals noch als Safety rekrutieren wollen, bevor er kurz danach an seiner Highschool zum Quarterback umgeschult wurde. Danach hatten ihm die Longhorns kein neues Angebot gemacht. Mahomes fing das Spiel dementsprechend motiviert an, sorgte in den ersten Drives für 109 Yards und brachte 13 seiner 21 Passversuche an. Das war ordentlich. Doch dann kam Quandre Diggs. Der Safety der Longhorns stoppte einen kurzen Lauf von Mahomes mit einem heftigen, aber regelkonformen Tackle von der Seite. Mahomes blieb kurz liegen, stand auf und hatte Schwierigkeiten, das Gleichgewicht zu halten. Seine Beine wirkten wie aus Pudding. Ein Mitspieler musste ihn stützen und vom Feld geleiten. Die Diagnose: Gehirnerschütterung. Die Partie war für Mahomes beendet. Nach dem Spiel wurde Diggs (spielt aktuell für die Tennessee Titans in der NFL) von Journalisten gefragt, ob ihm die Sache leid tat. Doch der blieb knallhart: „Er hat sich zum Footballspielen angemeldet. Das gehört dazu." Die Red Raiders verloren die Longhorns übrigens letztlich mit 13:34.

Schon fürs nächste Spiel war Mahomes wieder einsatzbereit. Und so komisch es auch klingt: Das erste Highlight seiner College-Karriere war die nächste Niederlage. Gegen die Oklahoma Sooners zog Texas Tech zwar mit 30:42 den Kürzeren, aber ihr junger Spielmacher überzeugte an diesem Abend viele Fans und auch Coach Kingsbury endgültig. Er warf für 393 Yards und vier Touchdowns. Sein Trainer war stolz: „Patrick kreiert Gefahr mit seinen Beinen und hält durch seine kurzen Bewegungen Spielzüge am Leben. Es ist beachtlich, wie er heute gekämpft hat." Eine Woche später folgte der erste Sieg für Mahomes am College – 34:31 gegen Iowa State. Wieder hatte er vier Touchdowns geworfen.

Die Fans liebten ihn. Vor dem letzten Saisonspiel verpasste sie ihm den Spitznamen „Patty Ice" (abgeleitet von „Matty Ice", dem Spitznamen vom früheren NFL-Star-Quarterback Matt Ryan). Weil er auch in brenzligen Situationen eiskalt die richtige Anspielstation finden konnte. Und diesem Ruf wurde er auch gegen die Baylor Bears gerecht. Mahomes stellte einen College-Rekord als Freshman auf! 30 erfolgreiche Pässe für 598 Yards Raumgewinn und sechs Touchdowns. So viele in nur einem Spiel hatte zuvor noch kein Spielmacher am College in seinem ersten Jahr geworfen. Die Red Raiders verloren das

Spiel trotzdem, wenn auch sehr knapp, 46:48. Danach wurde bekannt, dass Mahomes seinen Sahnetag mit einer Verletzung am Handgelenk vollbracht hatte. Zwar nicht an seiner rechten Wurfhand, sondern an der linken. Trotzdem war er in seiner normalen Wurfbewegung gestört und musste daher operiert werden. Ein Schock! Mahomes befürchtete, dass dadurch möglicherweise seine erste Baseballsaison für die Texas Tech in Gefahr geraten könnte.

Geschockt war auch ein anderes großes Quarterback-Talent. Jarrett Stidham hatte Mahomes' Fabelauftritt gegen die Baylor Bears live im Stadion verfolgt – und war nun völlig verunsichert. Er hatte sich zu diesem Zeitpunkt eigentlich bereits dafür entschieden, im nächsten Jahr für die Texas Tech aufzulaufen, und wollte Patrick Mahomes und Davis Webb herausfordern. Doch nun sorgte Mahomes' Leistung bei ihm für ein drastisches Umdenken, weil er sich im Duell mit dem aufkeimenden Star keine Chancen ausrechnete. Wenige Tage später kündigte er auf Instagram an, dass er nicht zu den Red Raiders wechseln würde. Und das nur knapp vier Wochen bevor er zum ersten Mal auf dem Campus erwartet wurde. Stattdessen schrieb sich Stidham an der Baylor University ein, um dann wenig später zur Auburn University zu wechseln. Im NFL Draft 2019 wurde er in der vierten Runde von den New England Patriots ausgewählt. Auf seinen endgültigen Durchbruch im Profifootball wartet er bis heute.

## Die Herausforderung Baseball

Mahomes' Plan, in den folgenden Wochen Baseball zu spielen *und* an den Vorbereitungseinheiten der Footballer teilzunehmen, ging nicht auf. Der Heilungsprozess seiner linken Hand verlief langsamer als erwartet. Und auch der Schnee im Winter durchkreuzte seine Pläne. Zwar hatte Kliff Kingsbury die Trainingseinheiten des Footballteams extra für Mahomes auf die Morgenstunden gelegt, durch Schnee und Eis konnten diese teilweise aber nicht stattfinden und mussten verschoben werden. Die Konsequenz waren Terminkonflikte und verpasste Baseball-Meetings. Football hatte für Mahomes absolute Priorität. Das war der Grund für sein Stipendium und das wussten alle. Auch Baseball-Coach Tim Tadlock.

Das Baseballteam der Red Raiders war auch ohne Mahomes erfolgreich. Es gehörte im Frühjahr 2015 zeitweise zu den 25 besten Colleges in den USA und hatte im Gegensatz zu den Kollegen vom Football keinen dringenden Bedarf an Patricks Fähigkeiten. Baseball-Pitcher sind mehr noch als andere Sportler von regelmäßigen Trainingssessions abhängig. Ständige Wiederholungen machen den Arm schneller und die Wurfqualität konstanter. Doch während der Rest des Teams sich bereits im Herbst auf den Saisonstart im Frühjahr vorbereitete, galt Mahomes' volle Konzentration da noch seiner Footballkarriere. Zusätzlich nahm er in dieser Zeit knapp 15 Kilo Muskelmasse zu, wurde drahtiger und stellte seinen Körper auf die harten Kollisionen auf dem Footballfeld ein. Was ihm auf dem Rasen half, machte eine flüssige Wurfbewegung beim Baseball nicht unbedingt einfacher.

Seinen ersten Einsatz als Baseballspieler für Texas Tech erhielt Patrick Mahomes zum Saisonanfang gegen die San Francisco Dons. Texas Tech führte klar mit 9:3, und die Fans der Texas Tech auf der Tribüne johlten, als ihr Footballstar sich mit dem Baseballschläger in der Hand beweisen wollte. Das Ergebnis war ernüchternd: Der gegnerische Pitcher Logan West warf eine Mischung aus schnellen Bällen mit Bewegungen zur Seite (sogenannte „Cutter“) und überraschend langsamen Bällen wie

„Changeups“ und „Forkballs“ und ließ Mahomes ohne einen gültigen Schlag zurück in den „Dugout“ laufen. Spielerisch war ihm Mahomes an diesem Tag überhaupt nicht gewachsen.

Sechs Tage später wurde Mahomes wieder eingewechselt. Wieder lag Texas Tech zu diesem Zeitpunkt mit 6:0 klar in Front. Dieses Mal sollte Patrick als Pitcher den Sieg über die Zeit retten. Dazu musste er drei Gegner aus dem Spiel nehmen. Was wie ein einfacher Job klang, wurde zum Desaster. Aus der Sicht seines Catchers Tyler Floyd war die Leistung des früheren Baseballtalents ernüchternd: „Er hat an dem Tag einen Gegner getroffen, einen Ball hinter den Batter geworfen und die Zone mehrfach nicht erwischt.“ Seine Fastballs, die in der Highschool noch knapp 95 mph schnell waren, beschleunigten an diesem Tag nur auf 85 mph. Die Quittung: Coach Tadlock zog die Reißleine. Nach nur wenigen Minuten wurde Mahomes wieder ausgewechselt. Die Höchststrafe! Er wirkte wie ein Fremdkörper und verwandelte eine klare Führung in eine knappe Kiste. Er hatte weder einen Strikeout geschafft noch einen Gegenspieler aus dem Spiel genommen. Die Red Raiders gewannen das Spiel zwar trotzdem noch mit 6:4, aber Mahomes ärgert sich bis heute über seine Minusleistung damals: „Ich bin wirklich nicht stolz auf mein Ergebnis an diesem Tag.“ Trotz seiner fast kläglichen Versuche als Baseballspieler bei Texas Tech blieb Mahomes aber bis zum Sommer im Team und war als Ersatzspieler bei allen Auswärtsfahrten dabei.

## Die Wandlung zum Fitness-Freak

Wer Mahomes heute in der NFL spielen sieht, der erkennt einen bis zum letzten Gramm durchtrainierten Topathleten. Das war aber nicht immer so. Bevor er ans College wechselte, besuchte Patrick zwar regelmäßig das Fitnessstudio, sorgte sich aber noch nicht so stark um seine Fitness und Ernährung. Cheeseburger waren ein fester Bestandteil seines Speiseplans, und seine Freunde in Lubbock nutzten das, um ihn damit aufzuziehen: „Fatrick" war einer seiner Spitznamen. So bezeichnet zu werden, gefällt natürlich niemandem. Daher begann Patrick, nicht nur während der Footballsaison, sondern auch im Frühjahr und Sommer fast jeden Tag Gewichte zu stemmen. Seine Footballtrainer mussten ihn irgendwann sogar regelrecht stoppen, damit er nicht an Geschwindigkeit und Dynamik auf dem Feld verlor. Er wollte ja Quarterback sein und nicht bulliger Verteidiger.

Dass NFL-Stars eigene Personal Trainer haben, wissen wir spätestens seit Tom Brady. Der wohl beste Quarterback aller Zeiten setzte in seiner Freizeit bereits frühzeitig auf professionelle Unterstützung. Dank der Zusammenarbeit mit seinem Fitness-Guru Alex Guerrero war es Brady möglich, auch mit über 40 noch Topleistungen in dieser körperlich aufreibenden Sportart abzurufen. Das blieb natürlich auch Mahomes nicht verborgen. Was Guerrero für Brady, ist Bobby Stroupe für ihn *(siehe Kapitel 2)*. Schon in der vierten Klasse, mit knapp neun Jahren, kam Mahomes in Stroupes Fitnessstudio, um seine Beweglichkeit und seine Reflexe zu verbessern sowie seine Fähigkeit, unter Stress schnelle Entscheidungen zu treffen. Vater Pat wusste aus eigener Profi-Erfahrung, wie wichtig das für einen Sportler sein kann.

Für Stroupe ist Mahomes ein „Einhorn", ein einzigartiger Sportler, der verschiedene Fähigkeiten vereint, die es ihm in Summe ermöglichen, Höchstleistungen zu vollbringen: „Patrick ist fast wie eine Videospielfigur, die man sich selbst zusammengestellt hat. Er besitzt Skills, die auf den ersten Blick für einen Athleten wie ihn gar nicht so wichtig sind. Aber die machen seine Stärke aus. Seine Beweglichkeit, die Geschwindigkeit – das zusammen ist unfassbar."

Auf seinem Instagram-Kanal demonstriert Stroupe regelmäßig, was sein Modellathlet so alles draufhat. Das bekannteste Video zeigt, wie Mahomes mitten auf dem Footballfeld auf den Knien hockt und einen Ball mit voller Kraft nach vorne wirft. Der Ball fliegt sehr weit. So weit, dass man auf dem Video nicht erkennen kann, wo er genau landet. Stroupe schrieb damals, dass das Wurfgeschoss in einer Entfernung von 65 Yards runterging. Dass ein junger College-Spieler zu so einem Wurf fähig ist, erstaunte die Experten. Ein paar Jahre später gab Stroupe allerdings zu, dass der Wurf gar nicht 65 Yards weit flog – sondern noch ein ganzes Stück weiter, etwa 80 Yards. Das hätte ihm damals nur niemand geglaubt.

## Konkurrenzkampf im Training

In der Heimat, in Whitehouse, waren seine Familie und seine früheren Trainer derweil nicht glücklich darüber, wie Patricks erstes Jahr bei den Red Raiders gelaufen war. Sie diskutierten sich die Köpfe heiß. War der Wechsel an die Texas Tech ein Fehler gewesen? Wäre er an einem anderen College eventuell besser aufgehoben? Doch Vater Pat Mahomes bereitete schnell allen Spekulationen ein Ende. Sein Sohn gebe nicht auf. Basta! Er renne nicht davon, wenn es Probleme gebe, so wie es andere unzufriedene Quarterbacks in der Vergangenheit gemacht hatten. Nein, sein Patrick würde sich dem Wettbewerb stellen und an sich arbeiten, um erfolgreich zu werden. Ein Wechsel war damit vom Tisch.

Auch Head Coach Kliff Kingsbury hatte aus der Vorsaison gelernt. Diesmal startete er im Frühjahrstraining einen offenen Wettkampf zwischen seinen beiden Quarterbacks Patrick Mahomes und Davis Webb um die Rolle als Nummer eins. Kingsbury wollte nicht noch mal – so wie im vergangenen Jahr – frühzeitig den Starter bekanntgeben, um die Konzentration und den Konkurrenzkampf so lange wie möglich hochzuhalten. In dieser Situation rief Mahomes sein gesamtes Können ab.

In einer der ersten Einheiten gelang ihm erstmals ein Wurf, für den er heutzutage berühmt-berüchtigt ist: der No-Look-Pass. Die Idee dahinter ist einfach: Die Verteidiger folgen normalerweise den Blicken des Quarterbacks, um zu erahnen, was dieser vorhat. Die meisten Passverteiler spielen den Ball dorthin, wo sie auch hingucken. Riskieren sie aber nur einen Blick aus dem Augenwinkel, ohne ihre Anspielstation wirklich zu sehen, können Spielmacher ganze Defensiven verwirren. Mahomes begann, immer mehr mit dieser Taktik zu experimentieren.

Für die Defensivspieler war das schon im Training ein riesiges Problem, wie Cornerback Coach Kevin Curtis verzweifelt erklärte: „Patrick hat andauernd No-Look-Pässe geworfen und wir wussten nicht, wie wir darauf in der Zonenverteidigung reagieren sollten, weil er alle unsere Regeln brach. Sobald sich meine Verteidiger in eine Richtung bewegten, flog der Ball in die andere.“

Natürlich funktionierte auch bei Mahomes im Training nicht alles auf Anhieb. An einem Tag verstand er zum Beispiel den von Coach Kingsbury angesagten Spielzug falsch und übergab den Ball nicht wie gewünscht an den Running Back, sondern warf selbst und holte damit ein First Down. Kingsbury war außer sich und machte ihm das auch lautstark deutlich. Andere Spieler hätten sich vielleicht beschwert oder abgewunken, denn der Spielzug war ja gelungen. Patrick jedoch verstand, dass sein Trainer eine andere Spielidee hatte. Er entschuldigte sich bei ihm und seinen Mitspielern und versprach, es künftig besser zu machen.

## Die zweite College-Saison

Wie angekündigt, ließ Coach Kingsbury erst kurz vor dem Start des ersten Saisonspiels gegen Sam Houston State wissen, wer die Red Raiders denn nun künftig als Starting Quarterback aufs Feld führen würde. Er hatte sich für Mahomes entschieden!

**OFFENSIVE DER TEXAS TECH RED RAIDERS 15/16**

Am Ende stand ein 59:45 auf der Ergebnistafel. Patrick Mahomes hatte für 425 Yards und vier Touchdowns geworfen. Und zum ersten Mal, seit er an Bord war, zeigten auch die Verteidiger der Red Raiders endlich eine ansprechende Leistung.

Ihnen waren vier Balleroberungen gelungen. Kingsbury zweifelte trotzdem noch. Er vermisste den Killerinstinkt seines Teams, insbesondere bei seinem Quarterback. Doch Webb spielte fortan keine Hauptrolle mehr. Ihm blieb im Verlauf der Saison nur noch der Platz auf der Ersatzbank. Mahomes hatte ihm endgültig den Rang abgelaufen. Eine Woche später gegen die University of Texas at El Paso fuhr Patrick seinen bislang souveränsten Sieg am College ein. Er warf vier Touchdowns und erlief selbst noch zwei weitere. Insgesamt machte Texas Tech an diesem Abend 69 Punkte.

Die nächste Partie gegen die Arkansas Razorbacks sollte zeigen, in welche Richtung sich die Saison entwickeln würde. Sie war gleichzeitig auch eine persönliche Angelegenheit für Kliff Kingsbury. Im Jahr zuvor war Texas Tech nämlich ebenfalls mit zwei Siegen gestartet, um dann von den Razorbacks förmlich über den Haufen gerannt zu werden. Das Spiel endete damals mit 28:49 und erstickte die Hoffnungen der Red Raiders auf eine erfolgreiche Saison bereits früh im Keim. Schlimmer noch: Razorbacks-Coach Bret Bielema hatte jüngst öffentlich gestichelt, dass Kingsbury mit seiner passintensiven Offensive erneut keine Chance gegen ihn haben werde. Doch Bielema hatte seine Rechnung ohne Mahomes gemacht.

Nachdem die erste Halbzeit noch ausgeglichen war, die Defensive der Red Raiders aber diesmal deutlich besser mit dem Arkansas-Laufspiel zurechtkam, setzte Mahomes mit mehreren Drives die Weichen auf Sieg. Er warf selbst einen Touchdown, reagierte in kritischen Third-Down-Situationen souverän und entschied das Spiel mit seinen Beinen. 58 Yards und zwei Touchdowns erlief er selbst und sicherte so das 35:24 für Texas Tech.

Nach drei souveränen Leistungen stieg der Optimismus der Fans. Das erste Duell innerhalb der Big 12 Conference zu Hause in Lubbock war in nur wenigen Minuten ausverkauft und die kommenden Duelle gegen die Texas Christian Horned Frogs und den Baylor Bears erhielten plötzlich nationale Aufmerksamkeit. Konnte der junge Mahomes bereits gegen die beiden Topteams bestehen?

Die ernüchternde Antwort: Nein! Wieder mal waren die Abwehrreihen der Red Raiders zu löchrig. Gegen die Horned Frogs gab es ein spektakuläres 52:55, gegen die Baylor Bears hieß es am Ende 35:63. Die Offensive um Mahomes musste in beiden Spielen stets volles Risiko gehen. Nach diesen zwei Pleiten war für Fans und Medien klar, dass es wieder nicht für den großen Wurf langen würde. Schwächere Teams der Big 12 hatten wenig Chancen gegen Patrick, der teilweise furios aufspielte und wenige Fehler machte. Gegen stärkere Mannschaften lief Texas Tech aber vor allem defensiv der Musik hinterher. Auch gegen Oklahoma und Oklahoma State ließen sie jeweils mehr als 60 Punkte zu. Da war es schwer, offensiv dagegenzuhalten.

Patrick blieb trotz dieser bitteren Erkenntnis immer positiv und sorgte für einen guten Teamgeist. Und Offensive Coordinator Eric Morris feilte weiter an seiner Entwicklung. Morris entwarf für Mahomes Spielzüge, in denen „Scrambles“ (kurze seitliche Läufe mit dem Ball) eingeplant waren und nicht nur in Notsituationen zum Einsatz kamen. Anschließende Würfe in Gegenrichtung zur Körperdrehung sind heute eine von Patricks Spezialitäten.

Als Nächstes stand wieder das Derby zwischen Texas Tech und den Texas Longhorns auf dem Programm. Erneut hatten die Red Raiders die Chance, ihre Pleitenserie gegen den Erzrivalen endlich zu beenden. Seit 2008, also sechs Jahre in Folge, waren sie stets jedes Jahr als Verlierer vom Platz getrottet. Ein Sieg in Austin wäre für die treuen Fans aus Lubbock also mehr als nur ein Trostpflaster. Auch Mahomes wollte den bösen Hit aus dem Vorjahr endgültig aus dem Kopf bekommen.

Wie so oft entwickelte sich recht schnell ein offener Schlagabtausch. Allein im letzten Viertel schafften es beide Teams sechsmal in die Endzone des Gegners. Spät im letzten Spielabschnitt führte Texas Tech mit 41:38 und musste dringend punkten, um den Sieg nach Hause zu schaukeln. Es waren noch knapp zwei Minuten zu spielen, und die Red Raiders versuchten sich nun an einem Trickspielzug. Der blitzschnelle, aber nur 1,70 Meter große Wide Receiver Jakeem Grant (wurde 2016 von den Miami Dolphins gedraftet) versteckte sich hinter zwei Offensive-Line-Spielern, die extra eng aneinander standen. Mahomes übergab dann direkt nach dem Snap den Ball an Grant, tat aber so, als ob er wie gewöhnlich einige Meter nach hinten laufen würde, um einen seiner anderen Wide Receiver anzuspielen. Diese bewegten sich auf ihren Laufrouten jeweils zur rechten Seite des Feldes, und Grant rannte wie der Teufel los nach links. Bevor die Verteidiger verstanden, was passierte, war er an ihnen vorbei und nicht mehr aufzuhalten. Jackpot! Texas Tech gewann letztlich 48:45 – und feierte damit endlich mal wieder ein Sieg im Prestigeduell gegen die Longhorns.

Dieser Erfolg war für Mahomes die Krönung einer Big-12-Saison mit Höhen und Tiefen. Der Sophomore beendete seine erste Saison als Starting Quarterback mit insgesamt über 5000 Yards – eine beachtliche Schallmauer, die vor ihm nur zwölf weitere Spieler in der Geschichte der höchsten College-Spielklasse durchbrochen hatten. Die Red Raiders erzielten in Summe 586 Punkte, die meisten, die jemals in der Historie der Universität erreicht wurden.

Zur Belohnung durften Mahomes & Co. rund fünf Wochen später Ende Dezember im Texas Bowl in Houston antreten, einem kleineren der knapp 40 Bowl-Spiele, das 2015 zwischen einem Team der Big 12 und einem der SEC bestritten wurde. Gegner der Red Raiders waren die Louisiana State Tigers. Bitter für Mahomes: In diesem Spiel ließ ihn vor allem seine eigene Offensive Line im Stich. Er musste gegen die dominanten Verteidiger der Tigers fast durchgängig um sein Leben rennen, warf trotzdem für 370 Yards und vier Touchdowns, wurde jedoch auch sechsmal gesackt. Texas Tech verlor 27:56. Wieder kein Titel!

## Schluss mit Baseball

Nur wenige Tage nach der Enttäuschung im Texas Bowl sollte Patrick eigentlich in die Vorbereitung auf die neue Baseballsaison starten. Doch nun machte er eine Entscheidung publik, die er bereits im vergangenen Sommer getroffen hatte: Er würde fortan nicht mehr Baseball spielen, sondern sich vollständig auf American Football konzentrieren. Er spürte: Um sich den Traum vom NFL-Profi erfüllen zu können, musste er noch intensiver und tiefer in die taktische Welt dieses komplexen Sports eintauchen. Die Zeit, die er bisher auf dem Baseballfeld verbracht hatte, wollte er nun lieber für das stundenlange Studium von Football-Videos nutzen, um gegnerische Defensiven zu analysieren und sein eigenes Spiel zu verbessern.

Mit Baseball aufzuhören, fiel Patrick wahrlich nicht leicht. Noch schmerzhafter wurde sein Entschluss, als sein früheres Team völlig überraschend im Laufe des Frühjahrs in die Playoffs, die College World Series, einzog. Zwar scheiterten die Red Raiders dort in der zweiten Runde am späteren Sieger Coastal Carolina, einfach nur zuschauen konnte Patrick aber noch nie gut. Er wäre nur allzu gern aktiv dabei gewesen. Trotzdem war er überzeugt davon, dass der von ihm eingeschlagene Weg der richtige war. Ab sofort war sein Fokus ausschließlich auf American Football gerichtet. Auf sein womöglich letztes Jahr am College.

Dabei setzte Mahomes im Frühjahr 2016 auch auf moderne Technologie. In einem fensterlosen Raum im Bürokomplex der Texas Tech Universität bauten ihm die Trainer eine besondere Kulisse auf, ausgestattet mit zwei Computern, einem Poster des altehrwürdigen Jones AT&T Stadium der Red Raiders und grünem Kunstrasen auf dem Boden. Hier setzte der Quarterback eine Virtual-Reality-Brille auf und nahm einen Football in die Hand. Dann wiederholte er über Stunden immer wieder die einzelnen Schritte der Ballübergabe und sah dabei mithilfe der Brille das Footballfeld aus seiner gewohnten Sicht. Verteidiger stürmten auf ihn zu und seine Wide Receiver liefen verschiedene Routen. Immer wieder musste er entscheiden, was in welcher Situation die beste Option war. Die vielen Wiederholungen halfen ihm, die Spielzüge nicht nur einzustudieren, sondern seinen Körper automatisch richtig zu bewegen. Was am Anfang seiner College-Karriere noch Intuition war, sollte jetzt immer mehr zu gelernter Präzision werden.

Für Kliff Kingsbury war das VR-Erlebnis ein entscheidender Schritt in der Entwicklung seines wichtigsten Spielers: „Es ist wie ein Flugsimulator, nur halt für Quarterbacks. Ich glaube, wir werden im kommenden Herbst einen deutlich verbesserten, athletischeren und technisch saubereren Mahomes sehen."

Ebenfalls Gold wert war für Mahomes die Einladung zur Manning Passing Academy. Die wird von Amerikas bekanntester Quarterback-Familie veranstaltet, bestehend aus Vater Archie Manning, der in den 1970er- und 1980er-Jahren als Quarterback für die New Orleans Saints, Houston Oilers und Minnesota Vikings auftrumpfte, sowie dessen zwei Söhnen Peyton

Manning und Eli Manning, die jeweils zweimal den Super Bowl gewannen. Die Mannings laden jedes Jahr vielversprechende College- und Highschool-Spielmacher nach Louisiana ein, um sie bei den nächsten Karriereschritten zu unterstützen.

Mahomes durfte damit noch vor seinem dritten Jahr im College erstmals an einem richtigen Quarterback-Camp teilnehmen und mit den damals noch in der NFL aktiven Manning-Brüdern trainieren. Eine sensationelle Erfahrung! Das Zimmer teilte er sich mit einem etwas jüngeren Talent: Josh Rosen. Der spielte zu diesem Zeitpunkt an der UCLA in Kalifornien und hatte gerade mit über 3500 Yards ein fettes Ausrufezeichen in seiner ersten College-Saison gesetzt. Im NFL Draft 2018 wurde Rosen später in der ersten Runde an Position 10 von den Arizona Cardinals ausgewählt. Der Durchbruch im Profifootball ist ihm aber bis heute nicht gelungen.

Während des Camps lernte Mahomes direkt von Peyton Manning, der nur ein paar Wochen zuvor mit den Denver Broncos zum zweiten Mal im Super Bowl triumphiert hatte, eine wichtige Lektion. Manning erzählte ihm, dass sich erfolgreiche Quarterbacks nicht nur mit Videoszenen ihrer Gegner beschäftigen, sondern sich genauso intensiv mit dem eigenen Spiel auseinandersetzen müssen. Wie reagiere ich in bestimmten Situationen? War die Entscheidung in diesem Moment richtig oder gab es bessere Optionen? Habe ich auf dem Spielfeld etwas übersehen? Diese Fragen gehören seitdem zum festen Ritual von Patricks Vorbereitung.

Inspiriert von Kliff Kingsbury tauchte er auch in die Quarterback-Kunst von Tom Brady ein. Die spannendste Frage war dabei für ihn, wie sich der damalige Spielmacher der New England Patriots in der Pocket bewegt. Wie weicht Brady angreifenden Verteidigern aus und verhindert so, erwischt zu werden? Wie schafft er es, den Ball in kurzer Zeit effektiv loszuwerden? Wie setzt er seine begrenzte Mobilität ein, um Vorteile für sein Team zu schaffen? Kingsbury war früher Backup für Brady bei den Patriots und hatte seinen damaligen Mitspieler genauestens studiert und intensiv befragt. Nun konnte er sein Wissen weitergeben.

## Akademische Glanzleistungen

Doch Patrick Mahomes optimierte sein Leben nicht nur auf dem Footballfeld. Neben seiner Zeit als Vollblutsportler war er auch ein ganz normaler Student in Lubbock, der Kurse besuchen und gute Noten einfahren musste. Um auf dem weitläufigen Campus so wenig Zeit wie möglich zwischen Unterrichtsstunden und Trainingseinheiten zu verlieren, kauften sich Patrick und seine besten Kumpels Inlineskates. Die Gruppe war schnell gefürchtet, weil sie in hoher Geschwindigkeit an den anderen Studenten vorbeischoss. Die Inlineskates zogen sie erst im Unterricht oder auf dem Footballfeld aus und wurden dafür von vielen ihrer Mitschüler belächelt. Backup-Quarterback Nic Shimonek will sich auch noch Jahre später von Mahomes' Roller- Gang distanzieren: „Oh, mein Gott. Mir ist wichtig, dass ihr wisst, dass ich nicht Teil der Rollerblader war."

Das Vorurteil, dass talentierten Sportlern die akademische Ausbildung am College nicht so wichtig ist, weil mit der Profikarriere viel Geld und Ruhm winkt, ist gerade in den USA weit verbreitet. Für Mahomes war eine solche Einstellung ein No-Go. Seine Mutter hatte schon früh dafür gesorgt, dass ihre Kinder auch der Schule aufpassten und einen Plan B in der Tasche hatten, falls der Traum vom Leistungssport in weite Ferne rückte oder durch eine Verletzung in sich zusammenfiel. Mahomes studierte in Lubbock daher nicht nur Football-Tapes, sondern ernsthaft auch Marketing & Business Management. Er hatte seinen Bachelor-Abschluss bereits nach drei Jahren in der Tasche und dadurch die Option, sich schon ein Jahr früher zum NFL Draft anzumelden. Randi waren die akademischen Fortschritte ihres Sohnes sogar wichtiger als der Sport: „Ich bin sehr stolz auf seine Errungenschaften auf dem Footballfeld. Aber noch stolzer bin ich, wenn ich seine schulischen Leistungen sehe."

Die Amerikaner bewerten alle Schüler und Studenten nach einem allgemein gültigen Notendurchschnitt, dem „Grade Point Average" (GPA). Für die Bestnote A gibt es vier Punkte, für ein D einen und für das der deutschen Note 6 entsprechende F gar keinen mehr. Auch für Patrick war der GPA im Studium eine wichtige Kennziffer. Wer zu schlecht im Unterricht abschneidet, bekommt auch Probleme mit seinem Trainer. Das Stipendium der Sportstars hängt oft auch an deren akademischen Leistungen.

Mahomes' Notendurchschnitt im College lag bei einem ausgezeichneten GPA von 3,71. Im Jahr 2016 erhielt er sogar die Ehrung als „Big 12 Scholar Athlete of the Year". Dieser Award wird an Sportler vergeben, die durch athletische *und* akademische Leistungen überzeugt haben. Preise abräumen, Titel gewinnen. Um nichts anderes ging es für Mahomes auch im Studium. Er wollte zu den Besten gehören, idealerweise der Beste sein. Mit Akribie und Ehrgeiz arbeitete er nicht nur auf dem Footballfeld, sondern auch im Unterrichtsraum.

## Think big!

Mal einen Siegerpokal in die Luft stemmen – davon war Mahomes mit den Red Raiders noch weit entfernt. Er stellte mit seinen Mitspielern zwar eine der attraktivsten Offensiveinheiten dar, die viele Yards, Punkte und Touchdowns produzierte. Zu einem echten Herausforderer auf den Big-12-Titel war sein Team aber noch nicht gereift. Das wollte er nun endlich ändern. „Ich möchte der erste Quarterback sein, der die Championship an diese Universität bringt", erklärte er im Frühjahr 2016. „Die Menschen hier haben Texas Tech Football im Blut und sie wünschen sich nichts mehr als diesen Titel. Let's do it."

Auch in den Medien war Patrick jetzt deutlich präsenter. Zusammen mit Kingsbury zierte er das Cover des renommierten Magazins *Dave Campbell's Texas Football*, das ihn gleichzeitig zum spannendsten Footballspieler in Texas kürte und Kingsbury den Spitznamen „The Kingmaker" gab. Damit stach Mahomes Spieler wie Myles Garrett, Aaron Jones oder Christian Kirk aus, die später ebenfalls alle für Furore in der NFL sorgten. Kingsbury verglich Mahomes auf Twitter mit Aaron Rodgers, der bis 2016 schon zweimal zum MVP (Most Valuable Player) der NFL gekürt worden war und 2010 den Super Bowl mit den Green Bay Packers gewann. Das sorgte für viele Diskussionen auf den digitalen Football- Plattformen des Landes. War Mahomes wirklich so gut?

Im Sommer fachsimpeln die College-Football-Experten meist auch über die Favoriten für die prestigeträchtige Heisman Trophy.

Die Auszeichnung für den besten College-Spieler des Jahres wird immer im Dezember vergeben, doch bereits am Jahresanfang kurbeln die Wettbüros die Frage nach dem potenziellen Trophäengewinner an. Im Vorjahr hatte Lamar Jackson, der Quarterback der Louisville Cardinals, die begehrte Trophäe gewonnen. Jackson sollte auch 2016 noch am College spielen, sein Team war aber nicht mehr ganz so stark. Daher wurde mit anderen Namen spekuliert. Die frühen Favoriten waren diesmal die Quarterbacks Deshaun Watson aus Clemson und Baker Mayfield, der nach dem Wechsel von Texas Tech zu den Oklahoma Sooners immer stärker wurde. Dazu gesellten sich die Running Backs Leonard Fournette von der LSU, Christian McCaffrey aus Stanford und Dalvin Cook aus Florida State. Mahomes ran- gierte bei einer Quote von 30:1 auf Platz 15 und war damit ein lukrativer Außenseitertipp.

Vor dem Saisonstart gab es einige Veränderungen im Team von Texas Tech: Der bisherige Backup-Quarterback Davis Webb, der ein Jahr zuvor mit Mahomes noch um den Starting Job der Red Raiders gekämpft hatte, entschied sich Anfang 2016 dazu, in einem anderen College-Team sein Glück zu versuchen. Er wechselte zur University of California. Anstelle von Webb übernahm nun Nic Shimonek die Position des Ersatzspielmachers. Mahomes konnte sich zum ersten Mal als gesetzte Nummer eins auf die neue Saison vorbereiten.

Sowohl der bislang stärkste Running Back des Teams, De-Andre Washington als auch der beste Wide Receiver, Jakeem Grant, waren nicht mehr spielberechtigt für die Red Raiders. Sie wurden im NFL Draft 2016 in der fünften beziehungsweise sechsten Runde in den Profizirkus gespült. Washington stand in der Saison 2020 kurzzeitig im Kader der Kansas City Chiefs, Grant wurde 2021 als Mitglied der Chicago Bears sogar in den Pro Bowl berufen. Für Mahomes war der Abgang der beiden ein großer Verlust. Nun mussten sich andere Spieler beweisen. Die Running Backs der Red Raiders hießen jetzt Justin Stockton, DeMarcus Felton, Da'Leon Ward und Corey Dauphine. Die besten Wide Receiver waren Cameron Batson (Zimmernachbar von Mahomes), Keke Coutee, Jonathan Giles, Dylan Cantrell und Delvin Lauderdale.

## OFFENSIVE DER TEXAS TECH RED RAIDERS 16/17

Die Offensive der Red Raiders machte den Fans aber wenig Sorgen. Sie waren sich sicher, dass ihr Team auch 2016 wieder viele Punkte und Yards einfahren würde. Doch in der Defensive musste sich dringend etwas ändern. 2015 waren nur drei Colleges in der Division I schlechter als Texas Tech, von 128 Colleges landete die Verteidigung statistisch auf Platz 125. Eine Katastrophe! Besonders schwach war die Laufverteidigung, die landete sogar auf Platz 127. Zwar durfte Defensive Coordinator David Gibbs seinen Job behalten, dafür wurden aber gleich drei seiner Assistenten ausgetauscht.

Kingsburys Hoffnung war, dass das Team jetzt besser verstand, was Defensive Coordinator Gibbs von ihnen erwartete. Und dass sich die Einheit vielleicht in Richtung Top Ten entwickelte. Schon im Trainingslager führte der Head Coach einen neuen Ruf ein, wenn die Spieler den Huddle verließen: „Big 12 Champs" schallte es dann über den Trainingsplatz.

## Der Traum platzt

Los ging die Saison 2016 mit einem Heimspiel gegen das unterklassige Team der Stephen F. Austin Lumberjacks, einem dankbaren Gegner für das erste Spiel. Am Ende wirkte nicht nur das Ergebnis (69:17) wie aus einem Videospiel, sondern auch die Statistiken: Mahomes warf für 483 Yards und vier Touchdowns, zu Fuß erreichte er weitere zwei Male die Endzone. Auch sein Backup Nic Shimonek durfte im vierten Viertel ran und warf für einen weiteren Touchdown sowie 150 Yards. Zu den 633 Yards durch die Luft gesellten sich noch 125 Rushing Yards von Mahomes, Stockton, Felton und Dauphine. Die erste Duftmarke war gesetzt.

Im zweiten Spiel der Saison reisten die Red Raiders zu den Arizona State Sun Devils, und Mahomes steigerte seine Ausbeute im Vergleich zum Spiel zuvor sogar noch mal. Er warf den Ball für 540 Yards und fünf Touchdowns. Die Zuschauer sahen einen fast perfekten Auftritt des Quarterbacks, aber trotzdem verließ er den Platz (mal wieder) als Verlierer. Die Schlagzeilen gehörten dem Running Back des Gegners. Kalen Ballage (wurde 2018 von den Miami Dolphins gedraftet) stellte in diesem Spiel mit acht Touchdowns nicht nur einen College-Rekord ein, er sorgte auch für den 68:55-Sieg seines Teams und eine bittere Erkenntnis im Lager der Red Raiders: Die Achillesferse Laufverteidigung war auch 2016 ein Problem. Bitter. Mahomes wollte den anvisierten Big-12-Titel nach der enttäuschenden Niederlage trotzdem noch nicht ad acta legen. „Ich habe dem Team gesagt, dass wir zwar das Spiel verloren haben und enttäuscht sind, aber trotzdem an unserem Ziel festhalten sollten und Spiele gewinnen können, wenn wir das wollen."

Mit dieser Einstellung trat Texas Tech zum letzten Spiel außerhalb der eigenen Conference gegen die hochgelobten Louisiana

Tech Bulldogs an. Obwohl die Defensive erneut nicht überzeugte, reichte es für einen 59:45-Sieg und einen positiven Eindruck vor dem ersten Big-12-Showdown mit den Kansas Jayhawks. Der Start in die Conference-Duelle wirkte lange Zeit wie ein entspannter Nachmittag. Zur Halbzeit führten die Red Raiders vor eigenem Publikum deutlich mit 28:9, und Mahomes fand vier seiner Wide Receiver in der Endzone. Aber Anfang des dritten Viertels dann der Schock: Mahomes lief selbst für knapp 30 Yards durch die Reihen der gegnerischen Verteidiger, als ihm ein gegnerischer Verteidiger in den Rücken sprang und ihn zu Boden riss. Patrick landete unglücklich auf seinem Arm und hielt sich sofort unter Schmerzen die Schulter. Minutenlang blieb er auf dem Rasen liegen und musste behandelt werden. Totenstille auf den Zuschauerrängen. War es das schon mit der Jagd auf die Rekordsaison?

Während Mahomes-Ersatz Nic Shimonek das Spiel souverän zu Ende brachte und letztlich ein ungefährdetes 55:19 einfuhr, fragten sich Fans und Medien schon, wie lange der Starangreifer wohl ausfallen würde. Schließlich warteten in den kommenden Wochen mit den Kansas State Wildcats, den West Virginia Mountaineers und den Oklahoma Sooners drei kniffige Aufgaben auf das Team. Dann der Schock. Die erste Mahomes-Diagnose der Ärzte lautete: Verstauchung der Schulter, prognostizierte Pause zwischen vier und sechs Wochen – das vermeintliche Ende aller Hoffnungen auf die Big-12-Krone und eine mögliche Heisman Trophy.

Bereits am nächsten Tag machte Vater Pat aber schon wieder Hoffnung. Auf Facebook postete er: „Patrick ist o. k. Keine Operation." Glücklicher Umstand: in der Folgewoche hatten die Red Raiders eine Bye Week, also spielfrei. Das nächste Duell stand erst 14 Tage später gegen die Wildcats an. Trotzdem gingen die meisten Journalisten davon aus, dass Mahomes zumindest dieses Spiel würde auslassen müssen. Es entwickelte sich ein Wettlauf gegen die Zeit. 24 Stunden vor dem Kickoff war Patricks Einsatz weiter fraglich. Shimonek bereitete sich intensiv darauf vor, sein erstes Spiel als Starting Quarterback für die Texas Tech zu absolvieren.

Doch es kam anders. Patrick stand zur Verwunderung aller tatsächlich von Anfang an auf dem Feld. „Viele Spieler würden an seiner Stelle nicht antreten, aber er will es unbedingt", stellte Kingsbury vor dem Spiel klar. Die Schulter war zwar noch etwas geschwollen und nicht so beweglich wie sonst, doch der Spielmacher wollte sein Team nicht im Stich lassen. Trotz Verletzungshandicap warf Mahomes gegen die Wildcats unter Schmerzen für 504 Yards und zwei Touchdowns. Eine frühe Interception und ein 99-Yard-Kickoff-Return-Touchdown entschieden das Duell aber letztlich 44:38 zugunsten von Kansas State. Die zweite Saisonniederlage der Red Raiders war perfekt. Verdammt. Patricks Traum, der erste Quarterback zu sein, der die Big 12 Conference Championship nach Lubbock holt, platzte mit der erneuten Pleite (17:48) im nächsten Spiel gegen die bis dato ungeschlagenen Mountaineers endgültig.

Immer wieder versuchte Mahomes, die Spiele mit seiner Offensive zu entscheiden, und erreichte dabei unglaubliche Wurfstatistiken. Fast immer über 300 Yards, meist 400 Yards, regelmäßig sogar über 500 Yards pro Spiel halfen dennoch nicht. Patrick Mahomes war damals einer der besten und wohl der spektakulärste Spieler im College, sein Team aber nicht in der Lage, Spiele zu gewinnen. Ein Jammer. Doch obwohl nun klar war, dass sie das große Ziel nicht mehr erreichen konnten, gaben weder Mahomes noch Kingsbury auf. Sie wollten Schadensbegrenzung betreiben. Am liebsten direkt im nächsten Spiel gegen die Sooners von der University of Oklahoma.

## Die Rückkehr von Baker Mayfield

Obwohl die Enttäuschung über den erneut schwachen Saisonverlauf der Red Raiders auf dem Campus riesig war, elektrisierte die Footballfans das kommende Duell: Baker Mayfield, der frühere Quarterback der Texas Tech, kehrte erstmals als Gegner zurück nach Lubbock, den Ort, den er Anfang 2014 im Streit verlassen hatte. Mayfield hatte es sich mit der ganzen Stadt verscherzt. Die Fans der Red Raiders waren enttäuscht von ihrem früheren Liebling, der das Team unter merkwürdigen Umständen verlassen hatte und seitdem immer wieder verbal nachtrat. Sie weinten ihm keine Träne nach. Baker wusste also, was ihn Ende Oktober 2016 erwartete. Er stellte sich auf einen wilden Ritt in Lubbock ein und rechnete nicht nur mit Tortillas, die aufs Spielfeld flogen, sondern noch mit ganz anderen Dingen, denn die heißblütigen Fans der Texas Tech hatten in der Vergangenheit auch schon mal volle Wasserflaschen oder Batterien als Wurfgeschoss missbraucht. Für Patrick Mahomes hingegen war das Spiel die ultimative Chance, eine abermals enttäuschende Saison zumindest für die Fans zu retten.

Auf dem Weg zum Stadion zeigten die Fans der Red Raiders, was dem Team aus Oklahoma in der Arena blühen würde. Überall in den Straßen hingen Bilder mit „Fuck You“-Schriftzügen über dem Gesicht von Mayfield. An einem Hausdach baumelte sogar eine Puppe mit seinem Trikot. Manche Leute trugen T-Shirts, die mit einem einzigen Wort bedruckt waren: „Traitor“ – Verräter! Im weiten Rund des Stadions gab es an diesem Abend nur einen Schlachtruf: „FUCK YOU BA-KER, FUCK YOU BA-KER!“ Ein Hexenkessel. Mayfield trug seinen Teil dazu bei. Er lachte die Fans schon beim Warmmachen aus. Keine gute Idee. Das heizte die Stimmung noch mehr auf.

Die 60 Minuten Nettospielzeit, die dann folgten, waren das wohl beste Offensivspektakel in der Geschichte des College-Footballs. Der absolute Wahnsinn, ein einzigartiger Shootout, der in die Rekordbücher einging. Am Ende des Abends waren sieben neue Rekorde aufgestellt. Unter anderem warf Baker Mayfield für 545 Yards und sieben Touchdowns.

Doch Patrick Mahomes setzte noch einen drauf: Er stellte mit 734 Yards den Rekord für Passing Yards in einem Spiel ein, erzielte fünf Touchdowns durch die Luft und zwei weitere selbst am Boden. Die 819 Yards Raumgewinn der Texas Tech waren Rekord in der gesamten College-Historie. Noch nie warf ein Quarterback 88 Pässe in einem Spiel – und das nur wenige Wochen, nachdem er sich seine Schulter verstaucht hatte.

Beide Teams kamen in Summe gemeinsam auf 1708 erzielte Yards – ein weiterer Rekord für die Geschichtsbücher. Bei den Sooners lief Joe Mixon (wurde zum NFL-Star bei den Cincinnati Bengals) für unglaubliche 263 Yards und fing Pässe für weitere 114 Yards.

Das sind Statistiken der Superlative. Genau wie das Endergebnis, das einem Wettschießen glich. Mahomes war der Verlierer. Mayfields Rückkehr an seine alte Wirkungsstätte mündete in einem 66:59-Triumph für Oklahoma. Euphorisch fand er auch lobende Worte für Mahomes: „Patrick ist ein unglaublicher Spieler. Er hat selbst aus den aussichtslosesten Situationen etwas gezaubert. Respekt an ihn. Er sollte sich über den heutigen Abend freuen. Es hat sehr viel Spaß gemacht, gegen ihn anzutreten." Im Duell gegen Mahomes war Mayfield der Gewinner nach Punkten.

Kurze Zeit später kam heraus, dass Mahomes auch an diesem Abend verletzt war. Coach Kingsbury verriet: „Patrick hat sich einen Knochen am Handgelenk gebrochen. Die Ärzte wollten ihn während des Spiels röntgen, aber er hat ihnen gesagt, dass sie die Hand erst mal nur tapen sollen. Nach dem Schlusspfiff fanden wir heraus, dass es ein Bruch war.“ Zum Glück wieder „nur“ in seiner linken Hand, an der er sich erst rund ein Jahr zuvor hatte operieren lassen müssen. So konnte Patrick die Saison noch zu Ende spielen und kam erst danach erneut unters Messer.

## Das Ende in Lubbock

Nachdem sich der Mayfield-Sturm wieder gelegt hatte, verlief der Rest der Footballsaison für Texas Tech so wie in den Vorjahren: Mahomes warf für deutlich mehr Yards als die gegnerischen Quarterbacks, aber sein Team verlor die Spiele meist aufgrund der schwachen Laufverteidigung. Niederlagen gegen die Texas Longhorns, Oklahoma State und Iowa State stand zunächst nur der Sieg gegen die TCU Horned Frogs gegenüber.

In seinem letzten Auftritt für die Red Raiders zeigte Patrick dann noch mal eine besondere Leistung: Im Stadion der Dallas Cowboys in Arlington warf er gegen die Baylor Bears für 586 Yards sowie sechs Touchdowns und konnte zum Abschluss ein 54:35 feiern. Eine gute Visitenkarte für interessierte NFL-Teams. Über seine Anmeldung zum NFL Draft war er sich zu diesem Zeitpunkt aber noch nicht im Klaren. Auch wenn die meisten auf der Tribüne wohl schon ahnten, wohin sein Weg jetzt führte.

Seine dritte Saison für die Red Raiders beendete Mahomes mit 5052 Passing Yards, 5337 Total Yards und 53 Touchdowns. Kein Quarterback der 128 Colleges der Division I konnte da mithalten. Gleichzeitig war die Defensive von Texas Tech ganz unten angekommen. Kein anderes College hatte mehr Yards zugelassen. Im Schnitt schafften die Gegner 554,3 Yards pro Spiel gegen das Team aus West-Texas. Das ist grottig! Die drei Siege in der Big 12 Conference kamen fast einem Wunder gleich, weil Mahomes in jedes Spiel mit der Bürde ging, die Defensiv-„Leistung“ seines Teams ausgleichen zu müssen. Wenn die Red Raiders in der Mahomes-Ära nicht die schlechteste Defensive ihrer College-Historie gehabt hätten, wäre ein Sieg der Conference oder sogar die Teilnahme an den College-Finals möglich gewesen. So bleibt ein fader Beigeschmack.

Auch die Hoffnung auf die Heisman Trophy hatte sich durch die vielen Niederlagen zerschlagen. Um die begehrte Trophäe zu gewinnen, hätte das Team idealerweise um die wichtigen Bowl Games oder sogar die College Championship mitspielen müssen. Doch davon waren die Red Raiders meilenweit entfernt. Am Ende gewann der Kontrahent aus dem spektakulärsten Spiel der Saison die Auszeichnung: Baker Mayfield. Mahomes erhielt nur den Trostpreis: Er wurde 2016 mit dem Sammy Baugh Award für den besten Werfer im College-Football geehrt.

Nach dem Ende der Saison warteten alle nun auf ein offizielles Signal von Mahomes. Würde er zurückkommen und sein Senior-Jahr am College spielen? Oder würde er den Versuch wagen, frühzeitig in die NFL zu wechseln? Patrick musste bis zum 16. Januar 2017 die Entscheidung treffen, ob er seinen Namen in den Draft-Pool werfen wollte oder nicht. Schon nach dem letzten Spiel hatte er angekündigt, dass es eine schwere Wahl für ihn sein würde: „Dieses Programm ein Jahr früher zu verlassen, wird hart. Ich liebe es hier in Lubbock. Ich liebe Texas Tech.“ Trotzdem wusste er, dass auch in der kommenden Saison keine realistische Chance auf einen Big-12-Titel oder die College-Meisterschaft bestehen würde. Die Defensivschwäche der Red Raiders war nicht so schnell zu beheben.

Ein Problem für Mahomes war seine Verletzung aus dem Spiel gegen Oklahoma. Durch seine erneute Operation am linken Handgelenk war zu diesem Zeitpunkt unklar, wie fit er im Frühjahr bei den Leistungstests – bei der offiziellen NFL Combine und/oder dem Pro Day von Texas Tech in Lubbock – sein würde. Dort präsentieren sich die besten College-Talente vor dem Draft, um Scouts und Coaches der interessierten Teams einen besseren Blick auf ihre Stärken (und Schwächen) zu ermöglichen. Dieses Schaulaufen findet in der Regel zwischen Februar und März eines jeden Jahres statt. Seinen Gips würde Patrick aber erst Anfang Januar los sein. Die anderen Draft-Teilnehmer würden deutlich früher mit ihrer Vorbereitung für die wichtigen Leistungstests beginnen können.

Die Medien spekulierten schon früh, dass Mahomes ein möglicher Erstrunden-Pick im NFL Draft 2017 sein könne. *Sporting News* vermeldete Interesse vonseiten der Chicago Bears, die an Position drei an der Reihe waren und einen neuen Quarterback für ihr Team suchten. Für den bekannten Draft-Analysten Mel Kiper von ESPN war Mahomes das zweitbeste Spielmacher-Talent im Land hinter Deshaun Watson. Andere hielten ihn für einen möglichen „Sleeper", für einen Spieler, der nur wenig Beachtung bekam und dadurch auch zu einem späten Zeitpunkt im Draft noch verfügbar sein konnte. Zusammengefasst: Die Meinungen über Mahomes gingen vor dem Draft im April weit auseinander. Die häufigste Einschätzung ging in Richtung früher Zweitrunden-Pick. Damit rechnete auch Patricks Familie.

Dass Mahomes nicht als Erstrunden-Pick gehandelt wurde, hatte auch damit zu tun, dass viele erfolgreiche College-Quarterbacks aus dem „Air Raid"-System, das ja auch bei Texas Tech gespielt wurde, in der NFL bisher enttäuscht hatten. Johnny Manziel oder Geno Smith kamen mit großartigen Statistiken in die Profiliga, konnten ihr wurflastiges Konzept aber letztlich meist nicht umsetzen, da die Verteidigungen dort deutlich stärker sind als im College. Und auch Kliff Kingsbury ist nie richtig in der NFL angekommen. Von den Patriots 2003 in der sechsten Runde gedraftet, erhielt er zwar gleich in seinem ersten Jahr einen Super-Bowl-Ring, war aber die gesamte Saison mit einer Armverletzung ausgefallen und stand deswegen gar nicht im Mannschaftskader. Auf seinen folgenden Stationen bei den New Orleans Saints, Denver Broncos, New York Jets und Buffalo Bills sah es für ihn nicht besser aus. Letztlich durfte er in vier NFL-Jahren nur in einem einzigen Drive ran: am 20. November 2005 im letzten Viertel für die Jets gegen die Broncos. Seine magere Bilanz: ein vollständiger Pass über 17 Yards.

Die Jets schickten ihn danach in die NFL Europe nach Deutschland, wo er für die Cologne Centurions 2006 für 633 Yards und zwei Touchdowns warf – nicht in einem Spiel, sondern über die ganze Saison! Er musste sich den Job als Spielmacher mit Shane Boyd teilen, der von den Tennessee Titans nach Europa verfrachtet worden war. Nach seinem Abenteuer in Köln ging es für Kingsbury 2007 weiter nach Kanada in die Canadian Football League, wo er schon vor dem Saisonstart von den Montréal Alouettes zu den Winnipeg Blue Bombers getradet wurde, um dort dann doch nur der dritte Quarterback im Kader zu sein. Das war der endgültige Sargnagel für seine aktive Karriere. Danach sattelte er auf Coach um – und etablierte sich doch noch in der NFL. Von 2019 bis 2022 war er Head Coach der Arizona Cardinals. Seit 2024 ist Kingsbury Offensive Coordinator der Washington Commanders.

Viele NFL-Coaches befürchteten Anfang 2017, dass Mahomes ein weiterer Kandidat für eine enttäuschende Spielergeschichte werden könnte. Ein „Gunslinger", der mit wilden Würfen im „Air

Raid"-System im College-Football für Furore sorgen, in der deutlich konservativeren Profiliga NFL aber schnell an seine Grenzen stoßen konnte. Und dann waren da noch die Bedenken wegen der vielen Verletzungen am College. In seinem ersten Spiel als Starting Quarterback erlitt Mahomes eine Gehirnerschütterung, später verletzte er sich an der Hand. In der zweiten Saison war er durch sein Knie einige Spiele lang eingeschränkt, und im dritten Jahr fiel er erst auf die Schulter und brach sich dann noch einen Knochen im Handgelenk. Mahomes' Krankenakte war also lang und die Befürchtung vieler war: Wenn erst die schweren Jungs der NFL auf ihn Jagd machten, könnte eine schwere Verletzung schnell das Ende seiner Profikarriere bedeuten.

Mobile Quarterbacks sind spektakulär, keine Frage. Mahomes hatte den Ruf, ein Teufelskerl zu sein. Einer, der sich Sachen traute, die andere Quarterbacks gar nicht erst in Erwägung zogen. Planbar war das aber nicht, sondern vielmehr ein schwer abwägbares Risiko. Der Analyst Sam Monson von *Pro Football Focus* fasste es so zusammen: „Ihn zu draften, ist, wie einen Typen mit allen Eigenschaften eines Topstars zu bekommen. Aber irgendjemand muss ihn erst mal zusammenbauen."

Am 3. Januar 2017 war es dann so weit: Patrick Mahomes hatte eine finale Entscheidung getroffen und verkündete – nach vielen Gesprächen mit Kliff Kingsbury, seinen Eltern sowie seinem Patenonkel LaTroy Hawkins – offiziell, dass er sich zum NFL Draft 2017 anmelden würde. Damit beendete er seine Karriere am College mit 12 097 Total Yards und 115 Touchdowns. Mit seinen 11 252 Passing Yards liegt er auf Rang drei in der Geschichte der Texas Tech. Am Ende konnte er in drei Jahren 13 der 29 Spiele gewinnen, in denen er das Team als Starting Quarterback auf den Platz führte. Drei Jahre in Folge erzielte er die meisten Passing Yards, Total Yards und

Touchdowns in der Big 12 Division. Die Fans in Lubbock liebten ihn und stehen bis heute hinter ihrem früheren Quarterback. Genau wie in Whitehouse und Tyler sind auch in Lubbock besonders viele Chiefs- Fans zu finden, die ihrem Patrick weiter die Daumen drücken.

## Das Pokern um den College-Star

Um sich auf die NFL Combine und den Pro Day optimal vorzubereiten, reiste Patrick nach Carlsbad in Kalifornien, gelegen zwischen Los Angeles und San Diego. Dort stellte er sich mit Mike Shepard, einem früheren Offensive Coordinator der Buffalo Bills und New Orleans Saints, auf die speziellen Anforderungen der Profi-Scouts ein. Mit Shepard spielte er unter anderem durch, wann er in der Pocket in der Mitte des Spielfelds stehen bleiben sollte und wann es wichtig war, dass er zu einer Seite ausbrach. Bei Texas Tech war er nämlich selten

stehen geblieben. Nicht mal dann, wenn gar kein Unheil durch gegnerische Verteidiger drohte. Scouts nannten das Phänomen „Geister sehen, die es gar nicht gibt".

Vor der NFL Combine interessierte sich bereits eine Handvoll Teams für Mahomes. Neben den Chicago Bears waren auch die Cleveland Browns und die San Francisco 49ers auf der Suche nach einem neuen Regisseur für ihre Offense. Die Browns waren zu diesem Zeitpunkt das schlechteste Team der Liga. Sie hatten die Vorsaison mit nur einem Sieg in 16 Spielen abgeschlossen und besaßen daher das Anrecht auf den First Overall Pick im Draft. In der Mannschaft gab es allerdings gleich mehrere personelle Baustellen, und daher war völlig unklar, auf welchen Spielerpositionen die Browns sich verstärken wollten.

Auch die Lage bei den 49ers war für Mahomes schwer einzuschätzen. Da hatte mit Kyle Shanahan gerade erst ein neuer Head Coach seine Arbeit aufgenommen. Das Team stand nach nur zwei Siegen in 16 Spielen vor einer Totalsanierung. Die bisherigen Quarterbacks Colin Kaepernick und Blaine Gabbert mussten gehen, und mit Brian Hoyer und Matt Barkley waren für diese Position zwei neue Spieler geholt worden, die nur eine zeitlich begrenzte Zwischenlösung sein konnten.

Interesse an Mahomes vernahm man auch aus dem „Big Apple" – die New York Giants hatten ebenfalls ein Auge auf den Jungstar geworfen. Die Giants mussten dringend damit beginnen, einen Nachfolger für Eli Manning aufzubauen. Ein junger talentierter Quarterback wie Mahomes konnte hier noch ein Jahr vom Veteranen lernen und dann dessen Platz als Starting Quarterback einnehmen. Dem damaligen Cheftrainer der Giants, Ben McAdoo, gefiel das Charisma des Spielmachers von Texas Tech. Er war sich aber nicht sicher, ob der Spieler den 23. Pick im Draft wert war.

Die NFL Combine, das erste Schaulaufen für den Draft, fand Anfang März 2017 in Indianapolis statt. Die größten Footballtalente des Landes trafen sich dort zum Laufen, Springen und Gewichtheben. Neben Mahomes waren die Scouts auch gespannt auf die Quarterbacks Mitch Trubisky und Deshaun Watson sowie auf DeShone Kizer aus Notre Dame, der in den Wochen zuvor in der medialen Bewertung aufgeholt hatte und nun auf Augenhöhe mit Mahomes gesehen wurde.

Der sportliche Teil der Combine besteht aus einer Aneinanderreihung von Übungen: ein Sprint über 40 Yards, mehrere Läufe um Hütchen mit verschiedenen Richtungswechseln, Bankdrücken, eine Messung der maximal erreichbaren Höhe beim Sprung nach oben. Für die Quarterbacks gibt es zusätzlich noch Wurfübungen zu Passempfängern. Mahomes genoss es, sich an diesem Tag mit den anderen Topathleten messen zu können. Die erste Disziplin, der 40-Yard-Dash, war trotzdem eine kleine Enttäuschung. Er lief ihn in 4,80 Sekunden und blieb damit deutlich hinter Watson (4,66 Sekunden) und Trubisky (4,67 Sekunden). Nur Kizer war aus der Gruppe der vermeintlich vier besten Quarterback-Talente mit 4,83 Sekunden langsamer. Seinen stärksten Moment in der Combine hatte Patrick, als es nicht mehr darum ging, nur in eine Richtung zu laufen, sondern Geschwindigkeit beim Richtungswechsel zu beweisen. So schaffte er zum Beispiel in der Disziplin 20-Yard-Dash die schnellste aller gemessenen Zeiten bei den Quarterbacks.

College-Spieler, die in die NFL wollen, müssen aber nicht nur Muskeln, sondern auch Köpfchen vorweisen. Ein weiterer Bestandteil der NFL Combine war damals der Wonderlic Test, ein Intelligenztest mit 50 Multiple-Choice-Fragen, für dessen Beantwortung die Teilnehmer zwölf Minuten Zeit haben. Das beste Ergebnis aller Zeiten schaffte NFL-Wandervogel und Harvard-Absolvent Ryan Fitzpatrick mit 48 von möglichen 50 Punkten. Mahomes kam auf 24 Punkte. Das ist Durchschnitt. Kizer war der Beste des Talente-Quartetts mit einer 28. Trubisky landete bei einer 25 und Watson schaffte nur eine 20. Der heutige „Hall of Fame"-Quarterback Dan Marino hätte danach eigentlich keine Chance im Profifootball haben dürfen – er erreichte nur 15. Der Wonderlic Test wurde Anfang 2022 von der NFL eingestellt, weil die Ergebnisse keine relevante Bedeutung für den Erfolg von Spielern in der Liga hatten.

Die Leistungen von Patrick Mahomes während der NFL Combine machten vielen Scouts Lust auf mehr. Fast alle NFL- Teams meldeten sich bei ihm und erklärten, sie seien beeindruckt von seinen Anlagen. Neben seinen athletischen Werten konnte er auch mit seiner Wurfqualität überzeugen. Was folgte, war ein Bewerbungsmarathon. 18 NFL-Teams wollten Patrick in einem Einzeltermin auf den Zahn fühlen. Das Pokern um Mahomes wurde immer verrückter.

## Die Aktie Mahomes steigt

Der Texas Tech Pro Day am 31. März 2017 war ein offizieller Termin, bei dem Patrick noch mehr Scouts von seinen Fähigkeiten überzeugen und sich abermals von seiner besten Seite zeigen sollte. Normalerweise folgten nur wenige Scouts der Einladung nach Lubbock, um sich dort die vielversprechendsten Talente von Texas Tech anzugucken. Diesmal meldeten sich aber 28 der 32 NFL-Teams an, um vor Ort einen Blick auf den jungen Texaner zu werfen. Ben McAdoo hatte sein Kommen angekündigt. Genau wie John Lynch und John Schneider, die General Manager der 49ers und der Seattle Seahawks.

Am Pro Day präsentierte Mahomes sage und schreibe 68 unterschiedliche Wurfvarianten. Es war fast wie am 4. Juli, dem amerikanischen Nationalfeiertag: ein nicht enden wollendes Feuerwerk in alle Richtungen. Kurze Bälle zur Seite, an den Rand des Feldes und immer wieder tief. Mal langsam und in hohem Bogen, mal wie aus der Pistole geschossen. Der Passempfänger für Mahomes an diesem Tag war kein früherer Profispieler, sondern ein Football-Model. Kenny Bell war damals 37 Jahre alt, kam aus Los Angeles und hatte es nicht in die NFL geschafft. Für den Videospiele-Hersteller EA Sports schlüpfte Bell regelmäßig in einen Motion-Capture-Anzug und machte dann alle denkbaren Footballbewegungen, damit diese in der *Madden*-Spielreihe so realistisch wie möglich aussahen.

Für ein Taschengeld von 250 US-Dollar und eine kostenlose Übernachtung kam er nach Lubbock, um für Mahomes einen Wide Receiver zu simulieren.

Das Zusammenspiel der beiden lief gut. Highlights waren die Würfe von der 40-Yard-Linie in die gegenüberliegende Endzone über knapp 65 Yards in die Arme von Bell und eine „Hail Mary“ über knapp 80 Yards gegen den Wind. Sie war das bombastische Ende der Vorführung. Obwohl alle Anwesenden zuvor auf einem Zettel gelesen hatten, was Mahomes vorhatte, waren sie sprachlos, als der Ball nach einigen Sekunden tatsächlich am anderen Ende des Spielfelds aufprallte. Was für ein Brett!

Doch nicht nur der letzte Ball beeindruckte die Experten. Auch die verbesserte Beinarbeit und die Genauigkeit bei tiefen Bällen fielen den professionellen Zuschauern auf. Zusätzlich liefen auch die persönlichen Gespräche gut, in denen es darum ging, zu sehen, ob der Junge ein Leader war, wie gut er Spielzüge und Defensivkonzepte verstand und was eigentlich für ein Typ hinter diesem „Monsterarm“ steckte. Mahomes war wieder etwas höher gerückt in den Draft-Listen der Teams. Er hatte alles gegeben.

Am Tag vor dem Pro Day brauchte Mahomes nach eigener Ansicht noch einen neuen Haarschnitt. Er ging dafür in den Barbershop von Garza – einem großen Fan der Red Raiders, der seinen ganzen Laden in Rot eingerichtet hatte. Seit drei Jahren war Patrick mittlerweile in Lubbock zu Hause und dort bekannt wie ein bunter Hund. Die Kellnerin im Café begrüßte ihn wie einen alten Freund. Der Friseur wusste genau, wie er seine Haare haben wollte. Jeder in Lubbock hatte eine Geschichte mit Patrick Mahomes zu erzählen und wollte die letzten Momente mit ihm genießen. Dass jetzt viele NFL-Teams an ihm interessiert waren, machte die Bewohner stolz. Er war einer von ihnen, und das wollten sie an seinen letzten Tagen als Student der Universität mit ihm feiern. Es gab innige Umarmungen, kleine Scherze und viele lächelnde Gesichter, die Patrick den Abschied schwermachten.

Bei einem TV-Auftritt in der *Dan Patrick Show* einige Tage vor dem Draft fragte ihn der Moderator, für welches NFL-Team er denn gerne spielen würde, und schlug ihm die Arizona Cardinals vor. Dort stand Quarterback Carson Palmer nur noch ein weiteres Jahr unter Vertrag. Und dort spielte Receiver-Legende Larry Fitzgerald. Mahomes fand die Aussicht, ein Cardinal zu werden, spannend. Er könne hinter Palmer noch etwas reifen. Noch wichtiger aber war ihm, dass dort Bruce Arians arbeitete, dem als Head Coach der Ruf vorauseilte, Quarterbacks entwickeln zu können. „Es geht für mich darum, zum richtigen Team und zur richtigen Organisation zu kommen. Ich will intensiv gecoacht werden", sagte er in der Show.

Unterdessen wuchs plötzlich auch bei zwei weiteren Teams das Interesse an ihm, obwohl beide auf der Quarterback-Position sehr gut aufgestellt schienen. Sowohl die Pittsburgh Steelers als auch die Kansas City Chiefs witterten die Chance, frühzeitig einen jungen Quarterback zu finden, der Ben Roethlisberger beziehungsweise Alex Smith relativ schnell ablösen könnte. Bei den Steelers spielten damals Antonio Brown, einer der besten Wide Receiver der Liga, und Le'Veon Bell, ein spielstarker Running Back, der auch ins Passspiel einbezogen werden konnte. In Kansas City warteten Tight End Travis Kelce und Wide Receiver Tyreek Hill.

Wer würde das Rennen machen?

Je näher der Draft rückte, umso schwieriger wurde es für alle interessierten Mannschaften, weil die Aktie Mahomes immer weiter stieg. Jeder Besuch bei einem der 18 interessierten Teams hatte seinen Marktwert gesteigert. Der 30. Pick der Steelers lag für Mahomes wohl zu weit hinten und auch die Chiefs hatten an Platz 27 in der Draft-Reihenfolge eher schlechte Karten. Wenn einer dieser beiden Klubs Mahomes wirklich wollte, mussten sie ihr Wahlrecht mit einem anderen Verein tauschen und sich am Draft Day per Trade irgendwie nach vorne katapultieren. Während anscheinend weder die Browns noch die Bears Mahomes als oberste Priorität sahen, wurde immer deutlicher, dass auch die Saints konkret über ihn nachdachten. Sie hatten nach einer durchwachsenen Saison den elften Pick und damit die besten Chancen aller ernsthaft interessierten Teams.

## Draft Day

In der NFL hat es Tradition, dass die aussichtsreichsten College-Kandidaten beim vor Ort sind. Patrick Mahomes hatte sich aber gegen einen Flug nach Philadelphia entschieden. Er rechnete noch immer damit, dass er bis in die zweite oder sogar dritte Runde abrutschen könnte, und wollte in keinem Fall so schlimme Momente wie Aaron Rodgers durchleben. Der wurde 2005 als sehr hoher Draft-Pick gehandelt, musste aber vor laufenden Kameras erleben, dass ein Team nach dem anderen sich für einen anderen Spieler entschied. Er wurde schließlich erst an 24. Stelle von den Green Bay Packers ausgewählt – und war sichtlich angefressen. Randi Mahomes gab daher lieber eine kleine Party für Freunde und Verwandte bei ihrem Arbeitgeber, dem Country Club in Tyler. Wenn ihr Sohn nicht schon am Donnerstag, dem ersten Draft-Tag, ausgewählt worden wäre, hätten sie einen nervenaufreibenden Abend verlebt und am Freitag wieder vor dem Bildschirm gesessen, bis der erlösende Anruf eines Teamverantwortlichen auf Patricks Handy aufblinkte.

Der Mahomes-Clan wusste zu diesem Zeitpunkt natürlich schon, dass mehrere Mannschaften ernsthaft interessiert waren. Die Chiefs waren im Laufe des Bewerbungsprozesses zu Patricks Wunschteam geworden, denn das Treffen in Missouri mit Andy Reid hatte ihm nachhaltig imponiert. Der erfahrene Head Coach nahm sich sechs Stunden Zeit, um mit dem jungen Quarterback über Taktiken, Spielzüge und Feinheiten zu sprechen. Das war genau die Art von Trainer, die Patrick brauchte, um zu wachsen. Er verlangte Vertrauen und war im Gegenzug bereit, sich anzupassen und besser zu werden. Und genau das wünschte sich auch Reid von seinem neuen Spielmacher, dem zukünftigen Gesicht seines Teams.

Wer ihn schließlich auswählen würde, hatte Patrick nicht in der Hand. Die Saints an 11? Die Cardinals an 13? Oder doch eine der Mannschaften, die noch früher dran waren und sich kurzfristig umorientiert hatten? Die Browns, Bears und 49ers waren alle auf der Suche nach frischem Blut auf der Quarterback-Position. Für sie war Mahomes eine attraktive Wette, mit der sie viel gewinnen, aber auch alles verlieren konnten. Oder würde alles ganz anders kommen? Würde es womöglich einen Trade geben? Tauschten sich Klubs wie die Steelers, Chiefs oder Giants in der Draft-Reihenfolge nach vorne, um sich Mahomes zu schnappen? Niemand wusste, was passieren würde.

Dann ging's los. Und der Abend begann tatsächlich mit einem ersten Paukenschlag: Die Bears tauschten ihren dritten Pick mit den 49ers auf zwei. Dafür gaben sie jede Menge her (einen Pick in der dritten Runde, einen in der vierten und einen in der dritten Runde des Draft 2018). Allen Medien und Fans war klar: Es konnte sich eigentlich nur um einen Quarterback handeln, der die Bears besonders reizte. Auch sie hatten bis zuletzt mit Mahomes in Kontakt gestanden. Die Partygäste in Tyler hielten den Atem an. Doch das Telefon blieb stumm. Wenige Minuten später verkündete NFL-Commissioner Roger Goodell einen anderen Namen: Mitch Trubisky. Damit war der erste Spielmacher vom Markt.

Während sich die Cincinnati Bengals an Position neun für den schnellsten Spieler der NFL Combine entschieden, Wide Receiver John Ross, stieg der Puls in Tyler langsam wieder an. Erste Meldungen über einen weiteren Trade wurden konkreter: NFL-Reporter Ian Rapoport war der Erste, der live auf ESPN berichtete, dass die Chiefs Interesse am zehnten Pick der Buffalo Bills hätten. Zu diesem Zeitpunkt spekulierten die Journalisten noch, ob die Chiefs auf Patrick Mahomes oder Deshaun Watson schielten. Nur Minuten später wurden die Details des Deals bekannt und damit war klar, dass die Chiefs für diesen Platztausch tief in die Tasche gegriffen hatten: Neben dem 27. Draft-Pick 2017 und einem Drittrunden-Pick 2017 gaben sie auch ihr Auswahlrecht für die erste Runde des Draft 2018 an die Buffalo Bills ab. Mit noch knapp drei Minuten Zeit war Kansas City jetzt auf Platz zehn vorgerückt. Einige Sekunden später sprach Roger Goodell die magischen Worte aus: „With the 10th pick of the 2017 NFL Draft, the Kansas City Chiefs select Patrick Mahomes II, Quarterback." Während Mahomes mit breitem Grinsen am Telefon versuchte, die Worte seiner zukünftigen Arbeitgeber zu verstehen, jubelte seine Familie um ihn herum.

Es war geschafft. Aus dem mittelmäßigen Safety war innerhalb von nur fünf Jahren der zweitbeste Quarterback seines Jahrgangs geworden. Weil Mahomes an zehnter Stelle des NFL Draft ausgewählt wurde, war ihm ein Vertrag in Höhe von knapp 16 Millionen US-Dollar garantiert sicher. Mit dem ersten Geld, das hatte er live auf ESPN versprochen, sollte es eine teure Tasche für seine Mutter geben. Er konnte es sich jetzt leisten. Als zukünftiger NFL-Spieler und Teil der Kansas City Chiefs.

# #5 DIE GESCHICHTE DER CHIEFS

## „Was wollen wir denn mit dem?“

Als Patrick Mahomes 2017 von den Kansas City Chiefs gedraftet wurde, war es keinesfalls so, dass alle Fans sofort in Jubelstürme ausbrachen oder spontan einen Autokorso starteten. Im Gegenteil: Viele waren überrascht, dass ihre Mannschaft für diesen Spieler sogar einige Draft-Picks an die Buffalo Bills abgetreten hatte, um im Draft weiter nach vorne zu kommen. „Warum machen die das?“, fragte sich so mancher. Man stand Mahomes eher skeptisch gegenüber, was nicht weiter verwunderte. Schließlich waren die Chiefs lange notorisch erfolglos, der letzte Super-Bowl-Titel lag fast 50 Jahre zurück. In diesem halben Jahrhundert sahen die Fans immer wieder neue Quarterbacks kommen und gehen. Einen Spielmacher vom College hatten die Chiefs seit ihrem Bestehen vor Mahomes sogar überhaupt erst ein einziges Mal in der ersten Runde des Drafts geholt – und schlechte Erfahrungen gemacht! 1983 wählten sie Todd Blackledge an siebter Stelle aus. Ein Flop! Die Herzen der stolzen Chiefs-Fans zu erobern, war für Mahomes also nicht gerade einfach.

## Ein Goldjunge aus El Dorado

Um zu verstehen, wie die Chiefs zu der Organisation wurden, die sie heute sind, machen wir eine kleine Zeitreise zurück in die 1930er Jahre. Und zwar nach El Dorado. Nein, nicht in das sagenhafte Goldland im nördlichen Südamerika, sondern in eine Kleinstadt im Süden des US-Bundesstaates Arkansas. Obwohl: Unermesslicher Reichtum spielte auch in diesem amerikanischen Provinzkaff eine große Rolle, denn am 2. August 1932 wurde hier Lamar Hunt geboren – ein Mann, der im Laufe seines Lebens zu einer der einflussreichsten Persönlichkeiten in der Geschichte des US-Sports werden sollte. Bis zu seinem Tod am 13. Dezember 2006 war er unter anderem Mitgründer der American Football League (AFL), der Major League Soccer (MLS) und der World Championship Tennis (WCT), Wegbereiter der „modernen" National Football League (NFL) sowie Besitzer der Kansas City Chiefs aus der NFL und der MLS-Teams Kansas City Wizards, Columbus Crew und FC Dallas. Zusätzlich war er an der Entstehung der Chicago Bulls aus der National Basketball League (NBA) beteiligt.

Lamar Hunt war ein Tausendsassa, der allerdings nicht den typisch amerikanischen „Vom Tellerwäscher zum Millionär"-Weg einschlug, sondern schon immer über das nötige Startkapital für seine Unternehmungen verfügte. Sein Vater war nämlich Haroldson Lafayette Hunt Jr., ein amerikanischer Öl-Tycoon, der in den 1960er-Jahren als der reichste Mensch der Welt galt. Vermögend wurde er, indem er Gewinne, die er beim Pokern gemacht hatte, gegen Ölrechte eintauschte. So sicherte er sich im Laufe der Jahre einen Großteil am East Texas Oil Field, einem der größten Ölvorkommen unseres Planeten. Gerüchten zufolge diente H. L. Hunt als Inspiration für die Figur des Fieslings J. R. Ewing (gespielt von Larry Hagman) in der langjährigen, sehr erfolgreichen US-TV-Serie *Dallas.*

Geboren wurde Lamar Hunt in der US-Metropole Dallas im US-Bundesstaat Texas als jüngstes von insgesamt sieben Kindern. Hinzu kamen acht Stiefgeschwister. Die Familienverhältnisse waren schwierig, denn sein Vater führte als Bigamist zwei Ehen gleichzeitig und war selten anwesend. Doch während es an väterlicher Liebe mangelte, gab es Geld im Überfluss. Anstatt sich aber auf diesem Reichtum auszuruhen und auf die faule Haut zu liegen, wollte Lamar das üppige Bankkonto lieber weiter füllen. Er beschloss, seine Leidenschaft für Sport (seine Brüder nannten ihn „Games", weil er so sportverrückt war) zum Business zu machen. Nach Abschluss eines Geologiestudiums an der Southern Methodist University in Dallas, an der er von 1952 bis 1955 auch American Football als Wide Receiver spielte (es reichte allerdings nicht für eine Profikarriere), widmete er sich ganz seinen Sportvisionen. Sein erstes Ziel: Teilhabe an der National Football League.

## Wie die NFL entstand

Die NFL wurde bereits 1919 gegründet, als erste professionelle Liga für American Football überhaupt. Fast drei Jahrzehnte lang war sie aber zunächst ein unprofitables Geschäft, denn American Football war in den USA damals noch lange nicht so populär wie heute. Die Ausgaben überstiegen die Einnahmen deutlich und viele NFL-Teams wurden bereits kurz nach Entstehen der Liga wieder abgemeldet. Der finanzielle Verlust war einfach zu groß.

Ein kontinuierliches wirtschaftliches Wachstum stellte sich erst nach Ende des Zweiten Weltkrieges ein. Dafür verantwortlich war

Bert Bell, seit 1946 Commissioner der NFL. Unter seiner Leitung wurde die NFL erstmals rentabel. Bell stellte die richtigen Weichen, um die Liga auf die nächste Entwicklungsstufe zu heben. So bewahrte er sie bereits Mitte der 1930er Jahre vor dem finanziellen Ruin, indem er unter anderem den jährlichen Draft der besten College-Spieler erfand, damit sich die Teams beim bis dahin gängigen Wettbieten um die besten Footballtalente nicht irgendwann gegenseitig in den Bankrott trieben. Zusätzlich machte er die Liga spannender, indem er die aktuellen Topteams regelmäßiger gegeneinander spielen ließ. Und er prägte den noch heute bekannten Ausdruck „Any Given Sunday". Die volle Phrase lautet: „On any given Sunday, any team can beat any other team", soll heißen: „An jedem beliebigen Sonntag kann ein Team jedes andere Team schlagen."

Bell handelte auch den ersten nationalen TV-Vertrag aus. DuMont Television zahlte 75 000 US-Dollar, um das NFL- Endspiel 1951 zwischen den Cleveland Browns und den Los Angeles Rams erstmals live in den gesamten USA übertragen zu dürfen. Ein Meilenstein. Und Bell führte bereits 1950 eine Regel ein, mit der er die Teambesitzer ermutigte, eigene TV- Deals abzuschließen. Diese sogenannte „Blackout Rule" untersagte den Klubs, Livebilder ihrer Spiele auf TV-Bildschirme übertragen zu lassen, die sich in einem Radius von 75 Meilen (ca. 120 Kilometer) zu ihrem Stadion befanden. Egal, ob diese ausverkauft waren oder nicht. „Man kann den Fans kein kostenloses Spiel im Fernsehen ermöglichen und zeitgleich erwarten, dass sie auch ins Stadion gehen", ließ Bell verlauten. Ticketverkäufe waren in seinen Augen eine immens wichtige Einnahmequelle.

All diese Maßnahmen ließen viele geschäftstüchtige Unternehmer aufhorchen, die merkten, dass es im Profi-Football plötzlich sehr viel Geld zu verdienen gab, und auch ein Stück vom

Kuchen abhaben wollten. Zu ihnen gehörte auch Lamar Hunt. Er roch das ganz große Geschäft. Sein Problem: Man wollte ihn nicht! Bereits im Laufe der 1950er Jahre hatte Hunt versucht, eine NFL-Lizenz zu ergattern. Sein großes Interesse galt damals den Chicago Cardinals (sie sind heute in Arizona beheimatet), die er zu sich nach Texas holen wollte. Doch die Liga-Oberen ließen ihn abblitzen. Obwohl es ein Leichtes gewesen wäre, die damalige NFL, bestehend aus zwölf Teams in elf US-Städten (Chicago hatte mit den Bears und den Cardi- nals bis 1959 zwei Mannschaften), aufzustocken, blieben die Besitzer lieber unter sich in ihrem kleinen, elitären Kreis. Neue Mitglieder waren unerwünscht. Und man war nicht bereit, das nun endlich fließende Geld durch noch mehr Köpfe zu teilen.

Ein „Nein" zu hören, war der mit Geldscheinen wedelnde Lamar Hunt jedoch nicht gewohnt. Er galt als klug, zielstrebig und vor allem hartnäckig. Wenn er etwas unbedingt wollte, wählte er nicht den Weg über das Vorzimmer, sondern klopfte immer direkt bei den Entscheidungsträgern an. Und wenn das nicht half, ging er mit dem Kopf durch die Wand.

## Lamar Hunt gründet die AFL

Hunt, stets korrekt mit Anzug und Krawatte bekleidet, trat bescheiden auf, ließ sich sein Vermögen nicht anmerken und suchte nicht das Rampenlicht, sondern wickelte seine Geschäfte lieber diskret ab. Gleichzeitig scheute er sich nie, Entscheidungen zu treffen. Er war ein „Macher". Und ein Sturkopf. Aus Frustration über die Abfuhr der NFL-Eigner traf er – im Alter von 26 Jahren und gegen den Willen seines Vaters – die Entscheidung, eine eigene Profi-Football-Liga ins Leben zu rufen, als Konkurrenz zur NFL!

Einen Verbündeten fand er in Bud Adams, ebenfalls Sohn eines Ölmagnaten. Auch Adams hatte bereits erfolglos versucht, einen Fuß in die Tür der NFL zu bekommen. Auch er hatte zuvor ein Auge auf die Cardinals geworfen und wollte sie nach Texas holen. Aber auch er war abgeblitzt. Daher schlossen Adams und Hunt eine Allianz und machten fortan gemeinsame Sache. Zunächst tüftelten die beiden im Geheimen und proklamierten dann im Spätsommer 1959 die Gründung einer zweiten Footballliga, die ab 1960 an den Start gehen sollte. Sie würde American Football League (AFL) heißen. Dieser Name war der Öffentlichkeit vertraut, hatte es in den vorangegangenen Jahrzehnten doch bereits dreimal von unterschiedlichen Gruppierungen den Versuch gegeben, unter genau diesem Namen eine Konkurrenz zur NFL aufzubauen. Doch jedes Mal scheiterte der Plan relativ schnell.

Die Idee, eine Konkurrenzliga zur NFL aufzuziehen, war also nicht neu. Aber Hunt und Adams hatten ihre Schlüsse aus dem Ende der All-America Football Conference (AAFC) gezogen. Diese war 1944 von einer Ansammlung vermögender Geschäftsleute gegründet worden, die ebenfalls genervt waren, dass ihnen der Erwerb einer NFL-Team-Lizenz untersagt wurde. Noch bevor die AAFC 1946 (ein Jahr später als geplant) ihren Spielbetrieb aufnahm, war bereits ein Wettbieten um die besten Footballspieler des Landes entbrannt. Die Gehälter explodierten. Die Profis konnten nun zwischen mehreren Angeboten auswählen und nutzten das aus, um die Preise hochzutreiben. Viele von ihnen wechselten statt in die NFL in die AAFC.

Ein cleverer Schachzug der AAFC war, auch die Westküste der USA erstmals mit Profiteams zu bestücken. So entstanden die Los Angeles Dons, deren Miteigentümer unter anderem die US-Unterhaltungsgrößen Bob Hope und Bing Crosby waren, und die San Francisco 49ers. Als Reaktion darauf hatte die NFL kurzerhand die Cleveland Rams nach Los Angeles entsandt, um sich in diesem – wirtschaftlich wichtigen – Teil der USA nicht abhängen zu lassen.

Die AAFC konnte irgendwann bessere Zuschauerzahlen als die NFL aufweisen. So kamen beispielsweise zum AAFC-Eröffnungsspiel 1946 zwischen den Cleveland Browns und den Miami Seahawks 60 000 Fans – damals eine Rekordkulisse für ein reguläres Profi-Footballspiel. Trotzdem klagte auch die AAFC, genau wie die NFL, über leere Kassen. Sie litt unter anderem zu sehr unter der Dominanz der Browns.

Es begannen Verhandlungen zwischen den beiden Ligen. Am 9. Dezember 1949 schließlich verkündete Bell eine Vereinigung. Man wollte nun unter dem Namen National-American Football League zusammen statt gegeneinander arbeiten. Mit Bell als Commissioner. Die Fusion umfasste die drei sportlich und wirtschaftlich erfolgreichsten AAFC-Teams Cleveland Browns, San Francisco 49ers und Baltimore Colts sowie die zehn NFL-Teams New York Giants, Philadelphia Eagles, Pittsburgh Steelers, Chicago Cardinals, Washington Redskins, Los Angeles Rams, Chicago Bears, New York Yanks, Detroit Lions und Green Bay Packers. Die anderen AAFC-Teams wurden aufgelöst und deren Spieler auf die weiterbestehenden 14 Teams aufgeteilt. So weit der Plan. Aber Bell spielte mit falschen Karten! Bereits im Frühjahr 1950 verzichtete man auf die Bezeichnung National-American Football League und nannte sich fortan auch offiziell wieder National Football League. Ausgetrickst!

*Das* passiert uns nicht, schworen sich Lamar Hunt und Bud Adams! Ähnlich wie zehn Jahre zuvor in der AAFC war es Hunt und Adams Ende der 1950er-Jahre gelungen, einflussreiche Investoren von ihrem Vorhaben zu überzeugen und mit ins

Boot zu holen, darunter unter anderem Barron Hilton, Erbe der Hilton-Hotelkette und Großvater vom späteren „It-Girl" Paris Hilton. Ihr Plan war, neue Standorte auf der US-Sportlandkarte zu etablieren. Denn mit Ausnahme der Los Angeles Rams und der San Francisco 49ers gab es zu dieser Zeit kein Profiteam westlich des Mississippi und südlich von Washington, D. C. So gingen zur Saison 1960 acht AFL-Teams an den Start: die Boston Patriots, die Buffalo Bills, die New York Titans und die Houston Oilers in der Eastern Division sowie die Dallas Texans, die Denver Broncos, die Los Angeles Chargers und die Oakland Raiders in der Western Division. Hunt steckte hinter den Dallas Texans, Adams hinter den Houston Oilers. Hilton war Mitgründer der Los Angeles Chargers.

## Die NFL wehrt sich

Bert Bell erlebte den Start der AFL nicht mehr mit, der NFL-Commissioner verstarb am 11. Oktober 1959 – tragischerweise in einem Footballstadion. Während unten auf dem Rasen „seine" zwei Teams spielten, die Philadelphia Eagles und die Pittsburgh Steelers (er war am Aufbau beider Mannschaften beteiligt), erlitt Bell in den Schlussminuten dieses Duells einen Herzinfarkt. Die Trauer war groß. Die Liga hatte ihren Visionär verloren.

Ab Januar 1960 trat Pete Rozelle die Nachfolge von Bell als NFL-Commissioner an. Der damals erst 33-Jährige war zuvor General Manager der Los Angeles Rams gewesen. Rozelle verlegte die Ligazentrale von Philadelphia nach New York City, wo sie sich auch heute noch befindet. Genau wie Bell wusste Rozelle, wie wichtig die Fernsehvermarktung war, und trieb das TV-Geschäft während seiner Amtszeit extrem voran. Doch zunächst musste er sich der bislang größten Herausforderung in der Geschichte der NFL stellen: der AFL.

Die NFL hatte aus ihren Fehlern im Umgang mit der AAFC gelernt. Statt die neue Liga lange mit Nichtachtung zu bestrafen, suchte man diesmal sofort den Austausch, um der aufkommenden Gefahr möglichst schnell Herr zu werden. Und das erneut sehr kreativ: Rozelle bot Hunt und Adams nämlich plötzlich nun doch den Besitz eines NFL-Teams an. Überraschung! Sie sollten aber kein bestehendes Team übernehmen, sondern ein neues gründen. Ein lukratives Angebot, das Hunt und Adams jedoch aus Loyalität zu ihren neuen Geschäftspartnern ablehnten. Die NFL entschied sich angesichts der aufkommenden Konkurrenz trotzdem zu einer Expansion. So entstanden die Dallas Cowboys, die 1960 – zeitgleich mit der AFL – ihren Spielbetrieb in der NFL aufnahmen. Zudem wurden die Chicago Cardinals, an denen Hunt und Adams früher interessiert gewesen waren, nach St. Louis verfrachtet. Und ab 1961 kam mit den Minnesota Vikings noch ein weiteres neues NFL-Team dazu. Interessant dabei: Federführend am Aufbau der Vikings beteiligt war Max Winter, der eigentlich zu den Männern um Hunt und Adams gehörte. Als die NFL mit dem Angebot um die Ecke kam, ein Team in Minneapolis zu installieren, wechselte Winter aber schnell die Seiten und schlug zu. Ihm war Loyalität offenbar nicht so wichtig Hunt und Adams ließen sich jedoch trotz widriger Umstände nicht von ihrem Weg abbringen. Erst recht nicht, als sie und ihre AFL-Partner spöttisch als „Foolish Club“ („Klub der Dummen“) bezeichnet wurden. Die AFL ernannte Joe Foss zu ihrem ersten Geschäftsführer, einen früheren Kriegsveteranen, der von 1955 bis 1959 Gouverneur des US-Bundesstaates South Dakota gewesen war. Dieses militärische und politische Schwergewicht sollte der neuen Profiliga Seriosität verleihen. Lamar Hunt wurde ihr Präsident.

Bei den amerikanischen Footballfans stieß die AFL jedoch zunächst nur auf wenig Gegenliebe. Das lag vor allem an der ungemütlichen Stadionatmosphäre. Die AFL-Teams spielten in teils stark renovierungsbedürftigen Arenen. Auch der Rasen unten auf den Spielfeldern glich einem Acker. Dementsprechend mies war die Qualität der AFL-Spiele. Und so waren die Ränge bei den Texans, Oilers & Co. meist nur spärlich gefüllt; im Schnitt kamen rund 20 000 Besucher pro Spiel. Die NFL hatte doppelt so viele Zuschauer. Sie bot weiterhin das deutlich attraktivere Produkt.

Als glücklicher Umstand erwies sich jedoch, dass das Fernsehen schon vor dem Saisonstart im September 1960 Gefallen an der AFL gefunden hatte. Im Juni 1960 unterzeichnete die AFL einen Fünfjahresvertrag mit der American Broadcasting Company (ABC), der der Liga jährlich über zwei Millionen US-Dollar in die Kasse spülte. Das finanzielle Überleben war damit erst mal gesichert. Richtig Fuß zu fassen, war aber verdammt schwer. Doch Lamar Hunt war keiner, der schnell das Handtuch wirft. Er glaubte fest an seine Vision. Und er korrigierte seine Fehler.

## Die Texans werden zu den Chiefs

Hunts Plan, seine Dallas Texans und Adams' Houston Oilers im selben Bundesstaat nach Zuschauern und Sponsoren fischen zu lassen, ging nicht auf. Vor allem aber die überraschend gegründeten Dallas Cowboys machten es den Texans schwer. Sie waren Konkurrenz im „eigenen Haus“, denn absurderweise teilten sich die AFL-Texans und die NFL-Cowboys das Cotton Bowl Stadium in Dallas. Obwohl die Cowboys in ihren ersten drei Jahren insgesamt nur neun Siege einfuhren, kamen zu ihren Spielen deutlich mehr Fans. Die Texans waren mit 26 Siegen in den ersten drei Jahren sportlich deutlich erfolgreicher, aber sie waren nur das ungeliebte „Stiefkind“ der Stadt.

Das änderte sich auch nicht, als sie 1962 zum ersten Mal die AFL-Meisterschaft gewannen. Und zwar ausgerechnet bei den Oilers in einem historischen Spiel. Erst nach zweifacher Verlängerung siegten die Texans dank eines Field Goals von Kicker Tommy Brooker mit 20:17. Der TV-Sender ABC übertrug dieses dramatische Spiel live in alle amerikanischen Haushalte. Mit netto gespielten 77 Minuten und 54 Sekunden ist es bis heute das längste Endspiel in der Geschichte des professionellen Footballs. Und es war gleichzeitig das letzte Spiel der Dallas Texans.

Lamar Hunt hatte schon weit vor diesem AFL-Endspiel den Entschluss gefasst, seinen Heimatstaat zu verlassen, so leid ihm das auch tat. Hunt ahnte, dass die Texans in Texas keine Zukunft hatten. Aber aufzugeben war keine Option. Lieber versuchte er sein Glück woanders – und zwar in Kansas City!

Ursprünglich hatte Hunt andere Städte ins Visier genommen, er dachte zum Beispiel an Seattle oder New Orleans. Dort gab es noch kein Profi-Sportteam und dementsprechend auch keine Konkurrenz. Letztlich aber überzeugte ihn Harold Roe Bartle, der damalige Bürgermeister der Stadt Kansas City im US-Bundesstaat Missouri. Der schwergewichtige Zigarrenraucher (bis zu 25 Stück am Tag) war – ähnlich wie Lamar Hunt – jemand, der nicht lange fackelte. Er versprach, die Dauerkartenverkäufe des Teams zu verdreifachen und die Sitzplatzkapazität des örtlichen Municipal Stadiums zu erweitern. Dass jemand seinen Klub unbedingt wollte, gefiel Hunt. Also siedelte er ihn 500 Meilen weiter nördlich an – und nannte das Team fortan Kansas City Chiefs.

Für Bartle spielte die Herkunft eines Menschen keine Rolle. Er unterschied nicht zwischen Hautfarben. Rassismus oder

Diskriminierung von Völkergruppen waren ihm fremd. Er war beeindruckt von der Weisheit indianischer Häuptlinge und leistete einen großen Beitrag zur lokalen Völkerverständigung. Bei der Umbenennung der Dallas Texans in die Kansas City Chiefs wurde ausdrücklich betont, dass der Name des Teams kein direkter Hinweis auf die amerikanischen Ureinwohner war, sondern nur auf Bartles Spitznamen „Chief" beruhte. Das unterscheidet die Chiefs vom Washington Football Team, das sich im Jahr 2020 seines Beinamens „Redskins" entledigte und seit 2022 Commanders heißt.

Nach dem Umzug wurde auch das Logo des Teams verändert. Das der Dallas Texans zeigte einen Cowboy mit einem Football und einer Pistole in Händen, mit dem US-Bundesstaat Texas als Hintergrund. Es war hauptsächlich in den Farben Rot und Gold gehalten und vom renommierten Karikaturisten Bob Taylor entworfen worden. Als die Chiefs in Kansas City entstanden, wurde Taylor beauftragt, ein neues Logo zu entwerfen, das dem der Texans ähnelte. Rot und Gold blieben als Hauptfarben erhalten. Anstelle des Cowboys wurde nun aber ein amerikanischer Ureinwohner verwendet, „bewaffnet" mit einem Football und einem Tomahawk. Als Hintergrund dienten die Landesgrenzen mehrerer US-Bundesstaaten, denn Hunt pries sein Team weit über die Stadtgrenzen hinaus an: „Wir sind nicht nur Kansas Citys Team. Wir sind Middle America's Team. Wir repräsentieren die Bundesstaaten Missouri, Kansas, Oklahoma, Arkansas, Iowa und Nebraska."

Trotzdem musste das Publikum in diesem erweiterten Einzugskreis erst erobert werden, eine Identifikation mit einem professionellen Footballteam gab es bislang nicht. Weil auch das örtliche Municipal Stadium bereits stark in die Jahre gekommen war, ließ sich Lamar Hunt etwas einfallen, um den

Zuschauern über den Football hinaus Unterhaltung zu bieten: Er erfand die „Chiefs Gameday Experience“, mit Cheerleadern, Turnern, Westernreitern und „Tony DiPardo's Zing Band“ (*mehr dazu in Kapitel 7*).

Doch all das half zunächst auch nicht. Die durchschnittliche Zuschauerzahl bei Heimspielen der Chiefs sank von 1963 bis 1965 von über 15 000 auf unter 10 000. Das Versprechen von Bürgermeister Bartle, die Zuschauerzahlen im Vergleich zu Dallas zu verdreifachen, wurde nicht erfüllt. Hunt war mit seinem Latein aber noch nicht am Ende und rief daraufhin den „Red Code Club“ ins Leben, eine Gruppe von Geschäftsleuten, die den Dauerkartenverkauf ankurbeln sollte. Wer eine gewisse Anzahl an Saisontickets absetzte, bekam ein rotes Jackett und gehörte zum Klub.

Dieser Anreiz zahlte sich im wahrsten Sinne des Wortes aus. 1966 kamen bereits rund 22 000 Fans im Schnitt zu den Heimspielen, 1967 waren es schon 33 000 und 1969 bereits 42 000. Die Zuschauerzahlen hatten sich also innerhalb von sechs Jahren mehr als vervierfacht. Als glücklicher Umstand kam hinzu, dass die Chiefs auch sportlich immer besser wurden. 1966 wurde das Team wieder AFL-Meister – und durfte sich nun im neu erfundenen Finale mit dem besten NFL-Team messen, denn hinter den Kulissen hatte sich in den zurückliegenden Monaten eine Menge getan.

## AFL und NFL fusionieren

Nach anfänglichen Schwierigkeiten entwickelte sich die AFL im Laufe der Jahre vielversprechend weiter. Sie wurde immer mehr zur ernsthaften Gefahr für die NFL, deren Teambesitzer sie zu Beginn noch spöttisch als „Micky-Maus-Liga“ bezeichnet hatten. Die AFL bot mehr Unterhaltung, und das half, um den nächsten fetten TV-Deal an Land zu ziehen. Im Januar 1964 vereinbarte sie einen Fünfjahresvertrag mit der National Broadcasting Company (NBC) über insgesamt 36 Millionen US-Dollar, der ab der Saison 1965 griff. Damit hatte die neue Liga die nächste Stufe erklommen. Doch die NFL entpuppte sich wiederholt als harter Gegenspieler. Auch sie hatte ihre Hausaufgaben gemacht und ihre Fernsehrechte 1964 ebenfalls neu sortiert. Columbia Broadcasting System (CBS) überwies bis 1967 insgesamt 38 Millionen US-Dollar.

Als die AFL dem Versicherungsmakler Rankin Smith Sr. zu Beginn des Jahres 1965 das Angebot machte, ein AFL-Team in Atlanta zu gründen, funkte wieder die NFL dazwischen und köderte ihn mit dem gleichen Vorschlag. Smith entschied sich letztlich für die NFL, in der seine Atlanta Falcons ab der Saison 1966 mitwirkten. Die AFL schüttelte sich kurz und schickte ihren Geschäftsführer Joe Foss nach Miami. Dort konnte Foss Politiker Joe Robbie sowie TV-Star Danny Thomas überzeugen einzusteigen. Die Miami Dolphins waren nun das neunte Team der AFL und starteten ebenfalls ab der Saison 1966.

Foss hörte am 7. April 1966 als AFL-Commissioner auf. Einen Tag später trat Al Davis, General Manager und Head Coach der Oakland Raiders, dessen Nachfolge an. Ein (um es charmant auszudrücken) impulsiver Mann. Mit ihm an der Spitze wurde der Umgangston zwischen AFL und NFL sofort rauer, und schon wenig später kam es zum Eklat. Die New York Giants verstießen gegen die unausgesprochene Regel, dass Teams keine Spieler der anderen Liga verpflichteten, die noch einen laufenden Vertrag hatten – sie schnappten sich Pete Gogolak, den Kicker von AFL-Team Buffalo.

Davis platzte der Kragen. Schon länger hatten sich beide Ligen im Werben um die besten College-Talente immer wieder überboten. Das hatte zur Folge, dass Neulinge plötzlich mehr Geld verdienten als erfahrene Spieler, die schon einige Jahre Profi-Football auf dem Buckel hatten, worüber die Veteranen verständlicherweise wenig begeistert waren. Von Profis, die bereits länger bei einem NFL-Team unter Vertrag standen, hatte die AFL bis dahin aber die Finger gelassen. Das änderte Davis nun und erlaubte seinen Teams, ab sofort auch solche Spieler abzuwerben, und zwar bevorzugt Quarterbacks, die Stars der NFL. Das hatte zur Folge, dass die Gehälter plötzlich gewaltig anstiegen und sich die Klubkassen gleichzeitig rasch leerten. Die Mannschaften waren auf dem besten Weg, sich gegenseitig in den Ruin zu treiben. Das musste dringend verhindert werden.

Nun schlug erneut die große Stunde von „Strippenzieher" Lamar Hunt. Der Chiefs-Boss traf sich mit Tex Schramm, dem damaligen General Manager der Dallas Cowboys, zu ersten Geheimverhandlungen. NFL-Commissioner Pete Rozelle vermittelte zwischen beiden Parteien. Eine Lösung musste her. Man fand sie im Zusammenschluss. Am 8. Juni 1966 wurde verkündet, dass die AFL und NFL ab 1970 unter dem Namen NFL verschmelzen würden – unter der Führung von Rozelle als Commissioner. Und bereits ab 1967 sollte es eine gemeinsame Draft und ein gemeinsames Meisterschaftsspiel geben. Al Davis tobte. Er wusste von nichts, fühlte sich übergangen und im Stich gelassen. Am 25. Juli 1966 trat er schließlich wutentbrannt von seinem Posten als AFL-Boss zurück und ging zurück zu den Raiders. Rozelle übernahm nun, früher als eigentlich geplant, auch direkt die Führung der AFL.

Damit war Hunt über Umwege nun doch in den Besitz eines (künftigen) NFL-Teams gekommen. Und seinen Chiefs wurde direkt der rote Teppich zur größtmöglichen Bühne ausgerollt:

dem ersten Showdown zwischen dem AFL- und dem NFL-Champion. Das Spiel fand im Memorial Coliseum in Los Angeles statt, einem Stadion, das einem historischen Amphitheater nachempfunden ist. Der perfekte Ort für das erste Aufeinandertreffen der besten Football-Gladiatoren.

Das Finale, das damals noch den sperrigen und großspurigen Namen „AFL-NFL World Championship Game" trug, stieg am 15. Januar 1967. Gegner der Chiefs waren die Green Bay Packers, *das* Traditionsteam der NFL, Seriensieger und großer Favorit. Das Spiel lief kurioserweise parallel auf CBS und NBC, mit demselben Bild, aber unterschiedlichen Kommentatoren. Und es kam, wie viele vermutet hatten: Während die Chiefs das Spiel bis zur Halbzeit noch offen gestalten konnten, gerieten sie nach der Pause unter die Räder und verloren am Ende deutlich mit 10:35. Die „kleine AFL" war der „großen NFL" unterlegen. Noch. Denn die Kräfteverhältnisse sollten sich schon bald ändern. Auch dank der Chiefs.

## Hunt erfindet den Super Bowl

Bereits im Sommer 1966 – im Zuge der Fusionsverhandlungen zwischen der AFL und NFL – hatte Lamar Hunt einen weiteren „Geistesblitz". Als seine Tochter mit Flummis spielte, die in den USA „Super Balls" heißen, kam ihm die Idee, das ab 1967 geplante AFL-NFL-Finale „Super Bowl" zu nennen. Dabei gefiel ihm vor allem auch die Anlehnung an die College-Football-Finals, die traditionell schon länger in unterschiedlichsten Ausführungen „Bowl Games" hießen. Hunt stieß mit diesem Namen vor allem bei vielen Journalisten auf offene Ohren, jedoch auf Gegenwehr bei Pete Rozelle. Der NFL-Commissioner mochte die Bezeichnung Super Bowl nicht. Ihm klang das zu abgedroschen, zu primitiv. Das große Finale seiner NFL hatte einen besseren Namen verdient, fand er. Einen Gegenvorschlag hatte Rozelle aber nicht. Die Namensfindung zog sich in die Länge. Hunt blieb – stur und hartnäckig, wie er nun mal war – dran. Mit Erfolg! Ab der Saison 1968 wurde das AFL-NFL World Championship Game tatsächlich in Super Bowl umgetauft. Hunt hatte sich mal wieder durchgesetzt.

Den ersten „echten" Super Bowl gewannen sensationell die New York Jets aus der AFL, obwohl sie gegenüber den Baltimore Colts krasse Außenseiter waren. Die zwei bereits zuvor absolvierten AFL-NFL World Championship Games wurden rückwirkend ebenfalls als Super Bowl bezeichnet, womit die Kansas City Chiefs die historische Ehre hatten, in Super Bowl I dabei gewesen zu sein.

Und bereits in der Saison 1969 kehrten sie ins Rampenlicht zurück. Nach elf Siegen in der regulären AFL-Saison und zwei weiteren Erfolgen in den Playoffs gegen die Jets und Raiders erreichten sie zum zweiten Mal den Super Bowl. Und diesmal schnappten sie sich auch den Titel! In New Orleans gewannen sie gegen die eigentlich als überlegen eingestuften Minnesota Vikings aus der NFL mit 23:7. Zum besten Spieler des Finales wurde Quarterback Len Dawson gekürt (*mehr zu den Chiefs-Legenden in Kapitel* 6).

## Das Ende der AFL

Der Auftritt in Super Bowl IV war der letzte der Chiefs als ein Team der AFL, die Liga war jetzt Geschichte. Nach Super Bowl IV trat die bereits Jahre zuvor beschlossene Fusion zwischen der AFL und NFL in Kraft. Dieser Vorgang wird als „AFL-NFL Merger" bezeichnet. Die „moderne" NFL war geboren.

Mit der Gewissheit, dass man schon bald gemeinsame Sache machen würde, hatten sowohl die AFL als auch die NFL ihre Expansion in den vergangenen Jahren massiv vorangetrieben. Noch 1966 verkündete die NFL, dass ab 1967 mit den New Orleans Saints ein neues Team hinzukommen würde. 1968 rüstete auch die AFL noch mal nach – mit den Cincinnati Bengals. Mit diesen beiden neuen Organisationen hatte sich die Anzahl der Profi-Football-Teams in den USA zwischen 1959 und 1968 mehr als verdoppelt. Sie stieg von zwölf auf 26.

Allmählich entwickelte sich American Football zur Sportart Nummer eins der USA. In einer Umfrage aus dem Jahr 1965 gaben bereits 41 Prozent der Amerikaner an, dass American Football ihre Lieblingssportart sei. Damit wurde Baseball (38 Prozent) in der Beliebtheitsskala erstmals überholt – ein Riesenerfolg. Die NFL war nun die dominierende Sportmarke der USA, und dank des Fernsehens waren die Kassen aller Klubs voll. NFL-Commissioner Pete Rozelle schraubte die Einnahmen aus TV-Verträgen auf satte 185 Millionen US-Dollar hoch. Der Sender ABC zeigte NFL-Spiele ab 1970 landesweit nun auch montags, zur Primetime. Das war der Startschuss für die Sendung *Monday Night Football.*

Nach dem AFL-NFL Merger in der Saison 1970 wurde die Zugehörigkeit der Teams neu sortiert. Die Kansas City Chiefs kamen zusammen mit den anderen neun AFL-Teams Boston Patriots, Buffalo Bills, Cincinnati Bengals, Denver Broncos, Houston Oilers, Miami Dolphins, New York Jets, Oakland Raiders und San Diego Chargers in die American Football Conference (AFC). Die AFC wurde zudem aufgefüllt mit den NFL-Teams Baltimore Colts, Cleveland Browns und Pittsburgh

Steelers, die für diesen Wechsel jeweils drei Millionen US-Dollar „Entschädigung“ bekamen. AFC-Präsident wurde Lamar Hunt. NBC durfte alle AFC-Spiele zeigen.

Die übrigen 13 NFL-Teams Atlanta Falcons, Chicago Bears, Dallas Cowboys, Detroit Lions, Green Bay Packers, Los Angeles Rams, Minnesota Vikings, New Orleans Saints, New York Giants, Philadelphia Eagles, San Francisco 49ers, St. Louis Cardinals und Washington Redskins bildeten die National Football Conference (NFC), deren Vorsitz Bears-Ikone George Halas übernahm. Hier bekam CBS die Übertragungsrechte für die Spiele.

Die AFC und NFC wurden dabei noch mal in je drei Gruppen aufgeteilt: in die West-, Central- und East-Division mit je vier oder fünf Teams. Die Chiefs landeten in der AFC West mit den Broncos, Chargers und Raiders. Diese drei Teams sind auch heute noch ihre Division-Rivalen.

Als Lamar Hunt das Kapitel AFL abschloss, konnte er sich zufrieden zurücklehnen. Er hatte eine neue Footballliga etabliert und American Football dadurch zur beliebtesten Sportart der USA gemacht. Und auch aus seiner eigenen Mannschaft, die erst Texans und dann Chiefs hieß, wurde letztlich noch eine Erfolgsgeschichte. Sie beendete die AFL als das erfolgreichste Team der Ligageschichte, denn sie wurde als einziges Team dreimal Meister und erreichte – gemeinsam mit den Raiders – am häufigsten die Playoffs. Zwischen 1960 und 1969 feierten die Texans/Chiefs die meisten Erfolge aller Teams in der regulären Saison (87 Siege). Und sie waren jetzt tief verwurzelt in der Stadt Kansas City.

Trotzdem blieb der Triumph im Super Bowl IV für lange Zeit der letzte Titel für die Chiefs. Die Fans mussten 50 Jahre auf den Gewinn der nächsten Meisterschaft warten. Bis zur Saison 2019, als ein gewisser Patrick Mahomes die begehrte Trophäe endlich zurück in die Stadt brachte…

## Das längste Spiel aller Zeiten

Als neues Mitglied der NFL konnten die Chiefs zunächst erfolgreich bleiben. In der Saison 1971 gelang der Einzug in die Playoffs. Und auch dort waren sie wieder Teil eines historischen Matches. Am 25. Dezember 1971, also am amerikanischen Weihnachtstag, lieferte sich Kansas City im eigenen Stadion ein packendes Duell mit den Dolphins. Ed Podolak, der Running Back der Chiefs, machte das Spiel seines Lebens und sorgte allein für 350 Yards Raumgewinn. Die Entscheidung fiel erst nach zweimaliger Verlängerung. Drama pur! Am Ende war Miami nach 82 Minuten und 40 Sekunden Nettospielzeit der glückliche Sieger. Diese Partie ist bis heute die längste, die je in der NFL über die Bühne ging. Und war zudem das letzte Spiel der Chiefs im Municipal Stadium, denn 1972 bezogen sie ihr neues Zuhause: das frisch fertiggestellte Arrowhead Stadium *(mehr dazu in Kapitel 7)*.

Bedauerlicherweise sah dieses neue „Schmuckkästchen" jahrelang keinen Playoff-Football. Die dramatische Niederlage in der Marathonpartie gegen die Dolphins hatte den Chiefs einen nachhaltigen Knacks versetzt. Sie waren in der Folge nur graues Mittelmaß, bis zum nächsten Gewinn ihrer Division vergingen 22 lange Jahre. Zwischen 1972 und 1985 erreichten sie kein einziges Mal die Playoffs, und in den ersten 20 Jahren seit Bestehen der „modernen NFL" standen sie nur schlappe zweimal in der Meisterrunde.

Die Chiefs befanden sich im Umbruch. Mit dem Einzug ins Arrowhead wurde die schlichte Abkürzung KC für Kansas City in einer Pfeilspitze (bis dahin nur das Emblem auf den Football-Helmen) zum Haupt-Logo des Teams. Der amerikanische Ureinwohner mit dem Tomahawk in der Hand wurde in Rente geschickt.

Im Laufe der 1970er-Jahre zog sich Teamgründer Lamar Hunt immer mehr aus dem operativen Geschäft zurück. Bereits 1972 wurde er als erster Akteur mit AFL-Vergangenheit in die Pro Football Hall of Fame der NFL berufen. Hunt, der darauf bestand, dass er in den Medienleitfäden des Teams als Gründer der Chiefs und nicht als Eigentümer aufgeführt wurde, gab seinen Job als Teampräsident 1977 an seinen langjährigen Assistenten Jack Steadman ab. Als Würdigung seiner herausragenden Leistungen für den Profi-Football im Allgemeinen und die NFL im Speziellen wurde ab der Saison 1984 der Pokal für den Gewinner des AFC Championship Games offiziell als „Lamar Hunt Trophy" bezeichnet.

Leider konnte er ihn zeitlebens nie selbst als Sieger in die Luft recken, denn bei den Chiefs wurden über viele Jahre Fehler in der Kaderzusammenstellung gemacht. Ein Beispiel: Wie schon erwähnt, entschieden sie sich in der NFL-Draft 1983 in der ersten Runde an siebter Stelle für Quarterback Todd Blackledge. Ebenfalls verfügbar waren zu diesem Zeitpunkt aber unter anderem auch noch Dan Marino und Jim Kelly, die dann stattdessen bei den Miami Dolphins und den Buffalo Bills zu absoluten Topstars reiften.

## Joe Montana: ein Superstar bei den Chiefs

Sportlicher Erfolg stellte sich bei den Chiefs erst wieder in den 1990er-Jahren ein. Während in den zwei Jahrzehnten zuvor fünf verschiedene Head Coaches gescheitert waren, brachte Marty Schottenheimer (*mehr zu ihm in Kapitel 6*) die Mannschaft endlich wieder zurück in die Spur. Zudem war es gelungen, im Frühjahr 1993 Superstar-Quarterback Joe Montana zum Ende seiner Karriere nach Kansas City zu lotsen. Montana ist für viele der „GOAT“ (Greatest of all Time). Während er von 1979 bis 1992 bei den San Francisco 49ers wirkte, stellte er diverse Rekorde auf und gewann viermal den Super Bowl. In drei dieser Endspiele wurde er zum MVP gewählt. Montana hat nie ein Finale verloren und war bekannt dafür, in engen Spielen den Unterschied auszumachen. Er galt zwar nicht als besonders wurf-, dafür aber als herausragend nervenstark. Seine Spitznamen lauteten „Comeback Kid“, „Joe Cool“ und „Montana Magic“.

Da Montana bei den 49ers aber irgendwann vom heute ebenfalls legendären Spielmacher Steve Young auf die Bank verdrängt wurde, trat er die Flucht nach vorne an – und bat 1993 um einen Wechsel zu den Chiefs, bei denen er fortan noch zwei Jahre spielte und 1994 seine Fabelkarriere beendete.

Zusätzlich zu Montana verpflichtete Kansas City auch noch Marcus Allen, einen der besten Running Backs aller Zeiten. Allen war der erste NFL-Spieler, der in seiner Karriere für über 10 000 Rushing Yards und 5000 Receiving Yards sorgte. Nach begeisternden Anfangsjahren bei den Los Angeles Raiders war er dort aufgrund von Verletzungsproblemen auf das Abstellgleis geraten. Die Chiefs gaben ihm eine neue Chance. Und der Plan ging zunächst auf: Montana und Allen erlebten 1993 in Kansas City ihren „zweiten Frühling“ und lieferten ab. Doch zur Meisterschaft reichte es nicht. Zwar gelang den Chiefs erstmals in ihrer Geschichte der Einzug ins AFC Championship Game. Das ging aber gegen die Buffalo Bills mit 13:30 verloren. Montana musste kurz nach Beginn der zweiten Halbzeit mit einer Gehirnerschütterung vom Platz.

Und auch im Folgejahr misslang der ganz große Wurf. 1994 flogen die Chiefs bereits in der ersten K.-o.-Runde gegen die Dolphins raus. Es war wie ein Fluch. Die Chiefs litten jahrelang unter einer Playoff-Allergie. In der regulären Saison waren sie meist stark, wenn es jedoch in den Alles-oder-nichts-Spielen darauf ankam, verließen sie den Platz als Verlierer. Zwischen 1994 und 2015 konnte Kansas City kein einziges Playoff-Duell gewinnen.

## Abschied von Lamar Hunt

Lamar Hunt verstarb am 13. Dezember 2006 nach langer Krankheit in Dallas an Komplikationen nach einer Prostatakrebs-Operation. Als Zeichen der Trauer wurden in Kansas City in den darauffolgenden 48 Stunden alle Fahnen in der Stadt auf halbmast gesetzt.

An dem Tag, als Hunt ins Krankenhaus eingeliefert wurde, erfüllte ihm die NFL noch einen letzten großen Wunsch. Er hatte sich schon länger dafür starkgemacht, dass es in Zukunft an Thanksgiving, einem wichtigen Feiertag in den USA, statt den traditionellen zwei sogar drei NFL-Spiele geben sollte. Und am 23. November 2006 war es dann tatsächlich so weit: Zur besten TV-Sendezeit bezwangen ausgerechnet seine Chiefs die Denver Broncos mit 19:10. Es war das erste Duell von zwei früheren AFL-Teams an Thanksgiving. Hunt hatte sich mal wieder durchgesetzt.

„Seine Visionen haben den Profi-Football verändert. Er hat dazu beigetragen, dass eine regionale Sportart zur Leidenschaft einer gesamten Nation wurde", sagte der aktuelle NFL-Commissioner Roger Goodell in seiner Trauerrede. Jerry Jones, seit 1989 Besitzer der Dallas Cowboys, betonte: „Lamar war die Schlüsselfigur bei der Zusammenführung der NFL und AFL. Sie werden sich schwertun, jemanden zu finden, der einen größeren

Beitrag für die NFL geleistet hat, als Lamar Hunt." Und Chiefs-Präsident Carl Peterson erklärte: „Für Kansas City ist er mehr als nur der Besitzer einer professionellen Sportmannschaft. Er hat hier tausende Arbeitsplätze geschaffen." In den Jahren 1973 und 1982 hatte Hunt zwei gigantische Vergnügungsparks in der Stadt eröffnet: „Worlds of Fun" und „Oceans of Fun".

Spuren hinterlassen hat Hunt auch in anderen Sportarten. Neben American Football waren Fußball und Tennis seine Leidenschaft. Er war Hauptgründer der Major League Soccer und Mitgründer der World Championship Tennis-Tour, die den Tennissport professionalisierte. 1992 wurde er in die National Soccer Hall of Fame und 1993 in die International Tennis Hall of Fame aufgenommen. In der Pro Football Hall of Fame war er ja schon seit 1972.

In vier Jahrzehnten holten „seine" Teams 14 große Titel, allein sechs davon die NBA-Basketballer der Chicago Bulls in den 1990er-Jahren. Seit 2010 steht eine Bronzestatue von Lamar Hunt vor dem Arrowhead Stadium. Auch die MLS-Teams FC Dallas und Columbus Crew haben ihn mit einer Skulptur vor ihren Arenen gewürdigt. Seit 2006 ist der AFL-Patch, ein Aufnäher auf den Trikots der Chiefs, mit seinen Initialen LH versehen. Lamar Hunts Erbe ist allgegenwärtig.

Seine Nachfolge als Geschäftsführer bei den Chiefs übernahm 2006 sein zweiter Sohn Clark. Dass dieser die Geschäfte als CEO weiterführt, wurde im Familienrat entschieden, zu dem noch seine drei Geschwister Lamar Hunt Jr., Sharron Munson und Daniel Hunt gehören. Clark Hunt vertritt die Chiefs bei allen Eigentümerversammlungen der Liga und kümmert sich um die täglichen Aufgaben des Teams.

# #6 DIE LEGENDEN DER CHIEFS

## „Die Chiefs sind eine Kultmarke"

Wer auf die über 100-jährige Geschichte des Profi-Footballs in den USA schaut, stößt auf Teams mit längerer Tradition als die der Kansas City Chiefs. Die Arizona Cardinals (früher die Chicago Cardinals) und die Chicago Bears (ursprünglich die Decatur Staleys) zum Beispiel sind beide seit 1920 in der NFL und waren also von Anfang an dabei. Die Green Bay Packers folgten ein Jahr später. Es gibt auch Mannschaften, die mehr Meisterschaften geholt haben als die Kansas City Chiefs. Auch hier haben die Packers die Nase vorn. Bei Druck dieses Buches sind sie mit insgesamt 13 Titeln (neunmal NFL-Meister, viermal Super-Bowl-Sieger) der Rekordchampion. Und während die Chiefs 50 Jahre auf ihren zweiten Sieg im Super Bowl warten mussten, hatten die New England Patriots und die Pittsburgh Steelers regelmäßiger Grund zum Jubeln: Sie sind mit je sechs Erfolgen beim Super Bowl (also seit 1966) die Rekordchampions.

Trotzdem sind die Kansas City Chiefs laut NFL-Starreporter Ian Rapoport eine „Kultmarke". Wie bereits im vorherigen Kapitel geschildert, hat das Team, das bei seiner Gründung 1960 bis zu seiner Umbenennung drei Jahre später Dallas Texans hieß und bis 1969 der American Football League (AFL) angehörte, seinen festen Platz in den Geschichtsbüchern des amerikanischen

Profi-Footballs. Ohne Teamgründer und „Strippenzieher“ Lamar Hunt würde es den Super Bowl heute nicht geben. Wahrscheinlich würde es sogar die NFL in ihrer heutigen Form nicht geben. Bei den Chiefs hatten Cheftrainer das Sagen, die die Liga mit ihrer Arbeit und ihren Ideen nachhaltig weiterentwickelt haben. Und in Kansas City entfalteten sich die Karrieren einiger Spieler, die heute vergöttert werden.

Als die American Football League 1969 ihre Pforten schloss, wurden elf Spieler der Chiefs in das AFL All-Time-Team gewählt – so viele wie aus keiner anderen Mannschaft. Bis heute sind 25 Männer mit Chiefs-Vergangenheit in die Pro Football Hall of Fame in Canton/Ohio aufgenommen worden. Beeindruckend!

Auch der Diskriminierung afroamerikanischer Spieler wurde hier einiges entgegengesetzt. Als Lamar Hunt 1960 die heutigen Chiefs gründete, war Rassismus in den USA noch allgegenwärtig, auch im Football. Schwarze wurden diskriminiert, im Sport oft nicht beachtet. Das änderte sich mit Hank Stram, dem ersten Head Coach der Chiefs. Ihm waren Herkunft und Hautfarbe seiner Spieler egal. „Hauptsache, sie machen meine Mannschaft besser“, sagte er. Die Chiefs wählten 1963 als erstes Profi-Football-Team einen Afroamerikaner als „First Overall Pick“ im NFL Draft der besten College-Talente aus. Bereits 1969 standen acht Afroamerikaner in der Startaufstellung ihrer Verteidigung.

In der über 60 Jahre langen Historie der Texans/Chiefs gab es Helden, Tränen, Rekorde und geplatzte Träume. Es gab große Siege und herbe Niederlagen, enge Freundschaften und ärgste Rivalen, steile Karrieren und tragische Todesfälle. Langweilig war es nie. Vorhang auf für die erfolgreichsten und beliebtesten Chiefs aller Zeiten.

## Der Rekordtrainer

Seit Gründung der Dallas Texans/Kansas City Chiefs hatte das Team bis heute 13 Cheftrainer. **Hank Stram** (1923–2005) war der erste – und ein echter Pionier. Stram galt als exzellenter Motivator und Footballlehrer, der sich selbst alles hart erarbeiten musste. Sein Vater, ein aus Polen stammender Profi-Wrestler, verstarb früh. Stram selbst träumte von einer großen Karriere als Footballer. Er schaffte es auch ans College, spielte als Running Back für die Purdue University. Herausragendes Talent hatte er aber nicht. Also probierte er es als Trainer. Von 1948 bis 1955 blieb er zunächst an der Purdue University und wurde Assistenzcoach der „Boilermakers". Danach heuerte er an der Southern Methodist University in Dallas, der University of Notre Dame in Indiana und der University of Miami an. In der Footballszene war er damals noch relativ unbekannt, aber einer hatte ihn auf dem Schirm: Lamar Hunt, Multimilliardär und frischgebackener Gründer der American Football League.

Hunt wollte für seine neugegründeten Dallas Texans aus der AFL eigentlich einen renommierten Cheftrainer verpflichten. Doch bei Bud Wilkinson (Head Coach der University of Oklahoma) und Tom Landry (zuvor Defensive Coordinator bei NFL-Team New York Giants) kassierte er Absagen. Wilkinson blieb lieber in Oklahoma, und Landry ging lieber als Head Coach zu den Dallas Cowboys aus der NFL. Nun musste sich Hunt etwas einfallen lassen – und erinnerte sich an Stram. Hunt spielte früher als Wide Receiver für das College-Team der Southern Methodist University *(siehe Kapitel 5)*, während Stram dort zum Trainerstab gehörte. Nun, ein paar Jahre später, griff Hunt zum Telefonhörer und versuchte Stram, der zu dieser Zeit in Miami arbeitete, als sportlich Verantwortlichen zu seinen Texans zu locken. Stram konnte sich zwar nicht mehr an Hunt erinnern, war aber neugierig. Obwohl beide charakterlich völlig unterschiedlich waren (Hunt war sehr zurückhaltend, Stram eher extrovertiert), verstanden sie sich auf Anhieb blendend. Beide einte der Traum, eine große Rolle im Profi-Football zu spielen. Am Ende verständigte man sich auf eine Zusammenarbeit. Es war der Beginn einer Ära.

Stram entpuppte sich schnell als taktisches Genie und cleverer Stratege, der American Football sowohl offensiv als auch defensiv teilweise völlig neu dachte. Seine Spielstrategie beruhte darauf, beim Gegner für Verwirrung und Überraschung zu sorgen. Bemerkenswerterweise hatte er nie einen Offensive Coordinator, Defensive Coordinator oder Special Teams Coordinator an seiner Seite, sondern machte alles allein. Stram war ein eher kleiner, untersetzter Mann, der sich auf die Zehenspitzen stellen musste, wenn er seinen Spielern etwas ins Ohr flüstern wollte – und doch ein Großer seines Fachs. An Spieltagen war er stets schick angezogen: meist im Anzug, mal mit Krawatte und Einstecktuch, mal mit modischem Hut. Heutzutage würde man ihn als „Players Coach" bezeichnen, als jemanden, der die Sprache seiner Spieler sprach. Mit vielen hielt er bis zu seinem Tod engen Kontakt.

Stram machte die Dallas Texans/Kansas City Chiefs zur besten Mannschaft der AFL. Sein Team holte die meisten Siege (87), stand am häufigsten in den Playoffs (siebenmal) und hat die beste Sieg-Niederlage-Bilanz in den Playoffs (5:2). Er führte den Klub zu drei AFL-Meisterschaften (1962, 1966 und 1969) und zwei Super-Bowl-Teilnahmen. Der erste gegen die Green Bay Packers ging verloren, der zweite gegen die Minnesota Vikings endete im Triumph. Während dieses Spiels trug Stram ein Mikrofon an seiner Kleidung. Das hatte er einen Tag vorher mit einem Mitarbeiter der Medienabteilung der NFL so abgemacht. Damit war er der erste Trainer, dessen Sätze am Spielfeldrand für die landesweiten TV-Zuschauer zu hören waren – und wurde Kult! Sein bekanntester Spielzug ist der sogenannte „65 Toss Power Trap“, durch den die Chiefs im Endspiel gegen die Vikings einen Touchdown erzielten.

Stram ist bis heute der am längsten amtierende und siegreichste Cheftrainer in der Historie der Chiefs. Als er 1974 in Kansas City vor die Tür gesetzt wurde, übernahm er wenig später die New Orleans Saints mit ihrem verletzungsgeplagten Quarterback Archie Manning. Seinen ersten Sieg mit den Saints feierte er in der Saison 1976 ausgerechnet bei den Chiefs im Arrowhead Stadium. Doch anhaltender Erfolg blieb aus. Nach nur zwei Spielzeiten musste Stram wieder seine Koffer packen. Daraufhin beendete er seine Trainerkarriere und arbeitete fortan als Footballkommentator. Unter anderem berichtete er fast 20 Jahre lang (von 1978 bis 1995) für CBS Radio von den „Monday Night Football“-Begegnungen in der NFL. Er besaß die geniale Fähigkeit, Spielzüge vorauszuahnen. Als er 2003 in die Pro Football Hall of Fame aufgenommen wurde, war er bereits stark von seiner Diabeteserkrankung geschwächt und musste im Rollstuhl auf die Bühne geschoben werden. Seine Dankesrede wurde vom Band abgespielt. Er starb zwei Jahre später.

## Der erste MVP

Zur feierlichen Zeremonie seiner Aufnahme in die Pro Football Hall of Fame wurde Stram von **Len Dawson** (1935 – 2022) begleitet, seinem Quarterback bei den Chiefs. Stram und Dawson verband über Jahrzehnte eine enge Freundschaft. Stram hatte Dawson 1962 zu den Dallas Texans geholt, obwohl dieser schon auf dem Football-Abstellgleis stand. Bei den NFL-Teams Pittsburgh Steelers (1957–1959) und Cleveland Browns (1960–1961) war Dawson gescheitert. In fünf Spielzeiten durfte er insgesamt nur 45 Pässe werfen. Mit 27 Jahren stand er plötzlich vor dem Nichts. Bis ihn Stram anrief: „Bei mir spielst du sofort!" Stram und Dawson kannten sich zu diesem Zeitpunkt bereits ein paar Jahre. Dawson hatte ab 1953 College Football an der Purdue University gespielt, wo Stram als Assistenztrainer tätig war. Ihr Kontakt brach nie ab.

Nun wollte Stram seinen früheren Schüler unbedingt in die AFL lotsen. Problem: Texans-Besitzer Lamar Hunt hielt gar nichts von Dawson und legte sein Veto ein. Doch Stram setzte sich letztlich durch. Zum Glück, denn Dawson wurde in den Folgejahren zum besten Quarterback der Liga. Von 1962 bis 1969 warf er so viele Touchdowns wie kein anderer im Profi- Football. Gleich in seiner ersten Saison führte er seine Mannschaft zum Titel und wurde zum Most Valuable Player (MVP) der AFL gewählt. Es folgten zwei weitere Meisterschaften und der Erfolg im Super Bowl IV, in dem er ebenfalls zum besten Spieler gekürt wurde. In der Saison 1964 gelangen ihm 30 Touchdowns in nur 14 Spielen – ein Chiefs-Rekord, der bis 2018, also 54 Jahre, Bestand hatte. Dann knackte jemand diese Bestmarke und brauchte nur zehn Spiele dafür. Wer? Natürlich Patrick Mahomes!

Dawson war bekannt für sein extrem gelassenes Auftreten im Spiel. Egal, was passierte: „Lenny The Cool" war nicht aus der Ruhe zu bringen. Er war in seinen Würfen sehr zielsicher und hatte zudem keine Angst, auch mal selbst mit dem Ball zu laufen, wenn es erforderlich war. Bei Druck dieses Buches ist er Chiefs-Rekordhalter in den Kategorien Passing Yards und

Passing Touchdowns. Jeweils knapp vor Mahomes. Lawsons Rückennummer 16 wird in Kansas City nicht mehr vergeben. 1987 wurde er in die Pro Football Hall of Fame aufgenommen – 16 Jahre *vor* seinem Mentor Hank Stram. Nach seiner aktiven Karriere kommentierte Lawson über 30 Jahre lang die Chiefs-Spiele für den vereinseigenen Radiosender.

## Der legendäre „Babysitter-Vorfall"

Zu den Lieblingsanspielstationen von Len Dawson zählte **Otis Taylor** (1942 – 2023), ein Wide Receiver, der von 1965 bis 1975 ausschließlich für die Chiefs spielte. Taylor war ein sicherer Ballfänger und ebenso guter Blocker, der seinen Mitspielern oft den Weg freiräumte. Seinen größten Auftritt hatte er im Super Bowl IV gegen die Minnesota Vikings, als er Ende des dritten Viertels einen kurzen Pass von Dawson bekam, dann an der Seitenlinie reihenweise Gegenspieler aussteigen ließ und letztlich nach einem 46-Yard-Lauf ins Ziel kam. Touchdown! Das Spiel war entschieden, die Chiefs gewannen 23:7. Mit seinen insgesamt 7306 Yards Raumgewinn nach Passfängen ist er bis heute der drittbeste Passempfänger in der Geschichte der Chiefs.

Dass Taylor 1965 überhaupt bei den Chiefs landete, hängt mit dem legendären „Babysitting Incident" (zu Deutsch: „Babysitter-Vorfall") zusammen. Folgendes war passiert: Mitte der 1960er Jahre war zwischen der NFL und AFL ein irres Wettrennen um die besten College-Talente entbrannt (*siehe Kapitel 5*), das immer absurdere Formen annahm. Otis Taylor hatten viele Teams beider Profi-Football-Ligen auf dem Radar. Damit ja keine andere Mannschaft mit ihm reden konnte, bekam er von den Dallas Cowboys aus der NFL einen Aufpasser (einen „Babysitter") an die Seite gestellt. Der ließ Taylor fortan nicht mehr aus den Augen und verfrachtete ihn, angeblich aus „Sicherheitsgründen", jede Nacht in ein anderes Hotel.

Der damalige Chiefs-Scout Lloyd Wells, ein langjähriger Freund der Familie Taylor, bekam das aber mit und war den beiden dicht auf den Fersen, wie in einem Agentenkrimi. Am 28. November 1964 um drei Uhr nachts schließlich – Stunden später sollte der Draft sowohl in der NFL als auch in der AFL über die Bühne gehen – rollte Wells in einem roten Ford Thunderbird auf den Parkplatz des Continental-Inn-Motels in Richardson/Texas und informierte Otis Taylor darüber per Telefon. Der sprang daraufhin aus dem Fenster seines Hotelzimmers – und in Wells' Auto. Gemeinsam flüchteten sie zum Flughafen nach Fort Worth und flogen nach Kansas City. Noch am Abend desselben Tages unterzeichnete Taylor einen Dreijahresvertrag bei den Chiefs in der AFL und nicht bei den Cowboys in der NFL. Ätsch, bätsch!

## Ausnahmekicker

Ebenfalls ungewöhnlich startete **Jan Stenerud** (*1942) in seine Profisport-Karriere. Weil der Norweger als Jugendlicher in seiner Heimat überdurchschnittlich gut im Skispringen war, bekam er 1963 als 19-Jähriger das Angebot, für ein Sportstipendium an die Montana State University zu kommen. Bis dahin hatte er noch keine Sekunde Football in seinem Leben gespielt. Erst als er eines Tages aus Spaß in einer Trainingshalle sehr erfolgreich ein paar Bälle durch die Football-Torstangen schoss, wurde sein Talent auch für diese Sportart entdeckt – und zwar vom Basketballtrainer des Colleges, der dann den Football-Coach über Stenerúds Können informierte. Kurz darauf wurde der Skispringer aus dem hohen Norden Europas der neue Kicker der Montana Bobcats. 1965 verwandelte Stenerud für seine Mannschaft ein Field Goal aus 59 Yards. Das war vor ihm noch niemandem gelungen, nicht am College und auch nicht in einer Profi-Football-Liga. Durch die Fähigkeiten des Norwegers konnte seine Mannschaft jetzt plötzlich aus viel weiteren Entfernungen Punkte erzielen. Das machte ihn natürlich auch für die Scouts aus der NFL und AFL interessant. Schon bald hängte Stenerud seine Skibretter an den Nagel und machte Football zu seinem Beruf.

Kansas City draftete ihn 1966 in der dritten Runde. Seine einzigen Aufgaben: Field Goals und Extrapunkte schießen. Das war ungewöhnlich, denn damals spielten Profi-Footballer noch auf mindestens zwei, wenn nicht sogar drei unterschiedlichen Positionen. Einen „reinen" Kicker gab es bis dahin nicht. Und der Norweger, der 1976 die amerikanische Staatsbürgerschaft annahm, revolutionierte das Kicken auch noch: Er nahm anders Anlauf und schoss anstatt wie bis dahin üblich mit der Picke mit dem Spann. Diese Technik nahmen sich später alle zum Vorbild. Zwischen 1967 bis 1979 verpasste Stenerud kein Spiel für die Chiefs. Zum Sieg im Super Bowl IV gegen die Minnesota Vikings (23:7) steuerte er drei Field Goals bei. Als er seine Karriere nach 19 NFL-Jahren beendete (von 1980 bis 1985 stand er noch bei den Green Bay Packers und den Minnesota Vikings unter Vertrag) hatte er 67 Prozent seiner Field Goals und 97 Prozent seiner Extrapunkte für insgesamt 1699 Punkte verwandelt. Die Chiefs haben seine Trikotnummer 3 nie wieder vergeben. 1991 wurde Stenerud als erster „reiner" Kicker in die Pro Football Hall of Fame aufgenommen.

Heute lebt Stenerud wieder in Kansas City. Und ärgert sich wahrscheinlich noch immer über das eine Spiel, wo er mal keinen guten Tag hatte. 1971 im längsten Spiel aller Zeiten gegen die Miami Dolphins *(siehe Kapitel 5)* verschoss er drei Field Goals – seine Chiefs verloren das Duell nach zweimaliger Verlängerung. Stenerud war emotional so am Boden, dass er sofort nach Ende der Partie zurücktreten wollte. Das konnte glücklicherweise verhindert werden.

1979 wurde er dann allerdings von den Chiefs entlassen. An seiner Stelle sollte nun **Nick Lowery** (*1956) den Job des Kickers übernehmen. Der trat natürlich in riesige Fußstapfen, machte seinen Job aber letztlich genauso gut wie Stenerud. Lowery blieb bis 1993 und avancierte in dieser Zeit mit 1466 Punkten in 14 Spielzeiten zum „All Time Leading Scorer" der Chiefs. Als er 1996 seine Karriere beendete (nach den Chiefs war er noch drei Jahre bei den New York Jets), hatte er die meisten Field Goals in der Geschichte der NFL geschossen (383) sowie 80 Prozent seiner Field Goals, 98,9 Prozent seiner Extrapunkte und die meisten Field Goals aus über 50 Yards verwandelt. Das alles waren ebenfalls Bestwerte. Trotzdem ist Lowery bis heute nicht in die Pro Football Hall of Fame aufgenommen worden. Für viele Chiefs-Fans völlig unverständlich.

## Zwei ligaweit gefürchtete Verteidiger

Schon lange Mitglieder in der Ahnengalerie des Profi-Footballs sind zwei Verteidiger der Chiefs.

**Bobby Bell** (*1940) spielte von 1963 bis 1974 ausschließlich für Kansas City; die ersten zwei Jahre als Defensive Tackle und Defensive End, ab 1965 dann als linker Outside Linebacker. Auf dieser Position entwickelte sich Bell zu einem der Besten aller Zeiten. Seine Größe und Schnelligkeit machten ihn zum gefürchteten

Zweikämpfer. Von 1964 bis 1972 wurde er jedes Jahr in das All-Star-Team der Liga gewählt. Bell war ein Vollathlet, über den Head Coach Hank Stram sagte: „Bobby könnte ich überall auf dem Feld hinstellen. Der könnte alle 22 Positionen spielen." Stram setzte ihn auch in den Special Teams ein, als Longsnapper. Bell, der bereits als 16-Jähriger ein Angebot von Profi-Baseball-Team Chicago White Sox bekommen hatte und nur zu den Chiefs in die AFL gewechselt war, weil sie ihm 500 US-Dollar mehr geboten hatten als die Minnesota Vikings aus der NFL, wurde 1983 in die Pro Football Hall of Fame aufgenommen – als erster Spieler der Chiefs und als erster Outside Linebacker. Seine Rückennummer 78 wird bei Kansas City nicht mehr vergeben.

Bells kongenialer Partner und ein ebenso rigoroser Linebacker war lange **Willie Lanier** (*1945). Ihn holten die Chiefs als Reaktion auf die Pleite gegen die Green Bay Packers in Super Bowl I *(siehe Kapitel 5)*. Dieses Spiel hatte deutlich gemacht, dass sie ihre Verteidigung unbedingt verbessern mussten. Bell und Lanier wurden gemeinsam mit **Jim Lynch** (1945 – 2022) in der von Hank Stram bei den Chiefs installierten „Triple Stack Defense" zum gefürchtetsten Linebacker-Trio der Liga. Vor allem dank ihnen hatten die Chiefs Ende der 1960er/Anfang der 1970er Jahre eine der besten Abwehrreihen aller Teams.

Lanier war der erste Afroamerikaner auf der Position des Middle Linebackers im Profi-Football. Er spielte von 1967 bis 1977 ebenfalls ausschließlich für die Chiefs, war der „Leader der Defense" und wurde von 1968 bis 1975 ebenfalls durchgehend für das All-Star-Game der Liga nominiert. Zwischen 1968 bis 1977 verpasste er nur ein Spiel. 1972 wurde ihm der NFL Man of the Year Award für seine Wohltätigkeitsarbeit abseits des Rasens verliehen. Seine Aufnahme in die Pro Football Hall of Fame erfolgte 1986, sein Trikot mit der Nummer 63 darf bei den Chiefs auch nie wieder jemand anderes tragen. Einer seiner Spitznamen lautete „Contact“. Weil seine Tackles so hart waren, verpasste der damalige Equipment-Manager der Chiefs Laniers Helm eine Extrapolsterung. Aber nicht innen, um ihn selbst zu schützen, sondern außen, um seine Gegenspieler vor Verletzungen zu bewahren!

## Die zwei einzigen First Overall Picks

Erst zweimal durften die Kansas City Chiefs in ihrer Geschichte im Draft der besten College-Talente an erster Stelle auswählen: 1963 in ihrer Premieren-Saison unter neuem Namen als Mitglied der AFL und 2013 als Team der NFL. Beide Male lagen sie mit ihrer Wahl rückblickend goldrichtig.

1963 entschieden sie sich für **Buck Buchanan** (1940–1992). Der Defensive Tackle war mit 122 Kilo purer Kraft bei 2,01 Meter Körpergröße eine wuchtige Erscheinung, trotz seiner Masse aber überraschend flink auf den Beinen. Buchanan war der erste Afroamerikaner im Profi-Football, der als „First Overall Pick“ im Draft vom Bord ging. Er spielte ausschließlich für die Chiefs und machte bis 1975 insgesamt 182 Spiele, davon 166 Partien am Stück. Gemeinsam mit Curley Culp bildete er eine schier unüberwindbare Verteidigungsfront, die im Super Bowl IV beim 23:7 gegen die Minnesota Vikings auch größtem Druck standhielt und insgesamt nur 67 Rushing Yards bei 19 Versuchen zuließ. Buchanan war ein Prototyp in der Entwicklung seiner Spielposition für kommende Generationen: groß, schnell und wendig.

Nach seiner aktiven Karriere verfolgte er kurzzeitig eine Laufbahn als Footballtrainer und arbeitete bei den New Orleans

Saints und Cleveland Browns. 1978 kehrte er aber nach Kansas City zurück, eröffnete ein Restaurant und stieg ins Baugeschäft ein. Tragisch: Nur wenige Tage vor seiner Aufnahme in die Pro Football Hall of Fame der NFL im Jahr 1990 wurde bei Buchanan Lungenkrebs diagnostiziert; er verstarb 1992 im Alter von nur 51 Jahren. Seine Trikotnummer 86 ist bei den Chiefs gesperrt.

Der zweite und bislang letzte First Overall Pick der Chiefs im Draft war **Eric Fisher** (*1991) im Jahr 2013 – wieder ein Tackle, diesmal aber ein Offensive Tackle. Nach anfänglichen Schwierigkeiten (Fisher spielte in seiner ersten Chiefs-Saison auf einer für ihn ungewohnten Position) reifte er im Laufe der Jahre zu einem Leistungsträger heran. Die Krönung seiner Karriere: der Gewinn des Super Bowls in der Saison 2019 als Beschützer von Patrick Mahomes.

## Historische Vater-Sohn-Kombi

**Ed Budde** (1940 – 2023) hat die Offensive Line der Chiefs geprägt wie kaum jemand sonst in der Vereinsgeschichte. Budde wurde, genau wie Buck Buchanan, 1963 in der ersten Runde des AFL-Drafts ausgewählt. Die Erwartungen, die man an den fast zwei Meter großen Hünen mit den riesigen Händen hatte, waren immens. Doch Budde übertraf sie sogar! Er spielte als linker Guard bis 1976 ausschließlich für Kansas City – das sind 14 Jahre! Ein Jahr länger war nur Punter **Jerrel Wilson** [1941–2005] unter Vertrag. Zwischen 1963 und 1971 verpasste Budde kein einziges Spiel. Er gewann mit den Chiefs zweimal die AFL-Meisterschaft und 1969 auch den Super Bowl. Als die AFL mit der NFL fusionierte, wurde er in das AFL

All-Time-Team gewählt. Welchen positiven Einfluss Budde auf seine Mannschaft hatte, machte ein Spiel 1968 gegen die Oakland Raiders deutlich: Weil alle Passempfänger in dieser Partie verletzt fehlten, ließ Trainer Hank Stram den Ball 60-mal laufen (bei nur drei Passversuchen). Budde und seine Nebenleute verrichteten so gute Arbeit, dass die Taktik tatsächlich aufging und die Chiefs mit 24:10 gegen ihren Erzrivalen gewannen. Budde wurde daraufhin zum AFL Offensive Player of the Week gewählt. Es war das erste Mal überhaupt, dass ein Offensive Liner diese Auszeichnung bekam. Und noch etwas macht den Namen Budde bei den Chiefs besonders: Auch Eds Sohn **Brad Budde** (*1958) spielte später, von 1980 bis 1986, ausschließlich für Kansas City. Auch er war ein Erstrunden-Pick. Auch er spielte in der Offensive Line. Ed und Brad waren somit die erste Vater-Sohn-Kombi im Profi-Football, die in der ersten Draft-Runde vom selben Team auf derselben Position ausgewählt wurde. Verrückt.

## Der Rekordspieler

Irre: Offensive Liner **Will Shields** (*1971), der als rechter Guard eingesetzt wurde, war von 1993 bis 2006 in Kansas City unter Vertrag und hat in all diesen Jahren kein einziges Spiel verpasst! Er stand 231 Partien in Folge (reguläre Saison und Playoffs) auf dem Platz. Das ist NFL-Rekord für seine Position.

Dass er ein Meister seines Fachs war, beweist auch die Tatsache, dass er ab 1995 bis einschließlich 2006 jedes Jahr in das All-Star-Team der NFL berufen wurde. Zwölf Nominierungen für den Pro Bowl sind die Bestmarke bei den Chiefs. In seiner aktiven Zeit beschützte er unter anderem Quarterback-Star Joe

Montana und schaufelte legendären Running Backs wie Marcus Allen, Priest Holmes und Larry Johnson den Weg frei. Obwohl Kansas Citys Offensive Lines mit Shields stets zu den besten der NFL gehörten, gelangen ihnen in insgesamt acht Playoff- Teilnahmen nur zwei Siege. Das ist hart. 2015 wurde Shields, der vor dem Kickoff immer gern ein kurzes Nickerchen in der Kabine hielt, in die Pro Football Hall of Fame aufgenommen. Bereits 2003 wurde ihm für sein soziales Engagement fernab des Footballs der NFL Man of the Year Award verliehen.

## Tragische Running Backs

Als die Dallas Texans 1963 nach Kansas City umzogen und dort zu den Chiefs wurden, hätte ihr Start an neuer Adresse nicht tragischer beginnen können. Noch bevor die AFL-Saison 1963 losging, verletzte sich Running Back **Stone Johnson** (1940 – 1963) in einem Testspiel so schwer, dass er wenige Tage später verstarb.

Es war der 30. August, als die Chiefs gegen die Houston Oilers antraten. Während eines Kickoff Returns verdrehte sich Johnson bei einem Zweikampf so unglücklich das Genick, dass er sich einen Halswirbelbruch zuzog – der ihm zehn Tage später mit nur 23 Jahren das Leben kostete.

Johnson bereitete sich damals auf seine erste Saison als Football-Profi vor. Zuvor war er ein erfolgreicher Leichtathlet gewesen, der bei den US-Ausscheidungskämpfen für die Olympischen Spiele 1960 in Rom im Halbfinale des 200-Meter-Laufs mit 20,5 Sekunden sogar den damaligen Weltrekord eingestellt hatte. Bei den Spielen wurde er dann Fünfter über 200 Meter und gehörte zur 4-x-100-Meter-Staffel der USA, die im Finale disqualifiziert wurde. Obwohl Johnson nie ein offizielles Spiel für die Chiefs bestritt, hat der Klub seine Trikotnummer 33 nie mehr vergeben.

Nur etwas mehr als zwei Jahre nach dem Tod von Stone Johnson musste Kansas City erneut um einen Chiefs-Spieler trauern. Und wieder war es ein Running Back. **Mack Lee Hill** (1940 – 1965) stieß 1964 als ungedrafteter Spieler zum Team. Außer den Chiefs hatte ihn kein anderes Profi-Football-Team auf dem Zettel. Aber es gab eine Bedingung: Hill bekam in Kansas City nur Geld, wenn er es in den finalen Saisonkader schaffte. Und das gelang ihm! Nach dem Trainingslager war er auf seiner Position als Stammspieler gesetzt. Das nur 1,80 Meter große „Kraftpaket" hatte einen eisernen Willen, auf dem Footballfeld kämpfte Hill um jedes einzelne Yard. In den nur zwei Spielzeiten, die er letztlich für die Chiefs im Einsatz war, gehörte er zu den Leistungsträgern. „The Truck", so sein Spitzname, schaffte es gleich in seinem ersten AFL-Jahr in das All-Star-Team der Liga. Doch eine Verletzung kostete ihn wenig später – genau wie Stone Johnson – das Leben.

Bei einem Auswärtsspiel der Chiefs am 12. Dezember 1965 bei den Buffalo Bills zog sich Hill einen Bänderriss im rechten Knie zu. Das Spiel war frühzeitig für ihn beendet. Eine genaue Untersuchung der Verletzung sollte aber erst zu Hause durchgeführt werden. Doch bereits auf dem Rückflug von Buffalo nach Kansas City schwoll sein Knie dick an. Er kam nach der Landung direkt ins Krankenhaus. Hill hatte sein Leben lang Angst vor Ärzten und Krankenhäusern und wollte auf keinen Fall operiert werden. Dr. Joseph Lichtor, der damalige Teamarzt der Chiefs, bestand jedoch darauf. Die OP verlief gut, aber kurz danach kletterte Hills Körpertemperatur plötzlich auf 42 Grad. Den Ärzten gelang es nicht, das Fieber zu senken. Er bekam schwere Krämpfe und verstarb zwei Stunden nach der Operation – zwei Tage nach dem Spiel bei den Bills. Mit nur 25 Jahren. Einen Monat später wurde bekannt gegeben, Hill sei an einem akuten Hitzschlag verstorben, Ursache unklar. In Gedenken an ihn verleihen die Chiefs alljährlich den Mack Lee Hill Award an den besten Nachwuchsspieler. Hills Trikotnummer 36 ist gesperrt.

Eine ebenso tragische Geschichte ist die von **Joe Delaney** (1958 – 1983). Und sie hat viele Parallelen zu der von Mack Lee Hill. Auch Delaney eroberte die Chiefs-Herzen im Sturm. Auch Delaney war ein Running Back. 1981 in der zweiten Runde gedraftet, lief er die NFL sofort in Grund und Boden. In seinen nur zwei Spielzeiten für Kansas City (wie Hill) stellte er Team-Bestmarken auf, die über zwei Jahrzehnte Bestand hatten. 1981 wurde er zum besten Chiefs-Spieler der Saison gewählt, und das als Nachwuchsspieler in seiner ersten Spielzeit. Delaney war auf dem besten Weg, ein Superstar zu werden – bis das Schicksal zuschlug.

Am 29. Juni 1983 ging Delaney mit Freunden in den Vergnügungspark Critter's Creek in Monroe/Louisiana, in dem an diesem Tag das „Kids Day Festival" stattfand. Während er sich dort amüsierte, hörte er plötzlich drei Jungen laut nach Hilfe rufen. Sie drohten, in einem sechs Meter tiefen Wasserloch, in dem das Schwimmen eigentlich verboten war, zu ertrinken. Delaney sprang sofort ins Wasser, um sie zu retten – obwohl er selbst gar nicht schwimmen konnte! Einen Zehnjährigen konnte er noch ans Ufer bringen, doch danach ging Delaney selbst unter. Er ertrank, genau wie zwei Elfjährige. Delaney wurde nur 24 Jahre alt. Zu seiner Beerdigung kamen über 3000 Menschen. Der damalige US-Präsident Ronald Reagan ehrte ihn posthum mit der Presidential Citizens Medal, der zweithöchsten zivilen Auszeichnung in den USA. Die Chiefs haben seine Trikotnummer 37 bis heute nicht wieder vergeben. Eine Gruppe von Fans gründete kurz nach Delaneys Tod die „37 Forever Foundation“, die gemeinsam mit dem Amerikanischen Roten Kreuz sozial benachteiligten Kindern das Schwimmen beibringt. Joe Delaney ist übrigens der Onkel von Terrace Marshall Jr., einem Wide Receiver, der 2021 von den Carolina Panthers gedraftet wurde.

## „The Human Joystick“

Der wohl beste „Spezialist“, der je für die Chiefs gespielt hat, ist **Dante Hall** (*1978). Dieser nur 1,73 Meter kleine Wirbelwind entwickelte sich zu einem der besten Kickoff Returner und Punt Returner in der Geschichte der gesamten NFL. Er wurde im Jahr 2000 von den Chiefs gedraftet und sorgte vor allem in den Spielzeiten 2002 und 2003 für Furore. Von seinem damaligen Head Coach Dick Vermeil bekam er den Spitznamen „The Human Joystick“ („Der menschliche Joystick“) verpasst.

Wie kaum ein Zweiter hatte Hall – ähnlich wie eine Figur in einem Computerspiel – die Gabe, in voller Bewegung plötzlich die Laufrichtung zu ändern und so seinen Gegenspielern zu entwischen. Zusätzlich konnte er bei Bedarf auch noch als Running Back und Wide Receiver eingesetzt werden, weshalb ihn die Leute auch „X-Faktor“ nannten. In seinen sieben NFL-Jahren für die Chiefs erlief Hall insgesamt sechs Kickoff Return Touchdowns und fünf Punt Return Touchdowns. Damit ist er in diesen beiden Kategorien bis heute Rekordspieler des Teams. In der Saison 2003 gelang ihm ein Kickoff Return Touchdown oder ein Punt Return Touchdown in vier Spielen in Folge. Das ist sogar einsame Spitze in der NFL!

## Operation am Spielfeldrand

Legendenstatus bei zahlreichen Footballfans genießt auch **Steve DeBerg** (*1954). Dieser Quarterback machte während seiner turbulenten 17 Jahre langen NFL-Karriere von 1988 bis 1991 auch Station in Kansas City. Unvergessen bleibt, wie er sich am 16. Dezember 1990 im Spiel gegen die Houston Oilers den kleinen Finger seiner linken Hand (nicht seine Wurfhand) brach – und dann nach kurzer Verletzungspause mit einer kugelschreibergroßen Nadel, die in den Finger eingeführt wurde, um das Gelenk im Verband gerade zu halten, einfach auf den Rasen zurückkehrte und weiterspielte. Weil es in den zwei folgenden regulären Saisonpartien noch um den Einzug in die Playoffs für die Chiefs ging, gönnte sich DeBerg auch weiterhin keine Ruhepause. Kansas City gewann beide Spiele, und DeBerg spielte stark. Eine Saison später machte er auch den ersten Playoff-Sieg der Chiefs seit Gewinn des Super Bowls 1969 möglich. Dazwischen lagen 22 Jahre!

DeBerg war ein „Wandervogel“. Er war meist nur Ersatzspieler und wechselte oft das Team, was auch daran lag, dass ihm im Laufe der Jahre immer wieder Toptalente vor die Nase gesetzt wurden. Bei den San Francisco 49ers war das Joe Montana, bei den Denver Broncos John Elway und bei den Tampa Bay Buccaneers Vinny Testaverde. Dabei galt DeBerg als einer der besten „Play Action Pass“-Quarterbacks aller Zeiten. NFL-Superstar Peyton Manning sah sich als Nachwuchsspieler zahlreiche Videos von ihm an, um daraus zu lernen. Darunter waren vielleicht ja auch die, in denen DeBerg aussah wie ein Astronaut auf Mondmission. Das kam so: In der Saison 1980 litt DeBerg an einer Kehlkopfentzündung, die zur starken Heiserkeit führte. Um trotzdem beim nächsten NFL-Spiel dabei sein zu können, trug er auf dem Feld ein tragbares Mikrofon- und Lautsprecher-Verstärkungssystem in einer Art Rucksack unter seiner Uniform, damit seine Mitspieler seine Stimme hören konnten.

## „The Nigerian Nightmare"

Was kommt jetzt, ein Horrorfilm? Nein, keine Angst! Es geht um **Christian Okoye** (*1961), einen der coolsten Typen in der Geschichte der Chiefs. Okoye wurde in Nigeria geboren und wuchs in den Wirren des Bürgerkriegs in seiner Heimat auf. Als Jugendlicher war er ein herausragender Leichtathlet, wurde 1985 sogar Afrikameister im Diskuswurf. Mit dem Footballspielen begann er erst als 23-Jähriger, als er für ein Studium an der Azusa Pacific University im US-Bundesstaat Kalifornien eingeschrieben war. Okoye hatte im Fernsehen ein Spiel der Los Angeles Raiders mit Marcus Allen (wechselte danach zu den Chiefs, *siehe Kapitel 5*) gesehen und wollte daraufhin auch Football spielen. Er probierte es einfach mal aus – und entpuppte sich sofort als Naturtalent. Kansas City draftete ihn 1987 in der zweiten Runde an insgesamt 35. Stelle.

In seinem dritten NFL-Jahr avancierte Okoye zum „Leading Rusher" der NFL (als erster Chiefs-Spieler überhaupt) und erzielte zwölf Touchdowns. Seine furchteinflößende Statur mit den breiten Schultern und sein Power-Laufstil brachten ihm den Spitznamen „Nigerian Nightmare" („Nigerianischer Albtraum") ein. Leider musste er seine Footballkarriere aufgrund anhaltender Verletzungsprobleme 1992 nach nur sechs Spielzeiten schon wieder beenden. Trotzdem war er zu diesem Zeitpunkt mit fast 5000 erlaufenen Yards der „All Time Leading Rusher" der Chiefs. Zusätzlich hatte er 40 Touchdowns erzielt. Kult ist Okoye auch bei

Gamern, da seine Figur im Videospiel-Klassiker „Tecmo Super Bowl“ aus dem Jahr 1991 der Held ist. Und für Unterhaltung sorgte er auch nach seiner aktiven Laufbahn weiterhin: Er gründete unter anderem die „Golden Baseball League“, trat als Boxer in einem Prominenten-Duell im Fernsehen auf und rief die „California Sports Hall of Fame“ ins Leben.

## Der Dominator

Sportlich übertrumpft wurde Christian Okoye erst von **Priest Holmes** (*1973), einem Running Back, der in Kansas City innerhalb kürzester Zeit die komplette NFL zum Staunen brachte und sie im Laufspiel dominierte. Obwohl Priest an der University of Texas für die Longhorns durchaus zu überzeugen wusste, blieb er beim NFL Draft 1997 unberücksichtigt. Die Baltimore Ravens sicherten sich seine Dienste erst später, aber über die Rolle als Ersatzmann kam er dort in seinen vier Jahren auch aus Verletzungsgründen nie hinaus. Bei Baltimores Super-Bowl-Sieg in der Saison 2000 spielte er nur eine Nebenrolle. Die Ravens setzten ihn kurz darauf vor die Tür – und die Chiefs mit ihrem damaligen Head Coach Dick Vermeil gaben ihm eine neue Chance. Vermeil hatte Holmes bereits am College beobachtet und hielt eine Menge von ihm.

Holmes' Leistungen explodierten. In seiner ersten Saison bei den Chiefs wurde er mit 1555 erlaufenen Yards zum „Rushing Leader“ der NFL. Das war vor ihm noch keinem ungedrafteten Spieler gelungen. Im Folgejahr überbot er diese Leistung sogar noch einmal, erzielte 21 Touchdowns und wurde zum „NFL Offensive Player of the Year“ gekürt. Um – wieder nur ein weiteres Jahr später – erneut noch eine Schippe draufzulegen: in der Saison 2003 gelangen Holmes 27 Touchdowns. Das war zum damaligen Zeitpunkt NFL-Rekord! In der langen Geschichte der Liga gibt es nur zwei Running Backs, die zwei Jahre in Folge über 20 Touchdowns erzielt haben: Emmitt Smith von den Dallas Cowboys – und eben Holmes. Zwischen 2002 und 2004 machte Holmes 66 Touchdowns in nur 38 Spielen. Eine Wahnsinnsquote. Insgesamt erzielte er 83 Touchdowns für die Chiefs. Das ist Spitze – bis heute.

Zum ganz großen Wurf reichte es aber leider nicht. Die Chiefs qualifizierten sich in diesen drei Jahren nur einmal für die Playoffs und verloren dort in der Saison 2003 bereits in der ersten Runde zu Hause dramatisch gegen die Indianapolis Colts. Ab dem Herbst 2004 wurde Holmes von einer Reihe schwerer Verletzungen geplagt, von denen er sich nie wieder richtig erholte. Er verlor seinen Stammplatz daraufhin an Larry Johnson, den die Chiefs völlig überraschend 2003 bereits in der ersten Runde gedraftet hatten. Holmes musste seine Karriere im November 2007 beenden. Bis heute kommt er mindestens zweimal im Jahr zu Besuch nach Kansas City, unter anderem immer nach dem Draft im Frühjahr, um die neu verpflichteten Nachwuchsspieler zu motivieren und zu inspirieren.

## Von den Special Olympics in die NFL

Der bislang letzte herausragende Running Back in der Geschichte der Chiefs war **Jamaal Charles** (*1986). Auch er stamm wie Priest Holmes gebürtig aus Texas. Auch er hat College-Football an der University of Texas für die Longhorns gespielt. Und auch er war aufgrund seiner Durchschlagskraft ligaweit gefürchtet.

Charles wurde 2008 in der dritten Runde gedraftet. Der Durchbruch gelang ihm bereits ein Jahr später. In den Spielzeiten 2009, 2010, 2012, 2013 und 2014 lief er für jeweils über 1000 Yards. 2013 führte er die NFL in erlaufenen Touchdowns an (12). Als er sich 2016 aus Kansas City verabschiedete, war er mit insgesamt 7260 Yards der „All Time Rushing Leader" der Chiefs. Und das ist er bis heute. Das beste Spiel seiner Karriere gelang ihm am 15. Dezember 2013 gegen die Oakland Raiders. Beim 56:31 seiner Chiefs fing der Running Back vier Touchdown-Pässe! Weil er zusätzlich auch noch einen Touchdown erlief, gelang ihm das Kunststück, an diesem Tag im Alleingang für 30 Punkte zu sorgen, ebenfalls beides Chiefs-Bestmarken.

Aber auch Charles schaffte es nicht, Kansas City zu einem Titelanwärter zu machen. In seinen neun Jahren bei den Chiefs gab es nur zwei Playoff-Teilnahmen, und beide Male schied man in der ersten Runde aus. Charles ließ seine NFL-Karriere noch für jeweils ein Jahr bei den Denver Broncos und den Jacksonville Jaguars austrudeln und beendete sie schließlich offiziell nach diversen Knieverletzungen am 1. Mai 2019. Als er an diesem Tag im Rahmen einer feierlichen Zeremonie symbolisch einen „Rentenvertrag" bei den Chiefs unterschrieb, ging er danach rüber zum Trainingsplatz und simulierte einen letzten Spielzug mit Patrick Mahomes. Die beiden haben leider nie zusammengespielt.

Besonders bemerkenswert an Charles' Laufbahn ist, dass bei ihm als Kind eine Lernschwäche diagnostiziert wurde. Weil er Schwierigkeiten beim Lesen und Sprechen hatte, wurde er an der Schule gehänselt. Selbstvertrauen holte er sich daraufhin im Behindertensport. Charles nahm 1996 als Zehnjähriger an den Special Olympics als Leichtathlet teil – und holte dreimal die Goldmedaille: über 100 Meter, 200 Meter Hürden und im Weitsprung. Zusätzlich gewann er 2003 die Bronzemedaille über

400 Meter Hürden bei den World Youth Championships in Athletics in Kanada. Diese unvergesslichen Erfahrungen halfen ihm, sein Leben als Teenager trotz schlechter Perspektive doch noch erfolgreich zu gestalten – und zwar im Profi-Football.

## Selbstmord auf dem Chiefs-Parkplatz

Ein dunkles Kapitel in der Geschichte der Chiefs schrieb **Jovan Belcher** (1987 – 2012). Der Linebacker, der sich als ungedrafteter Free Agent schnell einen Stammplatz erkämpfte, war ein knochenharter Abräumer. Er ging keinem Zweikampf, keiner Kollision aus dem Weg. Doch so erfolgreich er im Sport war, so problematisch war sein Privatleben. Immer wieder kam es zum Streit mit seiner langjährigen Freundin Kasandra Perkins, die die Cousine von Jamaal Charles' Frau Whitney war. Jamaal Charles hatte Belcher und Perkins 2010 sogar miteinander bekannt gemacht.

Am 1. Dezember 2012 kam es zur Katastrophe: Als Belcher nach einer durchzechten Nacht mit einer anderen Frau erst um sieben Uhr morgens nach Hause kam, machte Kasandra (die Mutter seiner damals drei Monate alten Tochter Zoe) ihrem Freund offenbar eine Szene. Woraufhin er sie eiskalt erschoss. Insgesamt drückte er neunmal ab! Nach dem Mord raste Belcher zum Trainingsgelände der Chiefs und hielt sich auf dem Parkplatz eine Waffe an den Kopf. Der damalige General Manager Scott Piolo und der damalige Head Coach Romeo Crennel, die zufällig zur selben Zeit auf dem Gelände ankamen, versuchten noch, ihn umzustimmen – doch leider vergebens! Als wenig später die Polizei eintraf, erschoss sich Belcher hinter einem Auto selbst. Unglaublich: Das für den Folgetag geplante Spiel der Chiefs gegen die Carolina Panthers fand tatsächlich statt. Kansas City gewann 27:21 – und Jamaal Charles zeigte eine Topleistung.

Bei der Autopsie von Belchers Leiche kam heraus, dass er an „chronischer traumatischer Enzephalopathie“ (CTE) litt. Diese Gehirnerkrankung verursacht Gedächtnisschwund, Wutausbrüche, Impulskontrollverlust, Persönlichkeitsstörungen, Depressionen oder Demenz und tritt bei Menschen auf, die in ihrem Leben viele Schläge gegen den Kopf beziehungsweise Gehirnerschütterungen erlitten haben. Dazu zählen vor allem Boxer – und Footballspieler. Erstmals entdeckt wurde CTE vom forensischen Pathologen und Neurowissenschaftler Dr. Bennet Omalu. Ihm gelang es, im Jahr 2002 einen Zusammenhang zwischen den Kopf-an-Kopf-Kollisionen auf dem Footballfeld und den daraus resultierenden Gehirnerschütterungen herzustellen. Omalu hatte das Gehirn von Ex-NFL-Profi Mike Webster (1952 – 2002) untersucht, der in den 1970er-Jahren viermal den Super Bowl mit den Pittsburgh Steelers gewann. Webster litt später an den Folgen seiner Footballkarriere, konnte aufgrund irreparabler Funktionsschädigungen kein geregeltes Leben mehr führen, hauste teilweise in seinem Auto und verstarb letztlich im Alter von nur 50 Jahren an einem Herzinfarkt. Mahnende Beispiele sind auch die Geschichten von Junior Seau (1969 – 2012) und Aaron Hernandez (1989 – 2017). Die NFL hat als Reaktion darauf vor der Saison 2018 ihre Regeln verschärft. Absichtliche Tacklings mit dem Helm voran sind seitdem verboten.

## Die Abfangjäger

Die Verteidiger **Johnny Robinson** (*1938) und **Emmitt Thomas** (*1943) beherrschten den „Luftraum“ der Chiefs in den glorreichen

AFL-Zeiten. Sie sind beide in der Pro Football Hall of Fame – Robinson seit 2019, Thomas seit 2008.

Johnny Robinson stieß 1960 zum Start der American Football League zum Team, das damals noch Dallas Texans hieß. Er wechselte nie den Klub und war bei seinem Karriereende 1971 einer von insgesamt nur 20 Spielern, die die gesamten zehn AFL-Jahre mitgemacht haben. Auch er gehört zum AFL All Time Team. Robinson war bei allen drei AFL-Meisterschaften und beim Gewinn des Super Bowl IV dabei. Dort spielte er trotz drei gebrochener Rippen. In seinen ersten beiden Jahren kam er als Running Back zum Einsatz, danach schulte ihn Cheftrainer Hank Stram zum Safety um. Eine kluge Entscheidung, denn auf dieser Position gehörte Robinson zu einem der Besten aller Zeiten. Seine Spezialität waren Interceptions. Von ihnen fing er im Laufe seiner Karriere 57 Stück.

Eine mehr hat Emmitt Thomas. Damit ist er der Rekordhalter der Chiefs in dieser Kategorie. Thomas kam 1966 nach Kansas City und spielte bis 1978 ausschließlich für die Chiefs. Er war Cornerback und stand auf dem Platz an der Seite von Johnny Robinson. Gemeinsam feierten sie den Triumph in Super Bowl IV, in dem beiden auch je eine Interception gelang. Thomas' Trikotnummer 18 hat nach ihm nie wieder ein Chiefs-Spieler getragen. Nach seiner aktiven Karriere schlug Thomas eine ebenso erfolgreiche Laufbahn als Footballtrainer ein. So gewann er in den Spielzeiten 1987 und 1991 als Coach der Wide Receiver und Defensive Backs den Super Bowl mit den damaligen Washington Redskins, war Defensive Coordinator bei den Philadelphia Eagles (1995 – 1998), Green Bay Packers (1999) und Minnesota Vikings (2000 – 2001) sowie übergangsweise Head Coach bei den Atlanta Falcons (für die letzten vier Spiele in der Saison 2007). 2010 kehrte Thomas nach Kansas City zurück, um die Defensive Backs der Chiefs zu trainieren. Das machte er bis zum 12. Februar 2019. Dann verabschiedete er sich in die Rente. Im stolzen Alter von 75!

## Kampf gegen den Krebs

In den Genuss, von Emmitt Thomas in Kansas City trainiert zu werden, kam **Eric Berry** (*1988). Ein Naturtalent auf der Position des Safety, den die Chiefs im Jahr 2010 in der ersten Runde des NFL Drafts bereits an fünfter Stelle auswählten. Er unterschrieb einen Sechsjahresvertrag über 60 Millionen US-Dollar, von denen 34 Millionen US-Dollar voll garantiert waren – und wurde so auf Anhieb zum bestbezahlten Spieler aller Zeiten auf seiner Position. Berry galt schon am College als Überflieger und enttäuschte auch als Profi nicht. Bereits in seinem ersten Jahr schaffte er es in das All-Star-Team der Liga. Genau wie 2012 und 2013 (in der Saison 2011 erlitt er bereits im ersten Spiel eine schwere Knieverletzung). Berry war auf dem Weg zum absoluten Superstar.

Doch dann schlug das Schicksal knüppeldick zu: Diagnose Krebs! Als Berry im November 2014 über Schmerzen im Brustbereich klagte, wurde ein bösartiger Tumor im Lymphsystem entdeckt. Es folgte eine erfolgreiche Chemotherapie, nach deren Abschluss er acht Monate später tatsächlich in die NFL zurückkehrte und auch 2015 gleich wieder in den Pro Bowl gewählt und darüber hinaus als „NFL Comeback Player of the Year“ ausgezeichnet wurde.

Ende Februar 2017 bekam Berry einen neuen Vertrag bei den Chiefs, wieder über sechs Jahre und diesmal für 78 Millionen US-Dollar, von denen 40 Millionen US-Dollar garantiert waren. Wieder wurde er so zum bestbezahlten Safety in der Geschichte des Footballs. War jetzt alles gut? Nein! Denn erneut zwang ihn sein Körper in die Knie: Im ersten Spiel der darauffolgenden Saison 2017 riss sich Berry die Achillessehne. Damit war er nochmals monatelang außer Gefecht gesetzt. Doch auch diesmal war Aufgeben keine Option für ihn. Und das, obwohl sich während seiner Rehabilitation auch noch ein Knochensporn in seiner Ferse entwickelte, der sich in die Achillessehne grub und extreme Schmerzen verursachte. Erst nach 15 langen Monaten konnte Berry wieder in das Spielgeschehen eingreifen. Seinen letzten Einsatz für die Chiefs hatte der Fan-Liebling im AFC Championship Game gegen die New England Patriots im Januar 2019, das Kansas City hochdramatisch mit 31:37 nach Verlängerung verlor.

Es ist das bis heute letzte NFL-Spiel, das Berry bestritten hat. Die Chiefs trennten sich wenige Wochen später von ihm, um sich sein üppiges Gehalt zu sparen. Ein neues Team hat Berry, der zu allem Überfluss auch noch an Equinophobie leidet (einer panischen Angst vor Pferden) danach nicht mehr gefunden. Dabei war er lange bereit, es allen noch mal zu beweisen. Im Dezember 2021 sagte er im Gespräch mit der Zeitung *Kansas City Star*: „Ich bin noch nicht im Ruhestand. Bei mir geht es ums Timing. Es muss einen Sinn haben. Es muss für mich Sinn ergeben, warum ich irgendwohin gehe oder warum ich eine bestimmte Sache tue. Sobald ich das spüre, werdet ihr mich wieder in einer Footballuniform sehen." Zu wünschen wäre es ihm!

## Sieben Sacks auf einen Streich

Fassungslos macht die Geschichte von **Derrick Thomas** (1967 – 2000), einem der besten Verteidiger, der je in der NFL gespielt hat. Sein viel zu früher Tod hat alle Footballfans geschockt.

Aber der Reihe nach: Thomas musste früh den Verlust seines Vaters verkraften (er starb als Pilot im Vietnamkrieg, als Derrick fünf Jahre alt war). Als Teenager geriet er plötzlich auf die schiefe Bahn. Weil er in Häuser einbrach und Autos klaute, kam er als 14-Jähriger in eine Jugendstrafanstalt, aus der er nach ein paar Monaten geläutert wieder entlassen wurde. Fortan war American Football sein Lebensmittelpunkt. Thomas war eine „Naturgewalt", unglaublich stark, trotz seines kräftigen Körperbaus aber auch extrem dynamisch. Die Chiefs drafteten ihn 1989 in der ersten Runde an Position vier. Als Linebacker und Defensive End wurde er sofort zum Schlüsselspieler in Kansas Citys Abwehr und zum besten Defensiv-Neuling der NFL gewählt.

Die Spezialität von „D.T." (so lautete sein Spitzname) waren Quarterback Sacks. In seinen elf Jahren bei den Chiefs gelang es Thomas insgesamt 126,5-mal den gegnerischen Quarterback zu Boden zu reißen, bevor dieser den Ball abgeben konnte – das ist eine Team-Bestmarke. Während der Saison 1990 gegen die Seattle Seahawks schaffte er sogar sieben Sacks in nur einem Spiel. Das ist bis heute NFL-Rekord! Thomas wurde von 1989 bis 1997 jedes Jahr in das All-Star-Team der Liga gewählt und erhielt 1993 zusätzlich den „NFL Man of the Year Award" für seine gemeinnützige Arbeit außerhalb des Footballfelds. Er war auf dem NFL-Olymp angekommen. Bis sich von einer auf die andere Sekunde alles veränderte.

Es war der 23. Januar 2000, als sich Derrick Thomas zusammen mit seinen zwei Freunden Michael Tellis und John Hagenbusch ins Auto setzte, um zum Flughafen von Kansas City zu fahren. Das Trio wollte sich das NFC Championship Game zwischen den St. Louis Rams und den Tampa Bay Buccaneers live im Stadion anschauen. Doch es tobte ein

Schneesturm und Thomas, der den Chevrolet steuerte, fuhr bei den rutschigen Straßenverhältnissen auf der Interstate 435 viel zu schnell, um den Flieger nicht zu verpassen. Zudem waren er und Tellis nicht angeschnallt. Plötzlich geriet das Auto ins Schlingern, überschlug sich mehrmals und landete schließlich in einer Böschung. Hagenbusch, der im Gegensatz zu den beiden anderen Insassen angeschnallt war, verließ die Unfallstelle unverletzt. Thomas und Tellis wurden aus dem Auto geschleudert. Während Tellis auf der Stelle tot war, kam Thomas schwerverletzt ins Krankenhaus. Er hatte sich den Hals und den Rücken gebrochen und war von der Brust abwärts gelähmt.

Als keine akute Lebensgefahr mehr bestand, wurde Thomas in eine Spezialklinik nach Miami verlegt. Es bestand sogar die leise Hoffnung, dass er irgendwann wieder würde laufen können. Doch am Morgen des 8. Februar 2000, als Thomas auf dem Weg zur Therapie von seinem Krankenhausbett in einen Rollstuhl verlegt wurde, verschlechterte sich sein Gesundheitszustand plötzlich dramatisch. Er sagte seiner Mutter, dass es ihm nicht gut gehe, und verdrehte dann die Augen. Kurz darauf war er tot. Er habe einen Herz-Kreislauf-Stillstand erlitten und sei an den Folgen einer Lungenembolie gestorben, einem massiven Blutgerinnsel, das sich in seinen Beinen gebildet habe und in seine Lungen gewandert sei, erklärten die behandelnden Ärzte später. Die Footballwelt war geschockt. Tausende Chiefs-Fans kamen ins Arrowhead Stadium, um sich am offenen Sarg von Thomas zu verabschieden. 2009 wurde er posthum in die Pro Football Hall of Fame aufgenommen. Die Chiefs haben seine Trikotnummer 58 nie wieder vergeben.

## Der Unvollendete

**Marty Schottenheimer** (1943 – 2021) wurde am 24. Januar 1989 als neuer Cheftrainer der Chiefs vorgestellt. Und wer war drei Monate später der erste Spieler, der im NFL Draft von Kansas City verpflichtet wurde? Richtig, Linebacker Derrick Thomas. Zwischen den beiden passte es sportlich und menschlich, sie entwickelten im Laufe der gemeinsamen Jahre eine Art Vater-Sohn-Beziehung. Vielleicht lag es auch daran, dass Schottenheimer früher selbst als Linebacker für die Buffalo Bills und Boston Patriots (die heutigen New England Patriots) in der AFL gespielt hatte, wenn auch bei weitem nicht so gut wie sein Schützling. Thomas war der Spieler, der Schottenheimer gern gewesen wäre. Auf der Beerdigung des Spielers hielt der Coach eine sehr emotionale Rede.

Für große Worte war Schottenheimer bekannt. Der Footballlehrer galt als hervorragender Redner und Motivator, seine Worte kamen immer direkt aus dem Herzen. Die Art, wie er Football spielen ließ, wurde „Martyball“ genannt. Viel laufen, nicht zu risikoreich passen, hart verteidigen – das war seine Taktik. Bevor Schottenheimer zu den Chiefs kam, war er vier Jahre lang Head Coach der Cleveland Browns und hatte sie immer in die Playoffs, zu drei Divisions-Titeln und zweimal bis ins AFC Championship Game geführt. Aber in den Super Bowl kamen die Browns mit Schottenheimer nicht. Und genau dort wollte Teambesitzer Art Modell hin! Am 28. Dezember 1988 wurde also offiziell verkündet, dass sich die Browns und Schottenheimer in gegenseitigem Einvernehmen trennen würden.

Nicht mal einen Monat später war Schottenheimer bereits Head Coach der Kansas City Chiefs, die zum damaligen Zeitpunkt schon länger im sportlichen Mittelmaß festhingen.

Marty rüttelte sie wieder wach! Bereits in seinem zweiten Jahr führte er sie mit elf Siegen bei fünf Niederlagen zur besten Saisonbilanz seit über 20 Jahren. In seinem dritten Jahr feierte er mit Kansas City ausgerechnet gegen die Raiders, *den* großen Erzrivalen, den ersten Playoff-Sieg seit dem Gewinn des Super Bowls in der Saison 1969. Und in seinem fünften Jahr konnten die Chiefs erstmals seit 22 Jahren wieder ihre Division gewinnen. Zusätzlich fuhren sie mit 13 Siegen bei nur drei Niederlagen ihre beste Bilanz der regulären Saison in ihrer Geschichte ein. Mit Schottenheimer ging es stetig bergauf. Zwischen 1990 und 1995 erreichten die Chiefs sechsmal in Folge die Playoffs. In den insgesamt zehn Jahren, in denen „Schotty" in Kansas City das Sagen hatte, stand am Ende siebenmal die Qualifikation für die Meisterrunde.

Doch genau wie vorher bei den Browns führte Schottenheimer die Chiefs nie in den Super Bowl. Nur einmal schnupperten sie dran: 1993 im AFC Championship Game mit Joe Montana, das aber 13:30 gegen die Buffalo Bills verloren ging. Als Kansas City in der Saison 1998 erstmals unter Schottenheimer mehr Spiele verlor als gewann, trat „der Unvollendete" zurück – nach 101 Siegen bei 58 Niederlagen und einem Unentschieden, drei Division-Titeln, sieben Playoff-Teilnahmen und einer Reise bis ins Finale der AFC. Schottenheimer hatte die bis dahin beste Bilanz aller Chiefs- Cheftrainer. Aber wenn es darauf ankam, versagte sein Team.

Im Football zählt unterm Strich halt letztlich nur, wie viele Super-Bowl-Ringe man vorzuweisen hat.

Viele Siege, kein großer Erfolg: Unter diesem Motto ging es für Schottenheimer danach auch noch bei den Washington Redskins (2001) und den San Diego Chargers (2002 – 2006) weiter. Ein Playoff-Sieg gelang ihm auf diesen beiden Stationen nicht mehr. Schottenheimer ist der Head Coach in der Geschichte der NFL, der die meisten Spiele gewonnen hat, ohne jemals den Super Bowl zu erreichen. Er verließ in 200 seiner 327 Spiele als Sieger das Stadion, aber in nur fünf von 18 Playoff-Duellen. In seinen 21 Spielzeiten als Hauptverantwortlicher erreichten seine Teams dreizehnmal die Playoffs und wiesen nur zweimal ein negatives Sieg-Niederlage-Verhältnis auf. In den 1990er Jahren fuhr er von allen Head Coaches in der NFL die meisten Siege ein (93). Trotzdem waren es in den Playoffs zu wenige.

Sein Dilemma: Außer in den zwei Jahren mit Joe Montana hatte er nie einen richtig guten Quarterback. So coachte er Footballspiele aus der Defensive heraus, was für den ganz großen Erfolg in der NFL aber nicht reichte. Immerhin gewann Schottenheimer später doch noch einen Titel: 2011 mit den Virginia Destroyers gegen die Las Vegas Locomotives in der United Football League (UFL), die es insgesamt aber nur vier Jahre gab. 2011 hörte er endgültig mit dem Football auf. Im Februar 2021 ist er gestorben, zuvor litt er schon lange an Alzheimer.

Was bleibt von Schottenheimer? Eine ganze Menge, auch ohne Super-Bowl-Teilnahme. Der Coach war ein akribischer Arbeiter, detailversessen. Ein Vorbild für seine Assistenztrainer, die sich viel von ihm abguckten. Vier von ihnen machten es sogar besser als ihr ehemaliger Chef und gewannen später als Head Coaches den Super Bowl: Bill Cowher mit den Pittsburgh Steelers, Tony Dungy mit den Indianapolis Colts, Mike McCarthy mit den Green Bay Packers und Bruce Arians mit den Tampa Bay Buccaneers. Und auch sein Sohn Brian Schottenheimer hat den Beruf des NFL-Trainers eingeschlagen. In die Pro Football Hall of Fame wurde Marty Schottenheimer bislang nicht aufgenommen. Verdient hätte er es.

## Der beste Tight End der NFL

Auch **Tony Gonzalez** (*1976), genannt „Gonzo", begann seine Profikarriere unter Marty Schottenheimer – und wurde zu einem der besten Tight Ends aller Zeiten. Als Jugendlicher war er, wie Patrick Mahomes, in gleich zwei Sportarten ein Ass: American Football und Basketball. In beiden wurde ihm ein großer Werdegang vorhergesagt. Wie Mahomes entschied sich Gonzalez für Football und wurde im NFL Draft 1997 an insgesamt 13. Stelle von den Chiefs ausgewählt. Um ihn auch wirklich zu bekommen, waren diese vorher noch einen Handel mit den Tennessee Oilers eingegangen.

Gonzalez übertraf die in ihn gesteckten Hoffnungen sogar noch. Über ein Jahrzehnt lang war er Dreh- und Angelpunkt der Offensive und dabei extrem schnell, sehr fangsicher und ein zweikampfstarker Blocker, der seinen Mitspielern immer wieder freie Räume verschaffte. In seinen zwölf Jahren in Kansas City verpasste er nur zwei Spiele und bestritt insgesamt 270 Partien, in denen er nur zweimal den Ball an den Gegner verlor. Es schien, als hätte er Magnete an seinen Händen. Berühmt ist auch sein charakteristischer Jubel nach einem erzielten Touchdown – der „Dunk" des Footballs über die Goalposts. Der wurde 2013 in der NFL übrigens verboten, weil Jimmy Graham, damals Tight End bei den New Orleans Saints, dabei einmal die Torpfosten beschädigte …

Einen Makel hat die Bilderbuchkarriere von Gonzalez aber doch: Er konnte sich mit den Chiefs nur dreimal für die Playoffs qualifizieren. Und dort gelang kein einziger Sieg! Wegen dieser anhaltenden Erfolglosigkeit bat er, das Team verlassen zu dürfen. 2009 wechselte er schließlich zu den Atlanta Falcons, wo er noch fünf weitere Jahre spielte (und 2013 das einzige

Playoff-Spiel seiner Karriere gewann). 2019 erfolgte seine Aufnahme in die Pro Football Hall of Fame.

Gonzalez' Pech: In Kansas City waren seine Quarterbacks hauptsächlich Elvis Grbac und Trent Green, beides keine Überflieger. Was wäre gewesen, wenn er die Bälle stattdessen von einem Spielmacher wie Patrick Mahomes bekommen hätte? Auf diese Frage von ESPN antwortete Gonzalez: „Wenn ich daran denke, heutzutage in einer Offensive mit Mahomes zu spielen, läuft mir das Wasser im Mund zusammen.

Ich wünschte, ich könnte das tun. Wer weiß, was noch alles möglich gewesen wäre?"

## Der beste Tight End der AFL

Was Tony Gonzalez für die Chiefs in der NFL, war **Fred Arbanas** (1939 – 2021) für sie in der AFL: der beste Tight End der Liga! Er stieß 1961 zum Team (das bis 1962 noch Dallas Texans hieß), kam aufgrund eines Bandscheibenvorfalls aber erst ein Jahr später erstmals zum Einsatz. Bis zum Ende seiner Karriere 1970 spielte er nie für eine andere Mannschaft, wurde in drei Spielzeiten zum herausragenden Athleten auf seiner Position und schließlich auch in das All-Time-Team der AFL gewählt. Er feierte drei Meisterschaften und wirkte entscheidend am Gewinn des Super Bowl IV mit. Seine 198 Ballfänge und 3101 Yards Raumgewinn nach gefangenen Pässen waren lange Rekord für einen Tight End bei den Chiefs – bis sie 40 Jahre später von Tony Gonzalez gebrochen wurden.

Das ist auch deshalb bemerkenswert, weil Arbanas im Dezember 1964 Opfer eines brutalen Angriffs wurde. Mitten in

Kansas City schlug plötzlich ein Mann unvermittelt auf ihn ein. Als Folge dieser Attacke verlor Arbanas die Sehkraft in seinem linken Auge, er war seitdem also halbseitig blind – spielte aber weiter erfolgreich Football! „Wenn ich auf das Feld komme, denke ich nicht darüber nach", sagte er damals. „Ich achte nicht darauf. Wenn ich mir Sorgen machen würde, könnte ich nicht spielen. Es ist kein Handicap. Wenn jemand gerne spielt, kann er sich an alles anpassen. Und ich habe mich angepasst."

## Aus Liberia in die NFL

Zum Abschluss dieses Legenden-Kapitels noch eine „Vom Flüchtling zum Helden"-Story mit **Tamba Hali** (*1983) in der Hauptrolle. Dieser Mann musste als Kind aus seiner Heimat fliehen – und wurde dann in Amerika zum gefeierten Star.

Hali wuchs im afrikanischen Liberia auf, einem der ärmsten Länder der Welt, in dem in den 1990er Jahren ein schrecklicher Bürgerkrieg tobte. Als Hali zehn Jahre alt war, setzte ihn seine Mutter Rachel gemeinsam mit seinen drei Brüdern und seiner Schwester in ein Flugzeug Richtung USA. Sie selbst blieb zurück. Empfangen wurden die Kids von ihrem Vater, der zum damaligen Zeitpunkt als Chemie-Professor in New Jersey arbeitete. Wann und ob er seine Mama je wiedersehen würde, wusste der kleine Tamba zu diesem Zeitpunkt nicht. Daher schwor er sich, alles dafür zu tun, um später viel Geld zu verdienen, damit er sie irgendwann zu sich holen konnte. Hali setzte alles auf die Karte Football. Und gewann!

Nach einer erfolgreichen Zeit an der Penn State University verpflichteten ihn die Chiefs 2006 an insgesamt 20. Stelle im NFL Draft. Jackpot! Denn Nachwuchsspieler aus dem College, die in der ersten Runde der NFL-Draft ausgewählt werden, bekommen allein für die Unterschrift unter ihren ersten Profivertrag heutzutage mehrere Millionen US-Dollar. Endlich hatte Hali (der im Juli 2006 die amerikanische Staatsbürgerschaft erhielt) genug Geld, um seine Mutter wiederzusehen. Ende September 2006 war es dann so weit: Rachel bekam ein Visum und die beiden konnten sich nach zwölf langen Jahren endlich wieder in die Arme fallen. Mutter Hali erlebte danach auch mit, wie ihr Sohn bei den Chiefs zum Fan-Liebling wurde.

Tamba Hali blieb zwölf Jahre in Kansas City und entwickelte sich in dieser Zeit (an der Seite von Linebacker-Kollege Derrick Johnson, der ein Jahr zuvor ebenfalls in der ersten Runde gedraftet worden war) zu einem der besten Verteidiger der Teamgeschichte. Während Derrick Johnson mit 1151 Tackles in regulären Saisonspielen der „All Time Tackle Leader" der Chiefs ist, riss Tamba Hali die gegnerischen Quarterbacks insgesamt 89,5 Mal für einen Sack zu Boden. Das ist Platz zwei in dieser teaminternen ewigen Bestenliste. Aufgrund seines kompromisslosen Einsatzes lautet sein Spitzname „The TambaHawk". 2016 kehrte Hali erstmals wieder nach Liberia zurück. Schon viele Jahre zuvor hatte er begonnen, Projekte in seinem Heimatland finanziell zu unterstützen. Nach seiner aktiven Karriere machte er sich als Rapmusiker einen Namen. Im Jahr 2017 veröffentlichte Tamba Hali eine Single namens „Chiefs", als Hommage an die Fans im Arrowhead Stadium.

# #7 DIE FANKULTUR DER CHIEFS

## „Let's get louuud!"

Profi-Football ist in den USA eine Inszenierung. Eine Show. Sportliche Unterhaltung. Die NFL-Spieler sind moderne Gladiatoren. Sie tragen Ausrüstungen und Helme, um vor allem Kopf und Oberkörper zu schützen. Sobald der Ball im Spiel ist, brennt der Rasen. Die Zuschauer in den riesigen Arenen, die wie Amphitheater wirken, fiebern mit. Teile des Publikums sind sogar ganz dicht dran am Spielfeld. Sie sind heißblütig, sie sind verkleidet, sie feuern ihr Team mit vereinten Kräften an. Dabei läuft ständig laute Musik. Der Stadionsprecher heizt der Menge zusätzlich ein. Genau wie vielerorts die Cheerleader. Nach ein paar Bier und der amerikanischen Nationalhymne vor dem Kickoff geht es nicht nur um Sieg oder Niederlage. Es geht um Stolz. Um Heimatliebe. „Any Given Sunday", an jedem verdammten Sonntag. NFL-Spieltage sind den Fans heilig.

Die amerikanischen Sportzuschauer ticken anders als die deutschen. Sie gehen erst kurz vor Spielbeginn ins Stadion. Volle Ränge schon weit vor Anpfiff wie bei uns gibt es nicht. Minutenlange Fangesänge zur Einstimmung aufs Spiel auch nicht. Ebenso wenig wie einstudierte Fan-Choreografien. Von Ultras ganz zu schweigen. Während zum Fußball in Deutschland hauptsächlich Männer mit ihren Kumpels gehen, ist

American Football Familiensache. Es sind viele Kinder im Stadion. Gegessen und getrunken wird permanent. Kein Amerikaner ist während der drei Stunden, die so ein Footballspiel dauert, ausschließlich auf seinem Platz. Der Hunger treibt, das Bier auch. Die Fans müssen auch widrige Witterungsverhältnisse aushalten, denn viele NFL-Stadien sind nicht überdacht. Das richtige Outfit ist deshalb nicht nur für die Spieler auf dem Rasen von enormer Bedeutung.

Ein Großteil der NFL-Spiele beginnt am Sonntagmittag. Los geht die Football-Party aber schon viele Stunden vor dem Kickoff. Die Parkplätze rund um die Stadien füllen sich bereits in den frühen Morgenstunden. „Tailgaiting" nennt sich das, was dort betrieben wird. Man steht vor seinem Auto mit geöffneter Heckklappe, es wird gefachsimpelt und diskutiert. Stundenlang. Dabei wird gegrillt und Alkohol getrunken. Das hat Tradition. Für viele ist Tailgaiting ein Hobby, allerdings ein teures. Denn Parken in Stadionnähe kostet in der NFL nicht selten bis zu 100 US-Dollar.

## Arrowhead Stadium: das lauteste Stadion der Welt

Das „Wohnzimmer" der Kansas City Chiefs ist das Arrowhead Stadium, ein architektonischer Koloss mit zwei gigantischen ovalen Video-Leinwänden und teils sehr steilen Rängen, die Platz für 76 416 Zuschauer bieten. Gemessen an den Sitzplätzen ist es aktuell die viertgrößte Arena der NFL. Eröffnet wurde das Arrowhead am 12. August 1972, es hat vor kurzem also seinen 50. Geburtstag gefeiert. Happy Birthday, altes Haus! Ganz frisch ist es nämlich nicht mehr. Es erfüllt die Standardvorgaben, Hightech an jeder Ecke sucht man hier allerdings vergebens. Letztmals renoviert wurde es zwischen 2007 und 2010 für 375 Millionen US-Dollar. Ein Drittel kam dabei aus privater Hand von der Besitzerfamilie Hunt. Die hat sich im Arrowhead sogar eine Eigentümer-Suite einbauen lassen: mit je drei Schlaf- und Badezimmern, einer Küche und einem Wohnzimmer. Home sweet home.

Neben dem Soldier Field der Chicago Bears war das Arrowhead Stadium lange das einzige NFL-Stadion, das nicht nach einer berühmten Person oder einem Sponsor benannt ist. Das hat sich erst ab März 2021 mit dem Einstieg der GEHA, einer Versicherungsgesellschaft für US-Bundesangestellte, geändert. Der vollständige Stadionname lautet seitdem „GEHA Field at Arrowhead Stadium". In den 1980er Jahren gab es Pläne, das Stadion mit einem Dach auszustatten. Diese Überlegungen wurden aber aus Kostengründen wieder vom Tisch gewischt.

Ins Deutsche übersetzt heißt Arrowhead Pfeilspitze. Und in der riesigen Betonschüssel gibt es passend dazu viele Verweise auf die Kultur der amerikanischen Ureinwohner. Den „Tomahawk Chop" zum Beispiel. Dabei schwenken die Chiefs-Fans einen Unterarm mit offener Handfläche vor und zurück, um das Hacken mit einem Tomahawk zu simulieren. Zusätzlich rufen sie einen erfundenen Kriegsschrei. Und das alles im Takt einer Riesentrommel, die unten auf dem Spielfeld von früheren Chiefs-Stars oder Prominenten bearbeitet wird. Initiiert wurde dieser spezielle Jubel in den frühen 1990er-Jahren von Marty Schottenheimer, dem ehemaligen Head Coach der Chiefs *(siehe Kapitel 6)*. Er hatte sich das bei einer Aufführung der Northwest Missouri State Band abgeguckt.

Das Tragen von indigenem Haarschmuck und Gesichtsbemalung ist neuerdings im Stadion verboten. Die Chiefs folgten damit im Jahr 2020 einem Trend amerikanischer Sportmannschaften, sich intensiv mit den von Ureinwohnern als beleidigend oder zumindest respektlos empfundenen Namen, Symbolen oder Bräuchen auseinanderzusetzen. Aus diesem Grund trennte sich das NFL-Team aus Washington im selben Jahr von seinem langjährigen Beinamen „Redskins" und heißt jetzt „Commanders".

Wer sich als Fan den Kansas City Chiefs zugehörig fühlt, kann dem sogenannten „Chiefs Kingdom" beitreten. Bei Heimspielen werden die Fans auch als „The Red Sea" bezeichnet, weil fast alle ein rotes Trikot tragen. Das Arrowhead ähnelt also quasi einer Stierkampf-Arena. Für mehr Stimmung auf den Rängen sorgen weitere traditionelle Rituale. So heizt zum Beispiel seit 2009 das „Chiefs Rumble", eine große Gruppe Schlagzeuger/-innen, das Publikum an. Und zum Schluss der US-Nationalhymne vor dem Kickoff singen die Fans statt „… and the home of the brave" immer aus voller Kehle „… and the home of the Chieeeeefs". Daraufhin wird ein kurzes Feuerwerk gezündet und mindestens drei Kampfflugzeuge der US-Armee fliegen über das Stadion. Spätestens dann ist die Stimmung im Stadionkessel auf dem Siedepunkt und der Krach ohrenbetäubend.

Der Lärm ist so gewaltig, dass die Geräuschkulisse sogar im *Guinness Buch der Rekorde* steht. Das Arrowhead ist das lauteste Stadion der Welt! Am 29. September 2014, während des ersten Viertels des Montagabend-Spiels zwischen den Chiefs und den New England Patriots, wurden 142,2 Dezibel gemessen. Zum Vergleich: genauso laut ist es neben einem startenden Düsenjet oder in der ersten Reihe eines Rockkonzerts zu stehen. Für die Chiefs bedeutet das einen großen Heimvorteil, denn wenn sie im Ballbesitz sind, ist es auf den Rängen meist mucksmäuschenstill. Bloß nicht die Konzentration und die Spielzugansagen der eigenen Lieblinge stören! Völlig anders verhält es sich, wenn der Gegner in der Offensive ist. Dann wird aus Leibeskräften gegrölt und gebuht. Der Quarterback der anderen Mannschaft soll möglichst sein eigenes Wort nicht verstehen. Als Patrick Mahomes am 23. September 2018 die Chiefs erstmals als Starting Quarterback im eigenen Stadion aufs Feld führte, war er wie elektrisiert. „Mein Herz hat wie wild geschlagen. Diese Leidenschaft der Fans gibt es nirgendwo anders in der Liga", sagte er nach dem Sieg gegen die San Francisco 49ers (38:27) mit leuchtenden Augen auf der Pressekonferenz.

Beim „lautesten Spiel der Welt" im September 2014, in dem die Chiefs die Patriots mit 41:14 überrollten, stand Sebastian Vollmer aktiv auf dem Platz. Der Deutsche, der mit New England zweimal den Super Bowl gewann (in den Spielzeiten 2014 und 2016), erzählt: „Die Lautstärke im Arrowhead ist wirklich krass. Es war teilweise so laut, dass ich meine Mitspieler, die in der Offensive Line wirklich direkt neben mir stehen, nicht verstehen konnte, obwohl wir uns gegenseitig angeschrien haben. Kommunikation untereinander ist überhaupt nicht möglich. Dadurch entstehen zum Beispiel in der Absprache zwischen dem Quarterback und seinen Passempfängern Fehler, weil sie manche Kommandos nicht hören und dadurch falsche Routen laufen. Das ist ein großer Heimvorteil für die Chiefs." Um bestmöglich auf die Duelle im Arrowhead vorbereitet zu sein, wurden im Patriots-Training drastische Maßnahmen ergriffen. Vollmer: „Es wurden riesige Lautsprecherboxen aufgebaut, aus denen richtig laute Musik plärrte. So sollten wir lernen, auch unter diesen Umständen miteinander zu kommunizieren."

Auch für Ian Rapoport ist das Arrowhead ein magischer Ort: „Das Stadion der Chiefs ist ein Mekka der NFL, ein ikonischer

Ort, um ein Footballspiel zu sehen", schwärmt der NFL-Starreporter. „Dort herrscht eine unfassbare Energie und Lautstärke. Es ist unbeschreiblich und total verrückt. Alle Fans haben sich schick gemacht und sind ganz in Rot gekleidet. Zudem riecht es auf den Parkplätzen rundherum überall nach Barbecue. Die ganze Luft ist voll von diesem Duft."

Leidenschaftlich bei Heimspielen mit dabei sind auch Stars anderer Branchen. Klar, die Promidichte in Kansas City ist nicht so groß wie zum Beispiel in Los Angeles. Trotzdem sind auch im Arrowhead regelmäßig Showgrößen zu Gast. Hollywoodstar Brad Pitt zum Beispiel. Dessen absolutes Lieblingsteam sind zwar die New Orleans Saints, aber auch die Chiefs trägt er fest in seinem Herzen. Pitts Schauspielkollege Paul Rudd hat als Kind in Kansas City gelebt und an der University of Kansas studiert. Er ist riesengroßer Chiefs-Fan und fungierte 2007 in der mehrteiligen TV-Doku *Hard Knocks* über *seine* Mannschaft als Sprecher. Auch Melissa Etheridge kommt gebürtig aus der Ecke. Die Countrysängerin gehört ebenfalls zum „Chiefs Kingdom" und schmetterte vor dem Kickoff des AFC Championship Games in der Saison 2018 im Arrowhead zwischen den Chiefs und den New England Patriots die Nationalhymne.

## Wo spielen die Chiefs ab 2032?

Ein Jahr nach der Fertigstellung des Arrowhead eröffnete 1973 in unmittelbarer Nachbarschaft das Stadion der Kansas City Royals aus der Major League Baseball, das 1993 in Kauffman Stadium umbenannt wurde, als Ehrung für den langjährigen Royals-Eigentümer Ewing M. Kauffman. Gemeinsam bilden diese beide Arenen, die nur einen Steinwurf voneinander entfernt sind, den

Keine Angst vor Bällen: Schon mit fünf Jahren begleitete Patrick Mahomes seinen Vater auf die Baseballplätze der MLB. Hier sieht man ihn bei einer »Trainingssession« mit Mets-Pitcher Mike Hampton.

▲ Voller Einsatz: Patrick Mahomes war schon in der Highschool für seinen spektakulären Spielstil und unbedingten Siegeswillen bekannt. Hier versucht er im Spiel gegen die Arlington Colts mit letzter Kraft, die Endzone zu erreichen.

▶ Neue Heimat, neues Trikot: Nach zwei Jahren als Quarterback der Wildcats wechselt Mahomes ans College zu den Texas Tech Red Raiders.

XII
TEXAS TECH
5

▲ Das spektakulärste College-Spiel aller Zeiten: Gegen die Oklahoma Sooners mit Baker Mayfield zeigte Mahomes eine überragende Leistung mit 88 Pässen, 734 Passing Yards und fünf Touchdowns - und verlor am Ende trotzdem mit 59-66.

▶ Kliff Kingsbury ist heute Headcoach der Arizona Cardinals, zuvor formte er bei Texas Tech den Rohdiamanten Patrick Mahomes zu einem der besten College-Quarterbacks.

GUNS UP
MAHOME

▲ Der Moment, als Patrick Mahomes von Clark Hunt am Telefon erfährt, dass die Chiefs ihn an Position 10 im Draft 2017 ausgewählt haben …

► Im NFL Combine quälte sich Patrick Mahomes in 4,80 Sekunden über die 40 Yards. Schlagzeilen machte er einige Tage später beim Pro Day in Lubbock, wo er mit seinem kräftigen Arm und beeindruckender Genauigkeit die Scouts überzeugte.

10
QB

▲ Der Super Bowl LIV: Im Februar 2020 spielen die Chiefs mit Mahomes im Finale der NFL gegen San Francisco. Für Mahomes wird das Spiel zu einem Duell mit den 49ers-Verteidigern wie Joey Bosa mit der Nummer #97.

▶ Es ist geschafft: Kurz vor Spielende erhält Trainerlegende Andy Reid die »wohlverdiente« Gatorade-Dusche. Auf die Farbe des Getränks konnte man in Las Vegas Wetten abschließen.

▶ Geteilte Freude: Freundin Brittany Matthews feiert mit Mahomes. Im folgenden Sommer macht er ihr einen Heiratsantrag und seit 2022 sind die beiden verheiratet.

© picture alliance / ASSOCIATED PRESS | John Bazemore

© picture alliance / ASSOCIATED PRESS | Morry Gash

CHIEFS SUP
15

ALLEGRETTI
73
ANUDIKE-UZOMAH
97
BELL
87

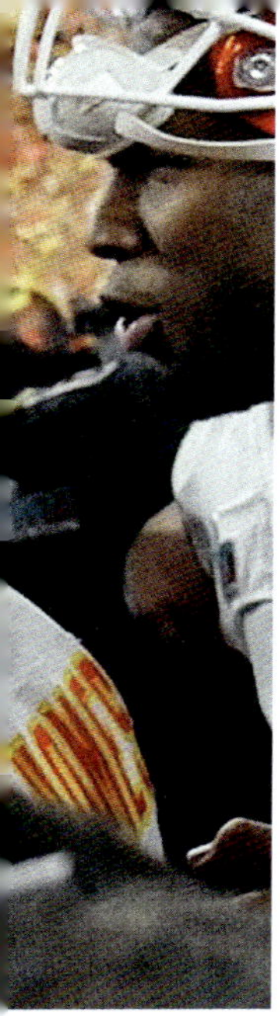

© Imago / kolbert-press

◀ Super Bowl 2023: Kelce und Mahomes haben es geschafft …

◀ … um es 2024 wieder zu tun – zwei aufeinanderfolgende Siege, der dritte in fünf Jahren!

▲ Die NFL kommt nach Deutschland: Im November 2023 spielen die Miami Dolphins gegen die Kansas City Chiefs in Frankfurt.

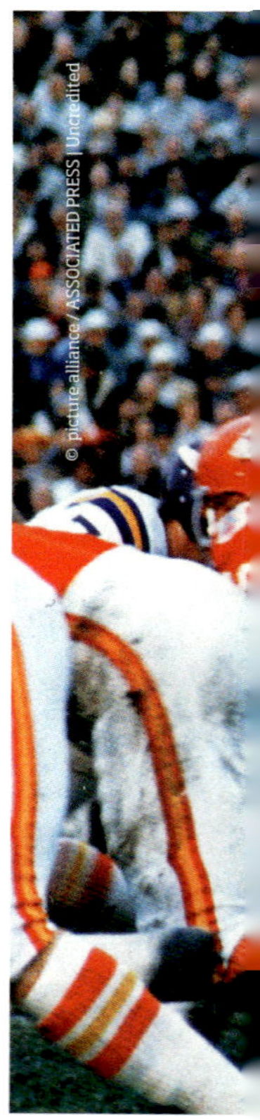

◄ Hank Stram war der erste Trainer der Chiefs in der NFL und gleichzeitig einer der erfolgreichsten. Er war als Motivator bekannt, der junge Talente zu Stars formen konnte. Hier feiert er den Sieg gegen die Bills 1967 und den Einzug in den ersten Super Bowl, der gegen die Green Bay Packers verloren ging.

◄ Lamar Hunt gründete die AFL und die Dallas Texans, die später zu den Kansas City Chiefs wurden. Die AFL fusionierte 1970 mit der NFL und Hunt erfand den Super Bowl. Hier mit seinem Erfolgstrainer Hank Stram.

▼ 1970 konnten die Chiefs zum zweiten Mal in den Super Bowl einziehen und standen am 11. Januar 1970 den Minnesota Vikings gegenüber. Star-Quarterback Len Dawson (#16) brachte die Chiefs mit einem angetäuschten Wurf und einer darauf folgenden Ballübergabe an den Running Back Mike Garrett in Führung. Der Spielzug wurde als »65 Toss Power Trap« zu einem der berühmtesten der NFL-Geschichte.

▲ Von 2008 bis 2016 erlief der Running Back Jamaal Charles für die Chiefs mehr als 7000 Yards und 43 Touchdowns. Sein Pech: Die Chiefs waren zu der Zeit nie Titelkandidat – trotzdem sind seine 5,4 Yards pro Lauf im Durchschnitt immer noch Ligarekord.

► Joe Montana ist einer der berühmtesten Quarterbacks der NFL. Die meisten Fans verbinden ihn aber mit seinen vier Super-Bowl-Siegen in den 1980ern für die San Francisco 49ers. Dabei hat er danach noch zwei Jahre für die Chiefs gespielt – leider ohne den großen Erfolg in den Playoffs.

► Der Punt- und Kickoff-Return-Spezialist Dante Hall hatte den Spitznamen »Human Joystick«, weil er wie kein anderer die Laufrichtung wechseln konnte. So sprangen einige Gegner wie hier Dolphins-Verteidiger Keith Adams ins Leere.

Chiefs
19

82

Zusammen ein perfektes Team, das auch privat viel gemeinsam unternimmt: Travis Kelce mit Taylor Swift und Patrick Mahomes mit Brittany beim Endspiel der US Open 2024

Truman Sports Complex. Die große Frage ist: Wie lange noch? Schließlich ist das Arrowhead nach dem Soldier Field in Chicago und dem Lambeau Field der Green Pay Packers das mittlerweile drittälteste Stadion der NFL. Und zahlreiche Liga-Konkurrenten, wie zum Beispiel die Los Angeles Rams, die Los Angeles Chargers und die Las Vegas Raiders, sind bereits in jüngster Vergangenheit in neue Mega-Arenen umgezogen. Mit denen lässt sich nämlich noch mehr Geld verdienen. Auch für die Tennessee Titans, Buffalo Bills und Jacksonville Jaguars werden gerade neue Football-Tempel gebaut.

Daher verwundert es nicht, dass sowohl die Chiefs als auch die Royals schon länger ernsthaft in Erwägung ziehen, sich ebenfalls ein neues Zuhause zu suchen. Während die Royals bereits seit September 2021 öffentlich damit liebäugeln, in Zukunft ein neues Stadion mitten in der Stadt Kansas City zu errichten, bestätigte Chiefs-Präsident Mark Donovan Ende März 2022, dass es Überlegungen gebe, nach 2031 (wenn der Mietvertrag für den Truman Sports Complex ausläuft) eine neue Heimat im US-Bundesstaat Kansas zu beziehen. Das würde nach über 60 Jahren den Abschied der Chiefs aus dem US-Bundesstaat Missouri bedeuten Kansas City liegt nämlich im US-Bundesstaat Missouri und nicht in Kansas, wie viele denken.

Eine abermalige Renovierung des Arrowhead auf Kosten der Steuerzahler scheint ausgeschlossen. Anfang April 2024 stimmten die Bürger des Jackson County in Missouri, in der das Stadion beheimatet ist, gegen erneute Steuervergünstigungen für die Chiefs. Eine klare Mehrheit lehnte die Pläne ab (58 Prozent). Derzeit profitieren die Chiefs von der „3/8-Cent-Steuer". Auf je 100 Dollar werden in Jackson County zusätzlich 38 Cent Umsatzsteuer erhoben, die in die Taschen der Chiefs und der Royals fließen. Diese Regel sollte bis 2064 verlängert werden. Abgelehnt!

Daraufhin nahm der Flirt zwischen den Chiefs, den Royals und dem US-Bundesstaat Kansas wieder Fahrt auf. Im Juni 2024 beschlossen Politiker parteiübergreifend und überraschend deutlich, viel Geld für den Bau neuer Stadien und Trainingsanlagen auf der Kansas-Seite der zweigeteilten Stadt Kansas City aufzutreiben. Mit staatlichen Anleihen in Milliardenhöhe sollen beide Teams aus Missouri herübergelockt werden. Gouverneurin Laura Kelly erklärte: „Kansas hat jetzt die Möglichkeit, ein Kraftzentrum des Profisports zu werden." Die Verhandlungen laufen.

## „Mr. Music" und die Cheerleader

Unterhaltung abseits des Spielgeschehens wurde bei den Chiefs nämlich schon immer großgeschrieben. Bereits direkt nach dem Umzug aus Dallas war ab 1963 (damals noch im Municipal Stadium in Kansas City) „The Zing Band" beziehungsweise ab 1971 die „TD Pack Band" ein wichtiges Element bei jedem Heimspiel der Chiefs. In den Spielpausen sorgten sie für gute Stimmung bei den Zuschauern und spielten immer dann besonders laut, wenn das Auswärtsteam im Ballbesitz war, um Anweisungen des gegnerischen Trainers und Quarterbacks schwerer verständlich zu machen.

Gegründet wurde die Musikgruppe von Trompeter Tony DiPardo (1912 – 2011). Harald Roe Bartle, der damalige Bürgermeister von Kansas City, hatte sie Teamgründer Lamar Hunt empfohlen. DiPardo wurde „Mr. Music" genannt und war in Kansas City ein absoluter Fan-Liebling. Er hat auch zahlreiche Lieder über *seine* Mannschaft geschrieben, unter anderem „The Chiefs are on the Warpath" und „The Hank Stram Polka". DiPardos Kombo gab insgesamt 45 Jahre lang den Takt bei den

Chiefs an – und war damit die dienstälteste Musikband in der Geschichte der NFL. Nach der Saison 2008 ging DiPardo in Rente, drei Jahre später verstarb er mit 98. Bei der Trauerfeier sagte Clark Hunt: „In Kansas City steht TD nicht nur für Touchdown. Es steht für Tony DiPardo."

Zeitgleich mit The Zing Band gingen 1963 auch die Cheerleader der Chiefs an den Start – sie bestanden damals allerdings aus Frauen *und* Männern! Gegründet wurden sie vom damals 21-jährigen Randy Neil, einem Studenten der University of Kansas. Neil schrieb Team-Eigentümer Lamar Hunt einfach einen Brief und präsentierte darin seine Idee, die Stimmung im Stadion mithilfe einer Tanzgruppe zu beleben. Und Hunt antwortete tatsächlich. Kurz und knapp: „Lieber Randy. Tu es!" Gesagt, getan. Innerhalb kürzester Zeit trommelte Neil insgesamt 18 Frauen und Männer zusammen. Pünktlich zum ersten Heimspiel in Kansas City. Die Chiefs waren damit das erste Team in der American Football League (dort spielten sie bis 1969, *siehe Kapitel* 5), das Cheerleader hatte.

Geld gab's dafür aber nicht. Und auch die Uniformen wurden von Neil & Co. selbst entworfen und gekauft. Obwohl die Tanzgruppe zusätzlich außerhalb des Stadions viel PR-Arbeit für die Chiefs machte, waren jahrelang zwei Eintrittskarten pro Person für die Spiele die einzige Belohnung für das Engagement der Mitglieder. Als die Chiefs ab der Saison 1970 offiziell zur NFL gehörten, änderte sich das Personal. Nun waren die Cheerleader ausschließlich weiblich und hießen „Chiefettes". Und das Hin und Her ging munter weiter: Bereits in den 1980er-Jahren waren sie wieder die „Kansas City Chiefs Cheerleaders" und ließen wieder Frauen und Männer zu. Aber nur sieben Jahre lang, denn in den 1990er Jahren war die Truppe erneut rein weiblich und blieb es fast ausnahmslos bis heute. Neben den Cheerleadern gibt es auch noch die „Red and Gold Girls", die zur Unterhaltung artistische Stunts der Zuschauer aufführen.

## Von Pferden und Wölfen

Man mag von tierischen Maskottchen ja halten, was man will: Bei den Chiefs werden sie jedenfalls heiß und innig geliebt. Weil in der Anfangszeit in Kansas City stark auf ein Stadionerlebnis mit einem „Cowboy-und-Indianer-Feeling" gesetzt wurde, kam bei den Heimspielen auch immer zur Musik des „Tomahawk Chop" ein geschecktes Pferd namens „Warpaint" ins Stadion galoppiert. Auch nach Touchdowns der Chiefs kam es zur Freude des Publikums zum Einsatz. Ursprünglich wurde „Warpaint" 15 Jahre von einem Mann namens Bob Johnson geritten. Ohne Sattel und in voller Indianer-Montur. Auch die Parade durch die Stadt nach dem Sieg im Super Bowl 1969 führte er auf „Warpaint" an. Als Johnson in den Ruhestand absattelte, übernahmen eine Frau und ein Mann: Cheryl McDaniel und Pete Runyan hatten sich vorher in einem „Casting" durchgesetzt.

Im Jahr 1989 war dann aber Schluss, der kultige Vierbeiner wurde in Rente geschickt (insgesamt wurde „Warpaint" von drei verschiedenen Pferden verkörpert) – und durch einen kräftigen Wolf ersetzt! Von 1989 bis 2009 war „K. C. Wolf" das einzige Maskottchen der Chiefs. Der „Gute-Laune-Wolf" wurde nach dem „Wolfspack", dem ersten Fanclub der Chiefs, benannt. Er fährt heutzutage im Quad aufs Feld, macht viel Quatsch, tanzt und imitiert unter anderem Elvis Presley. Im Kostüm steckt Dan Meers, ein angesehener Motivationsredner. Auch außerhalb des Arrowhead ist „K. C. Wolf" in der ganzen Stadt ein willkommener Gast, vor allem bei Kindern. Auf Welttournee ist er ebenfalls schon gegangen und hat die Chiefs unter anderem in Japan, Mexiko und auch Deutschland repräsentiert. Seit 2006 gibt es übrigens auch eine NFL Hall of Fame für Maskottchen. K. C. Wolf wurde gleich im ersten Jahr aufgenommen.

Überraschung: Anlässlich des 50. Geburtstags der American Football League in der Saison 2009 entschieden sich die Chiefs, „Warpaint“ wiederaufleben zu lassen. Diesmal hielt Cheerleaderin Susie die Zügel in der einen und die USA-Fahne in der anderen Hand. Sie war nicht als amerikanische Ureinwohnerin, sondern als Cowgirl angezogen; das war politisch korrekter. Auch Bob Johnson feierte 2012 sein Comeback als Reiter von „Warpaint“. Ende Juli 2021 war dann aber endgültig Schluss: Die Chiefs gaben bekannt, zukünftig auf Aneignungen von Kultur der amerikanischen Ureinwohner zu verzichten. Vorhang zu für die „Wild West Show“ inklusive „Warpaint“. Die Zeiten haben sich geändert. Auch der „Tomahawk Chop“ wird mittlerweile sehr kritisch gesehen.

Was sich aber nie verändert hat, ist die bedingungslose Liebe der Chiefs-Fans zu ihrem Team. Und das, obwohl zwischen dem ersten Triumph im Super Bowl und dem zweiten über 50 Jahre vergingen. Und obwohl das Team, auch wenn es denn mal gut lief, in den Playoffs bis in die jüngere Vergangenheit hinein immer sofort rausflog. Die Anhängerschaft ist treu. In Kansas City und Umgebung sowieso, aber auch in anderen Teilen der USA. Und sogar bei uns im deutschsprachigen Raum.

## Big Charlie's Saloon: Chiefs-Fans in Philly

Ein zentraler Anlaufpunkt für alle Chiefs-Fans in den USA außerhalb von Kansas City ist Big Charlie's Saloon im südlichen

Teil von Philadelphia. Hier, fast 2000 Kilometer vom Arrowhead entfernt, kommt man sich vor wie in einem Museum. Die gesamte Eckkneipe (Adresse: 11th Street and McKean) ist voller Erinnerungsstücke der über 60 Jahre langen Teamgeschichte. Überall hängen und stehen Fotos, Poster, Plakate, Trikots, Helme, Tassen und andere Devotionalien. Besitzer dieser Bar, die auch als „Arrowhead East" bekannt ist, ist Paul Staico aus Philadelphia. Er erzählt, seine Liebe zu den Chiefs habe schon in jungen Jahren begonnen, als sein Vater, genannt „Big Charlie", 1969 eine Super-Bowl-Wette auf die Chiefs gewann und mit diesem Geld seinem kleinen Sohn das Fahrrad kaufte, das er sich schon so lange gewünscht hatte. „Danach bin ich zum Chiefs-Glauben konvertiert", sagt Staico Jr. im Interview mit der Uni-Zeitschrift *The Temple News*. „Das werde ich nie vergessen. In diesem Moment wurde ich für immer ein Fan."

Staico betreibt Big Charlie's Saloon seit 1983. Im hinteren Teil der Bar, wo die Chiefs-Spiele während der Saison auf einer Großbildleinwand laufen, hängen Originalautogramme und weitere exklusive Sammlerstücke an der Wand. Obwohl auch Philadelphia mit den Eagles ein NFL-Team hat und deren Stadion, das Lincoln Financial Field, nur zwölf Blocks entfernt liegt, gab es hier noch nie Auseinandersetzungen. „Wir hattenin den nun schon 40 Jahren unseres Bestehens noch keine einzige Rauferei zwischen Chiefs- und Eagles-Fans", erklärt Staico stolz. „Wir sind hier alle Freunde." Das liegt wohl auch daran, dass die Chiefs und die Eagles nicht in einer Division, ja nicht mal in derselben Conference spielen und daher keine allzugroßen Rivalen sind (mit Ausnahme des Super Bowl in der Saison 2022, den die Chiefs gegen die Eagles gewannen). Big Charlie's Saloon ist inzwischen so berühmt, dass die NFL hier einen Dokumentarfilm drehen ließ (Titel: *Big Charlie's*), der 2004 mit dem renommierten US-Fernsehpreis „Emmy“ ausgezeichnet wurde. Seitdem sitzt „Emmy“ hinter dem vorderen Tresen.

Viele Chiefs-Spieler waren hier schon zu Besuch. Unter anderem der früh verstorbene Verteidiger Derrick Thomas *(siehe Kapitel 6).* Auch der frühere Head Coach Dick Vermeil gab sich die Ehre. Kansas Citys früherer General Manager Scott Pioli schickte Blumen als Zeichen der Anteilnahme, als Staicos Mutter verstarb. Im Frühjahr 2022 schaute sogar NFL-Commissioner Roger Goodell im Saloon vorbei. Wer bislang noch nicht da war, ist Andy Reid. Darüber würde sich wohl die gesamte Nachbarschaft freuen, denn der Head Coach der Chiefs hatte ja zuvor bei den Eagles das Sagen (von 1999 bis 2012, *siehe Kapitel 8*). Beide Teams führte er zu mehr als 100 Siegen. Dass ein Cheftrainer diese magische Marke gleich mit zwei Mannschaften erreicht, ist einzigartig in der NFL.

Staicos Kinder Anthony und Marina sind – wen wundert's – ebenfalls große Chiefs-Fans. Als Kansas City in der Saison 2018 den Super Bowl in Miami erreichte (und ja auch gewann), hatte Anthony über einen Freund die Möglichkeit, ein Ticket zu bekommen und live im Stadion dabei zu sein. Er lehnte dankend ab! Und begründete dies im Dokumentarfilm so: „Ich habe, seit ich denken kann, jedes Chiefs-Spiel in unserer Bar geguckt. Nein, ich wollte den Super Bowl an keinem anderen Ort verfolgen. Und ich habe diese Entscheidung nie bereut.“

## Die deutschen Fans

Vom äußersten Norden bis zum tiefsten Süden, von Sylt bis zum Schwarzwald: Auch im deutschsprachigen Raum gibt es tausende Fans der Kansas City Chiefs. Sie führen eine Fernbeziehung,

Liebe auf Distanz. Die meisten von ihnen haben ihr Lieblingsteam noch nie live gesehen, waren teilweise auch noch nicht in den USA. Und doch schlägt ihr Herz für Rot-Weiß. Sie fiebern mit, sie jubeln mit, sie trauern mit. Aber wie wurden die deutschen Fans mit dem Chiefs-Fieber infiziert? Wir haben uns umgehört.

„Ich interessiere mich seit über zwei Jahrzehnten für American Football. In meinem Elternhaus hatten wir früher ‚Premiere'. Auf diesem Sportsender lief ja damals viel NFL-Football. Mir haben der Name und das Logo der Chiefs gefallen. Seitdem bin ich Fan. Ganz einfach", erinnert sich Oliver Weigel. Er lebt im Schwarzwald und ist organisiert im „Chiefs Kingdom Germany", einer Interessengemeinschaft, die sich im Internet auf Social-Media-Plattformen über die Chiefs austauscht und per Streaming gemeinsam die NFL-Spiele schaut. Viele kennen sich schon jahrelang.

„Ich finde alte Stadien viel cooler als diese neuen Hightech-Arenen. Und während viele die Spiele hauptsächlich wegen des Offensiv-Spektakels gucken, liebe ich Defense-Football", sagt Weigel. „Derrick Thomas ist mein All-Time-Chief. Bevor Patrick Mahomes zu uns kam, waren wir ja in der Verteidigung meist viel besser als im Angriff. Aber jetzt haben wir endlich mal einen richtig guten Quarterback. Dafür bin ich sehr dankbar. Manchmal muss ich mich kneifen, dass wir jetzt tatsächlich dauerhaften Erfolg haben." Was mag er denn besonders an Mahomes? „Dass er ein guter Teamplayer ist, die Mannschaft vorbildlich anführt. Sein Arm ist das A und O. Ich bewundere seine ‚No Look'-Pässe."

Ebenfalls zum Chiefs Kingdom Germany gehört Peggy Meyer-Kästner. Sie ist sogar regelmäßig bei den Chiefs vor Ort. „Ich habe Verwandtschaft in Kansas City. Meine über 80-jährige Tante lebt dort", erzählt sie. „Zuletzt waren wir am 7. Oktober 2024 beim Spiel gegen die New Orleans Saints im Stadion. Das Arrowhead hat eine unfassbare Energie. Man kommt da hin und hat sofort Gänsehaut. Das ist unbeschreiblich." Es ist ein Erlebnis, das allerdings auch einiges kostet. Meyer: „Wir sitzen meist recht weit oben auf der Tribüne. Da kostet eine Karte ungefähr 200 US-Dollar. Wer dicht am Spielfeldrand dabei sein möchte, muss ungefähr 800 US-Dollar bezahlen. Je weiter unten man ist, umso lauter ist es. Das Stadion funktioniert akustisch wie eine Art Trichter."

Peggy hat auch ein paar Tipps für alle, die planen, zum Arrowhead zu reisen und einen Besuch bei den Chiefs auf ihrer persönlichen „Bucket List" abzuhaken: „Wer eine Stadiontour machen möchte, sollte das mindestens zwei Tage vorm nächsten Heimspiel tun. Dann darf man sich noch alles angucken, auch die Umkleidekabinen. Einen Tag vorm Spiel ist das nicht mehr möglich. Und wer das Tailgating auf den Parkplätzen vorm Arrowhead erleben möchte: Frühes Erscheinen sichert die besten Plätze! Da viele Fans nicht direkt aus Kansas City kommen, sondern von weiter her anreisen, geht für sie der Gameday schon um drei Uhr oder vier Uhr nachts mit der Abfahrt zum Stadion los. Deshalb steht schon um sechs Uhr eine lange Schlange vor der Einfahrt zu den Parkplätzen. Die kommen mit riesigen Autos mit großer Ladefläche, teilweise mit umgebauten Schulbussen. Das ist einfach der Hammer. Obwohl schon früh viel Alkohol getrunken wird, ist die Stimmung total freundlich. Dass jemand betrunken negativ auffällt, habe ich noch nicht erlebt." Wichtig sei nach ihrer Erfahrung auf jeden Fall, Klamotten für jedes Wetter dabeizuhaben: „Wer einen Besuch plant, sollte auf jeden Fall das Wetter im Blick haben, da es in Kansas City je nach Jahreszeit zu krassen Temperaturschwankungen kommen kann."

Zu den „German Arrowheads“ gehört Mika Faierson. Er ist einer der Fans, die die Aktivitäten deutscher Chiefs-Fans auf Social Media früh federführend organisierten und bündelten.

„Ich bin seit 2012 Fan der Chiefs. Erstmals mit Football in Berührung gekommen bin ich durch meinen älteren Bruder. Der hat damals einen Super Bowl mit Tom Brady gesehen. Danach hat ihn der Sport nicht mehr losgelassen. Mich auch nicht“, erzählt der Sylter. „Meine Liebe zu den Chiefs ist durch Jamaal Charles entstanden, den früheren Running Back. Den fand ich extrem cool und sympathisch. Mein Ziel war, deutsche Chiefs-Fans miteinander zu verbinden. Einen Ort zu schaffen, an dem sie gemeinsam mitfiebern und diskutieren können.“ Deren Anzahl hat sich vor allem in jüngster Vergangenheit stetig erhöht, Patrick Mahomes sei Dank. „Am faszinierendsten an Mahomes finde ich, was er macht, wenn der geplante Spielzug zusammenbricht. Wenn er plötzlich auf dem Spielfeld rumläuft und man weiß, jetzt wird irgendwas Wildes passieren. Es ist irre, dass er immer wieder Mittel und Wege findet, einen Spielzug doch noch erfolgreich abzuschließen, indem er den Ball in die kleinsten Lücken wirft.“

Mahomes hat auch Fabian Niessl zum leidenschaftlichen Chiefs-Fan werden lassen. Der Fitness-Influencer (300 000 Follower auf Instagram) kam während der NFL-Playoffs in der Saison 2018 erstmals so richtig intensiv mit American Football in Berührung. Damals standen die Chiefs, die New England Patriots, die Los Angeles Rams sowie die New Orleans Saints im „Halbfinale“. „Ich hatte damals noch relativ wenig Ahnung von diesem komplexen Sport. Aber in diesem Moment sagte ich mir: Komm, jetzt musst du dich für ein Team entscheiden. Ich wählte die Chiefs, obwohl sie in dieser Nacht gegen die Patriots verloren. Vielleicht lag es an ihren roten Trikots, die mich an mein Lieblingsfußballteam erinnert haben. Denn schon von klein auf bin ich Fan des FC Bayern München."

Seit jener Nacht war Niessl voll drin im Football-Fieber, schaut seitdem jedes Spiel der Chiefs live – egal, ob es nach deutscher Zeit am Abend oder mitten in der Nacht stattfindet.

„Ich denke, ich gehöre zu den sogenannten Erfolgsfans", sagt er. „Es hat halt wahnsinnig viel Spaß gemacht, diesem Team zuzuschauen. Ich habe damals schon mit meinen unwissenden Augen gesehen, dass der Mahomes was kann. Viel mehr als die anderen in dieser Sportart. Der macht Sachen mit seinem rechten Arm, wo ich denke, das gibt es doch nicht! Für mich ist beeindruckend, wie brutal gut und cool er mit Druck umgeht. Der ist so abgezockt. Wahnsinn. Was der für Pässe rausholt. Hammer. Seine Antizipation, diese vorausschauende Gabe – der weiß ganz genau, wo sein Mitspieler in drei Sekunden sein wird. Unvorstellbar, wie viel Ruhe und Übersicht er besitzt. Ich selber bin total mies im Werfen. Das war schon immer so: Wenn jemand in etwas besonders gut ist, in dem ich schlecht bin, fasziniert mich das noch mehr."

## Die Raiders: der Erzrivale

Stichwort Faszination. Eine elektrisierende Wirkung auf die Fans hat auch die langjährige Rivalität mit drei Mannschaften. Während im Profi-Football einige Spielgruppen immer mal wieder durcheinandergewürfelt wurden, haben sich die Gegner der Chiefs nie geändert. Seit Bestehen des Teams müssen sie in jeder Saison gegen die Raiders, Broncos und Chargers antreten. Seit Gründung der American Football League (AFL) im Jahr 1960 teilen sich diese vier Teams ununterbrochen dieselbe

Division. Erst gehörten sie alle zur Western Conference in der AFL und seit der Fusion von AFL und NFL im Jahr 1970 bilden sie zusammen die AFC West in der NFL. Kansas City hat im ewigen Duell aktuell gegen alle drei Mannschaften eine positive Bilanz, also bislang mehr Spiele gewonnen als verloren.

Die größten Rivalen der Chiefs sind die Raiders, die zunächst in Oakland (1960 – 1981), dann in Los Angeles (1982 – 1994) und dann wieder in Oakland (1995 – 2019) angesiedelt waren. Seit 2020 sind sie in Las Vegas zu Hause – im neuen Allegiant Stadium direkt am berühmten Las Vegas Strip, das architektonisch an eine Kulisse aus den *Star-Wars*-Filmen erinnert. Kurios: Die Abneigung eines Chiefs-Fans gegen die Raiders geht sogar so weit, dass er versucht haben soll, den ärgsten Widersacher seiner Lieblinge mit einem „Fluch" zu belegen. Der Mann, der als Bauarbeiter an der Entstehung des Allegiant Stadium beteiligt war, hat angeblich heimlich eine verbrannte Chiefs-Fahne unter der Arena verbuddelt.

In Kansas City blickte man lange neidisch auf den Erzrivalen, denn während zu AFL-Zeiten das sportliche Kräftemessen noch auf Augenhöhe stattfand, gehörten die Chiefs in den ersten zwei Jahrzehnten der „neuen" NFL zu den schlechtesten Teams der Liga. Die Raiders hingegen schwammen kontinuierlich auf der Erfolgswelle. Sie gewannen zwischen 1970 und 1980 die meisten Spiele ligaweit, verpassten zwischen 1967 und 1985 nur viermal die Playoffs und gewannen in den Spielzeiten 1976, 1980 und 1983 sogar den Super Bowl. Für Chiefs-Fans doppelt schmerzlich: Head Coach der Raiders bei den Titeln 1980 und 1983 war Tom Flores, der im Jahr 1969 als Ersatz-Quarterback in Kansas City unter Vertrag gestanden hatte. Richtig Karriere machte er aber erst später als Cheftrainer – bei den Raiders.

Die größte Reizfigur für Chiefs-Fans war aber lange Al Davis. Der übernahm die Raiders 1963 als Trainer. 1966 war er kurzzeitig

Commissioner der AFL *(siehe Kapitel 5)*, von 1972 bis zu seinem Tod 2011 dann auch Mehrheitseigner und General Manager der Raiders. Davis war ein streitlustiger Geschäftemacher, der gern aneckte. „Ich will nicht, dass wir das am meisten respektierte Team sind. Wir wollen das gefürchtetste Team der Liga sein", sagte er. Einige seiner Sprüche wurden so legendär, dass er sie sich später markenrechtlich schützen ließ. Dazu zählen zum Beispiel „Just win, Baby", „Pride and Poise" (Stolz und Haltung) oder „Commitment to Excellence" (Verpflichtung zur Exzellenz). Davis war der Meinung, dass Menschen bessere Leistungen bringen, wenn sie Angst haben. Und: Er konnte sich und seine Raiders extrem gut verkaufen. Er war ein Meister des Marketings und formte seine Mannschaft zur globalen Marke. Er änderte das Logo, führte neue Trikotfarben ein (Silber/Schwarz statt Gold/Schwarz) und verpasste dem Klub ein cooles Freibeuter-Image. Ihm wird auch die Erfindung des Namens „Raider Nation" für die Fans des Vereins zugeschrieben.

Als die Raiders 1982 nach Los Angeles umzogen, weil sich Davis mit den Politikern der Stadt Oakland in die Haare bekommen hatte, entdeckten einige Größen der Rapmusik, unter anderem Dr. Dre und Ice Cube, die Raiders für sich und trugen das Totenkopfemblem fortan durchs hippe L. A. spazieren. Das hatte positiven Einfluss auf das Wachstum und die Vermarktung. Plötzlich schwappten Raiders-Klamotten sogar bis nach Deutschland. Weil aber Ende der 1980er Jahre die Gewalt rund um die Heimspiele zunahm, lotste Davis seine Truppe wieder zurück nach Oakland. Dort spielten die Raiders im altehrwürdigen Oakland Coliseum. In diesem „Theater" trat kein NFL-Spieler gern auswärts an, es wurde regelmäßig zu einem der unbeliebtesten Stadien in der NFL gewählt. Eine Sektion des Coliseums wurde ehrfurchtsvoll „Black Hole" genannt, wegen der besonders frenetischen und natürlich in Schwarz gekleideten Fans, die sich dort versammelten.

Das sportliche Kräfteverhältnis änderte sich in den 1990er Jahren. Seitdem haben die Chiefs die Nase vorn und bis heute in jedem Jahrzehnt deutlich mehr Duelle gegen die Raiders gewonnen als verloren. Das bislang letzte Mal haben die Raiders vor 20 Jahren eine Hauptrolle im Rennen um den Titel gespielt: In der Saison 2002 konnten sie letztmals die AFC West Division und ein Playoff-Spiel gewinnen. Damals führte ihr Weg sogar bis in den Super Bowl, der allerdings gegen die Tampa Bay Buccaneers verloren ging. Quarterback zu dieser Zeit bei den Raiders war Rich Gannon. Der war zuvor von 1995 bis 1998 bei den Chiefs gewesen, blieb dort allerdings – typisch für so viele Chiefs-Spielmacher vor Patrick Mahomes – größtenteils wirkungslos. In Oakland blühte Gannon hingegen richtig auf und wurde in der Saison 2002 sogar zum MVP der NFL gekürt.

## Sieglose Broncos, enttäuschende Chargers

Die Denver Broncos waren lange gar keine Konkurrenz für die Chiefs. In der AFL zum Beispiel, also zwischen 1960 und 1969, kassierte diese Mannschaft in jeder Saison mehr Niederlagen, als sie Siege einfuhr. Von den ersten 20 Duellen gegen die Texans/Chiefs verloren sie 19! Doch in den 1970er-Jahren erwachten die Broncos plötzlich aus ihrem Dornröschenschlaf. Ab 1977 erreichte Denver in 38 Jahren achtmal den Super Bowl. Zum Vergleich: Den Chiefs gelang das zwischen 1970 und 2018 kein einziges Mal! Zwischen 1996 und 1998 blieben die Broncos zu Hause sogar ungeschlagen. Zwei Jahre in Folge, in den Spielzeiten 1997 und 1998, holten sie unter der Regie von Head Coach Mike Shanahan und

Quarterback-Ikone John Elway den Super Bowl nach Colorado. Zu einem Zeitpunkt, an dem niemand mehr so recht daran glauben mochte, denn die Endspiele in den Spielzeiten 1977, 1986, 1987 und 1989 waren allesamt verloren gegangen. Broncos-Fans dachten schon, ihr Klub sei verhext. In der Saison 2015 kam dann noch der dritte Triumph im Super Bowl hinzu – mit Quarterback-Superstar Peyton Manning, der danach in Rente ging.

Seitdem haben die Chiefs wieder klar die Oberhand über die Broncos. Von November 2015 bis Oktober 2023 beispielsweise haben sie *alle* Spiele gegen ihren Division-Rivalen gewonnen. Dabei sind die Auftritte in Denver immer eine körperliche Herausforderung, denn die Luft im Mile High Stadium in Denver ist besonders dünn. Es liegt 1609 Meter über Normalnull und ist damit das höchstgelegene Stadion der NFL. Die Bälle fliegen hier im Schnitt rund zehn Prozent weiter als anderswo. Das kommt dem gewaltigen Wurfarm von Patrick Mahomes natürlich entgegen.

Das vierte Team, das sich seit 1960 mit den Chiefs, Raiders und Broncos messen muss, sind die Los Angeles Chargers. Sie starteten in L. A., waren 55 Jahre in San Diego zu Hause und sind nun wieder in L.A. gelandet. Obwohl die Chargers immer mal wieder zum engeren Favoritenkreis auf den Super Bowl zählen (sie führten die NFL unter anderem zwischen 1978 und 1983 sechs Jahre in Folge in den Kategorien „Passing Yards“ und „Total Offense Yards“ an), endet jede Saison traditionell enttäuschend früh. Die Chargers haben noch nie den Super Bowl gewonnen. Nur einmal standen sie bislang im Endspiel, zogen dort aber in der Saison 1994 gegen die San Francisco 49ers den Kürzeren.

Und doch gab es in den vergangenen Jahrzehnten bei den Chargers zahlreiche herausragende Trainer und Spieler, darunter Head Coach Sid Gillman, Linebacker Junior Seau und Running Back LaDainian Tomlinson. Seit 2020 liegt die Hoffnung aller

Chargers-Fans auf den Schultern von Justin Herbert, einem jungen Quarterback, der als Neuankömmling in der Saison 2020 zahlreiche Ligarekorde brach und innerhalb kürzester Zeit zu einem der besten Spielmacher der NFL wurde.

# #8 DER NEUAUFBAU DER CHIEFS

## „How about those Chiiiefs?"

In den über 60 Jahren ihres Bestehens haben die Kansas City Chiefs in so mancherlei Hinsicht Geschichte geschrieben. Was der Profi-Football-Mannschaft aus Kansas City aber fast fünf Jahrzehnte fehlte, war *der* große Erfolg – ein Triumph im Super Bowl. Der sportlichen Bedeutungslosigkeit zwischen 1972 bis 1985, in der sich die Chiefs nicht ein einziges Mal für die Meisterrunde qualifizieren konnten, folgte zwischen 1990 und 1995 eine Glanzphase, die aber nie in den Playoffs ihre Krönung fand. Die Chiefs waren laaaaange das Sinnbild für das enttäuschende Scheitern in K.-o.-Situationen, in denen es wirklich drauf ankommt. Das sollte sich erst mit Andy Reid ändern.

Als Reid am 4. Januar 2013 offiziell den Posten des Head Coaches bei den Chiefs übernahm, hatte seine neue Mannschaft in der Vorsaison gerade historisch schlecht abgeschnitten. Sie konnte nur zwei von 16 Partien gewinnen, so schlecht war kein anderes NFL-Team. Der Tiefpunkt war erreicht. Im „Konzert der Großen" spielten die Chiefs ohnehin keine Rolle. Der letzte Playoff-Sieg lag fast 20 Jahre zurück. Reids Vorgänger als Cheftrainer – Dick Vermeil (2001 – 2005), Herm Edwards (2006 – 2008), Todd Haley (2009 – 2011) und Romeo Crennel (2011 – 2012) – hatten es in dieser Zeit alle nicht geschafft, der Stadt einen Erfolg in der Meisterrunde zu bescheren. Ihre kumulierte Bilanz: drei Auftritte in der Postseason, drei Pleiten. Reid hatte man geholt, um diese Negativserie *endlich* zu durchbrechen. Eine Mammutaufgabe, für die Reid aber genau der richtige Mann sei, fanden zumindest Chiefs-Eigentümer Clark Hunt und Chiefs-Präsident Mark Donovan. Das Führungsduo machte nach dem blamablen Abschneiden in der Saison 2012 klar Schiff im Frontoffice. Sie setzten Head Coach Romeo Crennel und General Manager Scott Pioli, der nach nur vier Jahren im Amt gescheitert war, vor die Tür. Anstelle von Pioli sollte sich nun John Dorsey um die Kaderzusammenstellung kümmern – ein Mann, der den Ruf hat, ein „harter Hund" zu sein.

Dorsey war selbst mal NFL-Spieler, von 1984 bis 1989 stand er als Linebacker in Green Bay auf dem Platz. Seine 35 Tackles in den Special-Teams-Formationen der Saison 1984 sind bis heute Rekord bei den Packers. Eine Knieverletzung beendete seine aktive Karriere allerdings früh. Dorsey wechselte daraufhin Trikot gegen Tasche – und wurde Scout. Das machte er so gut, dass er sich (mit einem kurzen Ausflug 1999 zu den Seattle Seahawks) in Green Bay Schritt für Schritt bis zum Director of Football Operations hocharbeitete und die Siege im Super Bowl in den Spielzeiten 1996 und 2010 mitfeierte. Und er war maßgeblich daran beteiligt, dass Aaron Rodgers, der heute zu den Quarterback-Superstars der NFL zählt, im Draft 2005 von den Packers ausgewählt wurde.

Nun wollte und sollte er auch in Kansas City die richtigen Weichen stellen. Dorsey wurde am 13. Januar 2013, neun Tage nach Reid, der Öffentlichkeit vorgestellt. Der neue General Manager und der neue Head Coach kannten sich praktischerweise schon: Beide hatten von 1992 bis 1997 gemeinsam für die Packers gearbeitet; Dorsey als Scout, Reid als Assistenztrainer.

## Andy Reids Weg zum Head Coach

Andy Reid ist ein Workaholic. Er arbeitet gern und viel, macht sich überall Notizen. Der Fast-Food-Liebhaber, der mit seinem wuchtigen Körper und seinem riesigen Schnauzbart eine gewisse Ähnlichkeit mit einem Walross hat, ist ein akribischer Arbeiter, der das Schicksal ungern dem Zufall überlässt.

Schon als Teenager ragte er aus der Masse heraus. Als er 1971 mit 13 Jahren an einem Pass-, Kicking- und Punt-Wettbewerb für talentierte Footballer teilnahm, der im Rahmen eines Montagabend-Spiels der NFL stattfand und daher von TV-Kameras eingefangen wurde, wirkte er doppelt so groß und schwer wie seine Kontrahenten. Da staunten sogar die TV-Reporter nicht schlecht. Später wurde Reid in der Defensive Line und der Offensive Line eingesetzt, also bei den schweren Jungs. Andrew Walter Reid kam 1958 in Los Angeles zur Welt. Von 1978 bis 1980 studierte er an der Brigham Young University in Utah, die von Mormonen geführt wird. Dort herrschen strenge Regeln: Alkohol, Kaffee, Tee, Sex vor der Ehe – alles verboten! Auf dem Campus lernte Reid seine Frau Tammy kennen, die Liebe seines Lebens. Die beiden heirateten am 8. August 1981. Nur von ihr wird Reid „Andrew“ gerufen. Für alle anderen ist er „Andy“.

Für eine Karriere als Spieler reichte Reids Talent nicht. Trotzdem machte er Football zu seinem Beruf. Von 1983 bis 1991 arbeitete er zunächst als Offensive Line Coach für diverse Colleges. Dann schaffte er den Sprung in die NFL, zu den Packers, wo er sieben Jahre blieb – zunächst als Assistant Offensive Line und Tight End Coach, dann als Quarterback Coach und Assistant Head Coach. Sein wichtigster Schützling damals war Spielmacher-Ikone Brett Favre. Eine Ikone in Green Bay. Ihr gemeinsames Highlight war der Sieg mit den Packers im Super Bowl 1996.

Aber Reid konnte mehr, das spürte er. Er wollte Cheftrainer in der NFL werden. Und bekam seine erste Chance als Head Coach bei den sportlich abgestürzten Philadelphia Eagles, die ihn im Januar 1999 anheuerten. Zum Missfallen vieler Fans, denn die hätten lieber einen erfahreneren Mann gehabt, so einen wie Mike Holmgren. Der Cheftrainer der Packers, unter dem Reid als Assistenztrainer gearbeitet hatte, war nämlich uesprünglich für den Posten des Head Coaches bei den Eagles vorgesehen gewesen, wechselte jedoch dann lieber zu den Seattle Seahawks. Aber er empfahl Philadelphia als Ersatz seinen langjährigen Assistenten Andy Reid. So kann's gehen …

Holmgrens Empfehlung erwies sich als Glücksgriff: Reid krempelte die Eagles erfolgreich um. Unter ihm gehörten sie plötzlich zu den Topteams der NFL. In 14 Jahren führte er sie zu sechs Division-Titeln in der NFC East, neunmal in die Playoffs, fünfmal ins NFC Championship Game sowie in der Saison 2004 in den Super Bowl. Dort zogen sie aber gegen die New England Patriots den Kürzeren (21:24). Den prestigeträchtigen Titel konnte Reid nicht nach „Philly" holen. Das wurde ihm schließlich auch zum Verhängnis: Weil ihm nicht mehr der ganz große Wurf zugetraut wurde, musste er dort Ende 2012 seine Koffer packen. Wenige Tage später unterschrieb er für zunächst fünf Jahre bei den Kansas City Chiefs. Doch vorher, im Sommer 2012, musste Reid einen schweren persönlichen Schicksalsschlag verkraften.

Andy und Tammy hatten fünf Kinder: die Söhne Garrett, Britt und Spencer sowie die Töchter Crosby und Drew Ann. Ihr ältester Sohn Garrett starb am 5. August 2012 im Alter von 29 Jahren an einer Überdosis Heroin – in seinem Zimmer während eines Trainingslagers der Philadelphia Eagles. Es war das tragische Ende einer jahrelangen Sucht. Die beiden Reid-Söhne Garrett und Britt gerieten im Laufe ihres jungen Lebens auf die schiefe Bahn und experimentierten viel mit Drogen. Bereits Ende Januar 2007 kamen sie mit dem Gesetz in Konflikt, wurden am selben Tag verhaftet und später zu Gefängnisstrafen verurteilt. Garrett (damals 24) hatte unter Drogeneinfluss mit hoher Geschwindigkeit eine rote Ampel überfahren und dadurch einen schweren Verkehrsunfall verursacht. In seinem Auto wurden Heroin, Spritzen und über 200 Aufputschpillen gefunden. Nur wenige Stunden später schnappten auch bei Britt (damals 22) die Handschellen zu. Er hatte einen anderen Autofahrer mit einer Pistole bedroht. Auch bei ihm wurden verbotene Substanzen im Wagen entdeckt.

Garrett und Britt, die in der Nachbarschaft heimlich mit Drogen dealten, lebten zu diesem Zeitpunkt noch bei ihren Eltern. Bei der folgenden Hausdurchsuchung wurden haufenweise illegale und verschreibungspflichtige Substanzen und Medikamente gefunden. Ein Schock für Andy und Tammy Reid, die von den Machenschaften ihrer Söhne nichts wussten. Doch die Familie hielt zusammen. Andy Reid nahm eine fünfwöchige Auszeit von den Eagles, um sich voll und ganz auf die Familie zu konzentrieren. Während Britt in den Folgejahren von den harten Drogen loskam, verfiel Garrett aber immer wieder in alte Muster und erlitt Rückfälle, obwohl ihn sein Vater zu sich in den Coaching Staff der Eagles geholt hatte, um ihm eine Perspektive aufzuzeigen. Zum Zeitpunkt seines Todes arbeitete Garrett dort in inoffizieller Funktion als Kraft- und Athletiktrainer. In einer von den Eagles veröffentlichten Erklärung teilte die Familie Reid mit: „Uns war bewusst, dass Garretts langjähriger Kampf gegen die Sucht schwierig werden würde. Er wird jedoch immer die Liebe und den Respekt unserer Familie für den Mut haben, den er bei dem Versuch gezeigt hat, sie zu überwinden. Am Ende trösten wir uns in unserem Glauben und wissen, dass er an einem besseren Ort ist."

Der Tod des eigenen Kindes ist wohl das Schlimmste, was Eltern passieren kann. Andy Reid stürzte sich danach noch mehr in die Arbeit, American Football war sein Zufluchtsort.

Sein neuer Job wenige Monate später bei den Chiefs war da ein willkommener Tapetenwechsel, auch für die Seele. Der Umzug und die kommenden Aufgaben lenkten Reid nach Monaten des Kummers ab, denn die Baustellen, die er Anfang 2013 in Kansas City vorfand, erforderten seine volle Konzentration und sein gesamtes Können als Head Coach.

Zwar hatte Reid nach seiner Amtsübernahme mit Jamaal Charles (*mehr zu ihm in Kapitel 6*) einen starken Running Back sowie mit Tamba Hali, Justin Houston und Derrick Johnson eine der besten Linebacker-Gruppen der NFL zur Verfügung, viel mehr aber auch nicht. Vor allem auf der wichtigsten Position im American Football bestand dringend Handlungsbedarf. Bei Reids Ankunft war Matt Cassel der beste Quarterback in Kansas City. Cassel war 2009 in einem Trade gemeinsam mit Linebacker Mike Vrabel von den Patriots nach Kansas City gekommen. New England erhielt im Tausch für beide den 34. Pick im NFL Draft 2009.

Über weite Strecken überzeugen konnte Cassel in seinen vier Jahren als Starting Quarterback der Chiefs aber nicht. Er wurde am 14. März 2013 entlassen. Reid wollte einen anderen Spielmacher.

## Alex Smith übernimmt

Seine Wahl fiel auf Alex Smith. Der war acht Jahre zuvor mit riesigen Vorschusslorbeeren von der University of Utah in die NFL gekommen. Die San Francisco 49ers hatten ihn im Draft

2005 an erster Stelle ausgewählt. Doch bei ihnen konnte Smith die großen Erwartungen – auch aufgrund von Verletzungen und ständig wechselnden Cheftrainern – letztlich nicht vollends erfüllen. Zeitweise wurde er von den eigenen Fans sogar ausgebuht. 2009 durfte Smith nur bleiben, weil er auf einen erheblichen Teil seines ursprünglich vereinbarten Millionengehalts verzichtete. Bis zum Ende der Saison 2010 hatte San Francisco von 50 Spielen mit ihm als Starting Quarterback nur 19 gewonnen.

Zwar führte Smith die 49ers in der Saison 2011 bis ins NFC Championship Game, das sie jedoch unglücklich mit 17:20 nach Verlängerung gegen die New York Giants verloren. Trotzdem ging seine Zeit in San Francisco unweigerlich dem Ende entgegen. Im November 2012 musste er seinen Stammplatz an Colin Kaepernick abgeben, obwohl er zu diesem Zeitpunkt mit einer Quote von über 70 Prozent angekommener Pässe zu den besten Spielmachern der Liga gehörte. Er wurde an der US-Westküste nicht mehr gebraucht.

Andy Reid gab Alex Smith gern eine zweite Chance in der NFL, war er doch schon bei den Philadelphia Eagles an dem Quarterback interessiert gewesen. Am 27. Februar 2013 vereinbarten die Chiefs einen Trade mit den 49ers. Smith sollte nach Kansas City wechseln, die 49ers bekamen dafür unter anderem wenige Wochen später einen Zweitrunden-Pick im Draft. Der Deal machte sich bezahlt: Unter Reid blühte Smith noch mal so richtig auf und blieb auch von größeren Verletzungen verschont.

Auch einen neuen Offensive Coordinator hatte Reid nach seinem Dienstantritt bei den Chiefs installiert: Er brachte Doug Pederson für diesen Posten aus Philadelphia mit. Pederson war früher selbst NFL-Quarterback gewesen, unter anderem viele Jahre lang Ersatzmann von Brett Favre bei den Packers unter Reids Coaching. Später gewann er in der Saison 2017 als Head

Coach den Super Bowl mit den Eagles und ist aktuell Cheftrainer der Jacksonville Jaguars.

Den Chiefs gelangen in der ersten Spielzeit mit Alex Smith als neuem Starting Quarterback unter der Regie von Reid und Pederson zum Start neun Siege am Stück, unter anderem in Woche drei bei den Eagles in Philadelphia. Den genoss Reid natürlich besonders, denn er wurde beim Betreten seiner alten Wirkungsstätte frenetisch mit Standing Ovations bejubelt und flog dann nach dem Spiel auch noch als Gewinner in sein neues Zuhause. Auch Kansas City lag ihm schnell zu Füßen. Er hatte – mithilfe von Jamaal Charles, der mit 19 Touchdowns in der Regular Season richtig ablieferte – das schlechteste NFL-Team des vergangenen Jahres plötzlich in das beste verwandelt.

Doch wie so oft in der Geschichte der Chiefs, folgte das Aus in den Playoffs wieder in der ersten Runde. Diese „Endspiel-Allergie“ bekam auch Reid zunächst nicht in den Griff. Obwohl die Chiefs in der Wild Card Round bei den Indianapolis Colts bis kurz nach der Halbzeit 38:10 führten, verloren sie am Ende hochdramatisch noch mit 44:45. Es war Kansas Citys achte Pleite in Serie in der Meisterrunde. 20 Jahre hielt diese Durststrecke nun schon an. Smith warf gegen die Colts vier Touchdowns, brachte 30 seiner 46 Passversuche für 378 Yards an und erlief weitere 57 Yards selbst. Eine Interception unterlief ihm nicht. Allerdings verursachte er mit einem Fumble den einzigen Turnover der Chiefs.

## Mit Travis Kelce fängt alles

2014 verpassten die Chiefs mit neun Siegen und sieben Niederlagen in der regulären Saison die Playoffs. Während dieser Spielzeit drängte neben Smith und Charles eine weitere Offensivkraft ins Rampenlicht: Travis Kelce. Der Tight End wurde im 2013 in der dritten Runde von der University of Cincinnati verpflichtet. Sein erstes NFL-Jahr verlief jedoch höchst unglücklich: Kelce verletzte sich früh am Knie, musste operiert werden und war bis Saisonende nicht mehr einsetzbar. Er hatte bis dahin nur einen einzigen Snap für die Chiefs gespielt, in Woche zwei in den Special Teams gegen die Dallas Cowboys. Nun, ein Jahr später, war er wieder im Vollbesitz seiner Kräfte – und lieferte richtig ab. Kelce wurde 2014 mit 862 gefangenen Yards zum besten Passempfänger von Smith. Zudem fing er fünf Touchdowns.

In der Saison 2015 knüpfte er an seine starken Leistungen aus dem Vorjahr an. Kelce war jetzt Stammkraft und wichtiger denn je für Alex Smith, und das noch verstärkt, nachdem sich Jamaal Charles in Woche fünf das Kreuzband im Knie gerissen hatte. Zu diesem Zeitpunkt hatten die Chiefs gerade fünf Spiele in Folge verloren und drohten mal wieder, die Playoffs zu verpassen. Andy Reid stand damals stark in der Kritik. Doch dann kam sein Team endlich in Tritt und gewann alle noch verbleibenden zehn Spiele der Regular Season. Das lag nicht zuletzt an einem neuen Mann in der Verteidigung: Marcus Peters. Für den Cornerback von der University of Washington hatten sich die Chiefs in der Draft mit ihrem ersten Pick entschieden. Peters entwickelte sich sofort zu einer tragenden Säule der Defensive. Während seiner Rookie-Saison fing er unter anderem acht Interceptions, von denen er zwei in Touchdowns umwandelte.

In der Meisterrunde 2015 passierte dann etwas, woran viele schon nicht mehr zu glauben gewagt hatten: Kansas City gewann tatsächlich ein Playoff-Spiel! Der erste Sieg in der Postseason seit sage und schreibe 22 Jahren. Die Fans, die Spieler, Andy Reid, Alex Smith, Travis Kelce – alle lagen sich freudetrunken in den Armen. In der Wild Card Round hatten die Chiefs den Houston Texans nicht den Hauch einer Chance gelassen. Sie siegten auswärts hoch überlegen 30:0. Kelce fing acht Bälle für 128 Yards und war einmal mehr der wichtigste Passempfänger auf dem Platz. War der Playoff-Knoten bei den Chiefs jetzt endlich geplatzt?

Nein! Nur eine Woche später kam die Ernüchterung. Die Chiefs mussten in der Divisional Round bei den New England Patriots antreten. Es war das erste Playoff-Duell dieser beiden Teams überhaupt. Kansas City lief im gesamten Spiel einem Rückstand hinterher und verlor am Ende 20:27. Reid wurde danach für sein schlechtes Time Management kritisiert – im vierten Quarter hatte er nicht alle seine Timeouts verbraucht. Was von der Saison 2015 blieb, war die Freude über eine Serie von elf Siegen am Stück (das war Teamrekord) sowie die Erleichterung, endlich mal wieder ein K.-o.-Spiel gewonnen zu haben. Trotzdem nahm die Spielzeit erneut frühzeitig ein jähes Ende – es hatte wieder nicht für den sehnsüchtig erwarteten zweiten Erfolg in der Geschichte des Super Bowls gereicht. Die Chiefs-Anhänger warteten darauf nun bereits 46 Jahre.

## Was macht Reid so erfolgreich?

Noch mal zur Einordnung: Als Andy Reid die Chiefs im Jahr 2013 übernahm, hatte die Mannschaft die Vorsaison gerade als schlechtestes Team der NFL abgeschlossen: mit nur zwei Siegen in 16 Spielen. Aber er bekam sie schnell in den Griff und formte sie in Windeseile zu einem Siegerteam. In den ersten drei Jahren unter seiner Leitung gewannen die Chiefs immer mehr Spiele, als sie verloren. Dieser Trend setzte sich fort – und dauert bis heute an. Mit Reid hatte Kansas City *noch nie* eine Saison mit negativer Siegesbilanz. So eine Serie über einen so langen Zeitraum ist außergewöhnlich in der NFL. Reids Ausruf „How about those Chiiiefs?“ nach Siegen in der Kabine ist mittlerweile legendär.

Was ist Andy Reids Erfolgsrezept? Einer, der weiß, wie der Coach tickt, ist Ian Rapoport. Der NFL-Starreporter beobachtet Reid bereits seit zwei Jahrzehnten. „Andy ist ein großartiger Play Caller und Play Designer“, erklärt Rapoport. „Er zählt zu den Besten, wenn es darum geht, in bestimmten Situationen den richtigen Offensiv-Spielzug anzusagen und sein Spielkonzept ideal auf die Stärken seines Starting Quarterbacks auszulegen. Er presst Quarterbacks nie starr in sein System, sondern entwickelt mit ihnen zusammen die passende Taktik. Zusätzlich hat er das perfekte Temperament für einen Head Coach. Er reagiert nie übertrieben. Weder in die eine noch in die andere Richtung.“

Reid wirkt an der Seitenlinie oft gelassen, ja geradezu stoisch. Das hängt wohl auch damit zusammen, dass er Leute um sich weiß, denen er blind vertraut. Denn auch das ist typisch für Reid: Er besetzt wichtige Positionen gern mit langjährigen Weggefährten. Drei seiner engsten Gefolgsleute bei den Chiefs sind Brett Veach *(mehr zu ihm in Kapitel 9)*, Matt Nagy und Tom Melvin.

Melvin und Reid kennen sich schon seit 1983. Damals war der 25-jährige Reid Offensive Line Coach an der San Francisco State University und der 23-jährige Melvin sein Spieler. Rund 40 Jahre später arbeiten die beiden noch immer eng zusammen. Reid hat Melvin seit 1999 überall mit hingenommen, erst zu den Eagles, dann zu den Chiefs. In Kansas City ist er seit 2013 der Tight End Coach und damit unter anderem verantwortlich für die gute Entwicklung von Travis Kelce.

Matt Nagy ist ein früherer Quarterback, der von 1997 bis 2000 College-Football an der University of Delaware spielte, jedoch nie den Sprung in die NFL schaffte, sondern stattdessen sechs Jahre für die New York Dragons, Carolina Cobras, Georgia Force und Columbus Destroyers in der Arena Football League (AFL) im Einsatz war. Danach wollte er in den Trainerjob einsteigen. Reid wurde sein Mentor, nahm ihn unter seine Fittiche und lotste ihn 2008 als sein Assistent zu den Eagles. 2013 gingen sie gemeinsam nach Kansas City. Dort war Nagy als Quarterback Coach zunächst der wichtigste Ansprechpartner für Alex Smith. Zur Saison 2016 wurde er dann (gemeinsam mit Brad Childress) zum Offensive Coordinator befördert. Childress saß während der Spiele in einer Skybox, Nagy stand unten am Spielfeld. Während Reid die offensiven Spielzüge bestimmte, hielt Nagy direkten Kontakt zu Smith auf dem Feld. Nagy wechselte 2018 als Head Coach zu den Chicago Bears. Nach anfänglichem Erfolg – dem erstmaligen Gewinn der NFC North seit 2010 – gestaltete sich seine Amtszeit in der „Windy City" aber enttäuschend: Unter seiner Führung gelang in vier Jahren kein Playoff-Sieg. Das genügte den hohen Ansprüchen der Bears-Verantwortlichen nicht. Nach der Saison 2021 musste Nagy seinen Posten räumen. Seit 2022 ist er wieder bei Reid und den Chiefs – mittlerweile wieder als Offensive Coordinator.

## Tyreek Hill ist der Renner

Eine zunehmend wichtige Rolle nahm dann auch Tyreek Hill in Reids Offense ein. Ihn hatten die Chiefs relativ spät (erst in der fünften Runde an Gesamtposition 165) im NFL Draft 2016 ausgewählt. Der Wide Receiver, ein begnadeter Sprinter, hatte keinen guten Ruf. In seinen vier Jahren am College spielte er für drei verschiedene Teams, erst für das Garden City Community College, dann für die University of Oklahoma und die University of West Alabama. Während seiner Zeit in Oklahoma, im Dezember 2014, wurde Hill wegen des Verdachts der häuslichen Gewalt festgenommen. Im Polizeibericht heißt es, dass er seine damals schwangere Freundin während eines Streits „wie eine Stoffpuppe" herumgeworfen habe. Außerdem habe er ihr ins Gesicht und wiederholt auf den Bauch geschlagen, sich auf sie gesetzt und sie gewürgt. Der Staat Oklahoma entließ ihn nach der Anklage aus der Footballmannschaft der Universität. Hill bekannte sich später schuldig und wurde unter anderem zu drei Jahren Bewährung verurteilt sowie zum Besuch eines Wutbewältigungs-Kurses verpflichtet.

Diese hässliche Geschichte ließ Hills Chancen auf eine erfolgreiche NFL-Karriere eigentlich gegen null sinken. Viele Teams waren abgeschreckt. Doch Andy Reid gab auch ihm (genau wie zuvor Alex Smith) eine zweite Chance, denn er war vor allem von Hills Speed fasziniert. Hill ist extrem schnell (daher sein Spitzname „Cheetah", zu deutsch Gepard) und wurde daher zunächst zum Spezialisten bei den Chiefs. Reid setzte ihn anfänglich vornehmlich als Punt Returner und Kick Returner ein. Doch allmählich wurde er auch im Passspiel mit Alex Smith immer wichtiger, vor allem bei tiefen Pässen über das ganze Spielfeld, die Reid besonders gern einsetzt. In seiner ersten Saison bei den Chiefs gelangen Hill beachtliche zwölf Touchdowns.

Während Jamaal Charles nach seinem im Vorjahr erlittenen Kreuzbandriss nie wieder richtig auf die Beine kam und letztlich nur drei Spiele bestreiten konnte, wurden Travis Kelce und Tyreek Hill in der Saison 2016 immer mehr zu Leistungsträgern auf dem Platz. Und auch Alex Smith war gut drauf. Mit zwölf Siegen bei nur vier Pleiten gewannen die Chiefs erstmals seit 2010 wieder den Division-Titel der AFC West und qualifizierten sich erneut für die Playoffs – sogar als das an Nummer zwei gesetzte NFL-Team.

Aber man ahnt, was jetzt kommt: Natürlich flog Kansas City beim ersten Auftritt in der Meisterrunde sofort wieder raus. Diesmal mit 16:18 vor heimischem Publikum gegen die Pittsburgh Steelers. Und das, ohne einen Touchdown des Gegners zugelassen zu haben. Den Steelers reichten sechs verwandelte Field Goals zum Sieg. Unglaublich, es war die fünfte Heimniederlage der Chiefs in den Playoffs in Folge. Das war historisch. So einen Negativlauf in der Meisterrunde hatte zuvor noch kein Team in der Geschichte der NFL hingelegt.

Andy Reid war zu diesem Zeitpunkt bereits seit fast 25 Jahren in der NFL. Er war hoch angesehen und überdurchschnittlich erfolgreich, seine Arbeit, sein Footballwissen waren vielen ein Vorbild. Spätere Head Coaches wie beispielsweise Ron Rivera, John Harbaugh, Sean McDermott und Todd Bowles lernten als Assistenten bei ihm. Was Reid aber weiterhin fehlte, war der Triumph im Super Bowl. Dafür musste erst Patrick Mahomes kommen ...

# #9 DIE EXPLOSION

## „Ich ruf dich gleich zurück."

Fünf Worte, die in der Schaltzentrale der Kansas City Chiefs Stress auslösten. Sollte der ausgeklügelte Plan etwa in letzter Minute platzen? Hektik machte sich breit, der eine oder andere musste sich Schweißtropfen von der Stirn tupfen.

Die Verantwortlichen der Kansas City Chiefs hatten in den letzten Tagen vor dem NFL Draft 2017 an einem fetten Deal gearbeitet. Im Verborgenen, hinter den Kulissen. General Manager John Dorsey hatte seine guten Kontakte zur Konkurrenz genutzt, um ein spektakuläres Geschäft einzufädeln. Die Chiefs waren heiß auf Pick Nummer zehn. Der gehörte eigentlich den Buffalo Bills. Mit ihnen hatte man aber jetzt ein attraktives Tauschgeschäft geschnürt. Beide Seiten waren sich prinzipiell einig, der Anruf von Dorsey bei Doug Whaley, dem General Manager der Bills, sollte eigentlich nur noch der Bestätigung dienen. Doch nun begann Whaley plötzlich zu pokern. Er spekulierte auf ein noch besseres Angebot – und legte erst mal auf. Für Dorsey der pure Nervenkitzel. Es blieben nur noch neun Minuten, um alles endgültig fix und dann offiziell zu machen.

Die Uhrzeiger tickten. Dann endlich – das Telefon klingelte. Whaley. Und diesmal die Bestätigung. „Okay, wir machen es so!" Puh! Dorsey ballte die Faust. Ein kurzes Nicken zu Chiefs-Besitzer Clark Hunt und Head Coach Andy Reid. Dann gab er die Infos weiter an die NFL. Die Chiefs durften jetzt an zehnter Position im Draft auswählen. Dafür gaben sie im Tausch ihren Erstrunden-Pick an 27. Stelle, einen Drittrunden-Pick sowie einen Erstrunden-Pick im Draft 2018 ab. Nicht ganz billig. Aber dafür war ihnen nun auch ihr absoluter Wunschspieler vom College gewiss: Quarterback Patrick Mahomes von der Texas Tech University. Dorsey, Hunt und Reid waren sich sicher, dass dieser überdurchschnittlich talentierte Footballspieler ihr Team noch besser machen würde.

Das war vor Kurzem noch nicht der Fall gewesen; die Drei mussten erst überzeugt werden, und zwar von Brett Veach, Patricks größtem Fan bei den Chiefs. Im Gegensatz zu Dorsey, Hunt und Reid hatte der damalige Personaldirektor Mahomes nämlich schon lange auf dem Schirm. Genau gesagt, seit einem College-Spiel der Texas Tech 2014, in dem Veachs Aufmerksamkeit eigentlich Le'Raven Clark, einem Offensive Lineman der Red Raiders, gelten sollte. Doch schon bald starrte er fast nur noch gebannt auf Mahomes. Was der Junge in diesem Spiel veranstaltete – so etwas hatte Veach in seiner Karriere als Scout noch nicht gesehen. Er war schockverliebt in die wilden Läufe und unglaublichen Würfe.

Veach, Jahrgang 1977, hatte zu diesem Zeitpunkt schon einige Jahre als Scout in der NFL auf dem Buckel. 2004 bekam er seine erste Chance in der NFL – von Andy Reid. Der machte ihn zum Praktikanten bei den Philadelphia Eagles. Damals war Veach noch ein Nobody ohne Netzwerk. Früher hatte er selbst mal Football gespielt, hauptsächlich als Running Back für die Fightin' Blue Hens von der University of Delaware, einer im Football eher unbedeutenden Hochschule. Als Spieler kam er für die NFL nicht in Frage. Trotzdem wollte er da hin. Und wenn nicht als Spieler, dann halt als „Bürohengst". Die

Chance bei den Eagles ergriff er sofort am Schopf. Er half, wo er konnte. Wenn jemand etwas brauchte, stand Veach bereit. Das imponierte Reid, der ihn nach vier Jahren zu einem seiner Assistenztrainer beförderte – der erste Schritt auf der Karriereleiter. Dem ein weiterer nur wenig später folgte: Veach wurde in die Scouting-Abteilung berufen, die sich das ganze Jahr über mit College-Talenten beschäftigte, die womöglich in das System von Reid bei den Eagles passen konnten.

Dort erarbeitete er sich den Ruf, ein feines Gespür für ungeschliffene Football-Rohdiamanten zu haben. Für die Eagles entdeckte er unter anderem LeSean McCoy. Den hatte er Reid empfohlen, als dieser ihn vor dem NFL Draft 2009 nach seinem Favoriten auf der Position des Running Backs fragte. McCoy ist heute Philadelphias „All Time Leading Rusher". Auch Veachs Nase für Wide Receiver DeSean Jackson in der zweiten Runde 2008 erwies sich als goldrichtig, Jackson wurde ebenfalls zum Leistungsträger in Philadelphia. Auf Veachs Händchen für junge Talente wollte Reid auch auf seiner nächsten Station nicht verzichten. Daher nahm er ihn 2013 mit nach Kansas City.

Dort setzte bei Veach ein Jahr später dann der Mahomes-Hype ein. Als er diesen Quarterback-Rohdiamanten das erste Mal sah, war er fasziniert – und zog sich ab sofort jedes Spiel der Texas Tech rein. Als Reid eines Tages in Veachs Büro reinplatzte und sich erkundigte, was dieser denn so treibe, erhielt er die Antwort: „Weißt du, Coach, ich schaue mir gerade den nächsten Quarterback der Kansas City Chiefs an." Reid lachte, wollte dann aus Neugier aber doch ein paar Plays sehen. „Sieht ziemlich gut aus", war sein erstes Fazit. Mehr nicht. Aber immerhin hatte der Cheftrainer der Chiefs nun das erste Mal von Patrick Mahomes gehört. Und Veach sorgte dafür, dass Reid diesen Namen nie mehr vergaß. Im Laufe der nächsten Wochen und Monate schickte er ihm jeden Montagmorgen nach den College-Spielen am Wochenende ein „Best of Mahomes".

Zeitgleich musste Veach aber auch noch General Manager John Dorsey und vor allem Chiefs-Besitzer Clark Hunt heiß auf seine neue Entdeckung machen. Schließlich entschied Reid wichtige Personalfragen nicht allein. Ohne auch Dorsey und Hunt auf seine Seite zu bekommen, wäre es unmöglich, Mahomes zu holen. Veach musste kämpfen. Und tat dies mit Erfolg. Kurz vor dem Draft 2017 hatte er seine drei Vorgesetzten in vielen Einzelgesprächen endgültig davon überzeugt, dass Mahomes genau jetzt der richtige Mann für die Organisation sei. Dorsey packte er, indem er Parallelen zwischen Mahomes und Brett Favre zog (diesen Hall-of-Fame-Quarterback hatte Dorsey 1992 nach Green Bay gelotst). Die Aussicht, eventuell wieder einen solchen Glücksgriff zu machen, gefiel Dorsey. Spätestens als Dorsey die Pro Days von Mitch Trubisky und Deshaun Watson absagte, aber in Lubbock bei der Vorstellung von Mahomes dabei war, wusste Veach, dass er auch den General Manager auf seiner Seite hatte. Clark Hunt, der CEO der Chiefs, war ebenfalls an Bord: „Als alles zu Mahomes auf dem Tisch lag, war es keine schwierige Entscheidung mehr. Die Chance, einen Quarterback zu bekommen, der die Zukunft unseres Teams sein konnte, machte es eigentlich zu einer ziemlich klaren Angelegenheit."

Um sicherzugehen, dass Mahomes ihnen beim Draft in die Hände fiel, musste ein Trade her, um einen früheren Pick zu bekommen. Dabei entspricht ein so aggressives Vorgehen im Draft eigentlich gar nicht dem Stil von Clark Hunt. Für Mahomes machte er eine Ausnahme.

## Die Konkurrenz ist geschockt

Am Morgen des Draft Days 2017 frühstückte Brett Veach mit seiner Familie. Kurz bevor er zum Büro losfahren wollte, drückte ihm seine Frau Alison noch einen kleinen Zettel von seiner sechsjährigen Tochter Ella in die Hand. Die hatte gerade erst in der Schule schreiben gelernt und in krakeliger Schrift vier Worte geformt: *Pat no matter what.* Ein Satz, den Footballfans aus dem Hollywood-Streifen *Draft Day* kennen. Darin spielt Kevin Kostner den General Manager der Cleveland Browns, der sich Stunden vor der Wahl des ersten Picks seines Teams den Namen eines Linebackers notiert: „Vontae Mack no matter what." Auch Veach ließ sich nicht mehr von seinem Plan abbringen. Am Abend des 27. April 2017 bekamen die Chiefs ihren absoluten Wunschspieler

... den die Konkurrenz auch gerne gehabt hätte. Knapp 800 Meilen südlich von Kansas City sorgte der Pick der Chiefs für blankes Entsetzen. Sean Payton, der Head Coach der New Orleans Saints, war nämlich ebenfalls Feuer und Flamme für Mahomes. Sein Star-Quarterback Drew Brees war zu diesem Zeitpunkt bereits 38 Jahre alt und fing langsam an, körperlich abzubauen. Sein Arm war nicht mehr so stark wie noch vor wenigen Jahren, kleinere Verletzungen nahmen zu und die Ergebnisse waren nicht mehr so überzeugend wie noch 2010, als die Saints mit Brees als MVP den Super Bowl gewannen. Drei Spielzeiten in Folge hatte das Team aus Louisiana nun mehr Partien verloren als gewonnen. Payton hatte sich Mahomes persönlich angesehen, sich mehrere Stunden mit ihm unterhalten und war ebenfalls überzeugt, dass er eine erfolgreiche NFL-Karriere hinlegen konnte. Er wollte Patrick eigentlich an Position elf draften, hatte das sogar schon Brees angekündigt. Doch dann preschten die Chiefs auf Platz zehn vor – und schnappten ihm Mahomes vor der Nase weg. Dumm gelaufen!

Stattdessen grenzenloser Jubel im „War Room“ der Chiefs. Andy Reid informierte den bisherigen Starting Quarterback Alex Smith, dass ein neuer Spielmacher komme. John Dorsey wickelte alle Regularien mit der NFL ab. Und Teambesitzer Clark Hunt hatte die angenehme Aufgabe, in Texas anzurufen, wo Familie Mahomes gerade mit Spannung verfolgte, wie sich der Draft Day so entwickeln würde. Patrick Mahomes war superglücklich. Das Grinsen, das sich in seinem Gesicht breit gemacht hatte, als er Hunt an der anderen Leitung des Telefons begrüßte, ging gar nicht mehr weg. Im Hintergrund fielen sich seine Liebsten jubelnd in die Arme. In dem Moment, als Andy Reid den Telefonhörer von Hunt übernahm, um ebenfalls mit seinem neuen Schützling zu sprechen, wurde im TV verkündet, für wen sich die Chiefs entschieden hatten. Sean Payton war geschockt. Damit hatte er nicht gerechnet. Vielen anderen Teamverantwortlichen ging es genauso. Die NFL-Konkurrenz hatte nicht geahnt, *wie* wichtig den Chiefs Mahomes war.

Auch viele Football-Reporter waren überrumpelt. Die Live-Kommentatoren der Drafts äußerten sich angesichts der Wahl der Chiefs spontan skeptisch. Einer der kritischsten war Dan Kadar von *SB Nation*. Aus seiner Sicht brauchten die Chiefs in diesem Draft am dringendsten einen Cornerback und einen Linebacker, um die wackelige Abwehr zu verstärken. Das war seiner Meinung nach viel wichtiger als ein junger Spielmacher, der definitiv noch Zeit brauchen würde, um dem Team zu helfen. Aber auch Kadar war klar: „Natürlich sehe ich aus wie ein Idiot, wenn die Mahomes-Vergleiche mit Brett Favre in einigen Jahren der Wahrheit entsprechen.“ Tja …

Für Mahomes selbst war ein Traum in Erfüllung gegangen. Gleich am nächsten Morgen setzte er sich in den Flieger nach Kansas City. Er hatte sich schick gemacht für seinen ersten Auftritt als NFL-Spieler: dunkelblauer Anzug mit roter Krawatte und Einstecktuch. Die Chiefs hatten zur Pressekonferenz geladen. Dort – eingerahmt zwischen General Manager John Dorsey und Head Coach Andy Reid – stand Patrick dann im großen Rampenlicht. Natürlich kamen auch Fragen zu Alex Smith, dem damaligen „Platzhirsch“ der Chiefs, der alles andere als erfolglos war. Gerade war er für seine jüngsten Leistungen in die Top 100 der NFL-Spieler der vergangenen Saison gewählt worden. Doch zur Überraschung der anwesenden Journalisten erklärte Mahomes, dass er bereits mit Smith im Austausch stand. Smith hatte ihn direkt nach dem Draft angerufen und ihm versprochen, dass er ihn beim Übergang vom College in die NFL unterstützen würde.

## Das Mahomes-Projekt startet

Nur knapp eine Woche startete die erste Trainingseinheit der Rookies auf dem Gelände der Chiefs im Schatten des großen Arrowhead Stadiums. Neben Patrick Mahomes waren auch die anderen Neuzugänge des Teams dabei, unter anderem der in der dritten Runde des Drafts ausgewählte Running Back Kareem Hunt. Alle durften sich nun eine Trikotnummer aussuchen, für Mahomes eine knifflige Sache. In der Highschool und am College hatte er die Nummer 5 getragen. Die hätte er auch bei den Chiefs gerne gehabt, doch sie gehörte schon seit

2014 dem brasilianischen Kicker Cairo Santos. Auch die 20 und 23 waren für Mahomes keine Alternative – beide Nummern hatte sein Vater Pat früher als Profi getragen. Also addierte er schließlich seine alte Nummer mit seinem Draft-Pick und entschied sich für die 15.

Am Abend vor Beginn des Rookie-Minicamps bekam er das umfangreiche Playbook überreicht. Playbooks sind in der Regel hunderte Seiten dick und enthalten alle Spielzüge, Taktiken und Kniffe eines Teams. Head Coach Andy Reid ist bekannt dafür, dass sein Playbook noch etwas umfangreicher ist als das vieler anderer NFL-Teams. Mahomes behandelte es ab sofort wie eine Bibel. Bei jeder Gelegenheit blätterte er darin herum, schrieb etwas hinein oder vergewisserte sich, dass er die Komplexität bestimmter Spielzüge auch wirklich verstanden hatte. Bei den Profis musste er in der Lage sein, seinen Kollegen im Huddle jedes einzelne Play vor dem Snap anzusagen. Das war er nicht gewohnt vom College, wo er Spielzüge oft eigenhändig hatte verändern und improvisieren dürfen. Das würde nun nicht mehr funktionieren. Mahomes musste das Offensiv-Konzept von Reid büffeln und verinnerlichen, es sollte seine Football-Muttersprache werden.

Sein erster Trainingstag startete prompt mit einem Fauxpas. Als Patrick bei seinem ersten Snap eine aus dem Playbook gelernte Anweisung in Richtung seiner Mitspieler schrie, war er verwundert, dass die ihn entgeistert anschauten. Hatte er sich versprochen? Oder sich etwas falsch gemerkt? Nein. Aber er stand auf der falschen Seite und hatte deshalb statt seiner Offensive die harten Jungs aus der Defensive vor sich. Und die hatten keine Ahnung, was er ihnen erzählte. Sie prusteten vor Lachen. Zum Glück blieb dieser kleine Ausrutscher von den anwesenden Journalisten unbemerkt.

Sein Mitspieler Tyreek Hill gab später offen zu, dass er zunächst wenig von Mahomes hielt: „Ich dachte, er ist Mist, da bin ich ehrlich. Nach dem Draft war ich entsetzt und fragte mich, wieso das Team ihn so früh ausgewählt hatte. Erst später habe ich dann gesehen, was er kann. Als er die Offense von Coach Reid gelernt hatte, war er plötzlich wie verwandelt."

Und das ging schnell. Bereits am Ende des ersten Trainingslagers hatte Patrick seine Trainer so weit von sich überzeugt, dass sie ihn in der Hackordnung der Quarterbacks vor Tyler Bray sahen. Bray war erst wenige Wochen zuvor nach dem Abgang von Nick Foles zu den Philadelphia Eagles zum Ersatzmann von Alex Smith aufgestiegen. Ein kurzes Vergnügen. Aber der in seiner fünften Saison spielende Quarterback sollte ohnehin nicht die Zukunft der Chiefs sein. Im Gegensatz zu Mahomes. Vorher wollte Reid jedoch noch sehen, ob sein junger Lehrling das Playbook auch wirklich drauf hatte und in der Lage war, die teilweise zehn bis zwölf Wörter langen Spielzüge fehlerfrei anzusagen.

*Green Right X Shift to Viper Right 382 X Stick Lookie*

So sieht zum Beispiel ein Playcall in der NFL aus. Die verschiedenen Begriffe stehen für die Formation und die Laufwege der Wide Receiver. Jedes Team hat eine andere Wortwahl, andere Konzepte und Ansätze. Wenn ballrelevante Spieler wie Quarterbacks, Wide Receiver, Tight Ends oder Running Backs den Arbeitgeber wechseln, müssen sie diese Aneinanderreihung einzelner Begriffe wie eine Computer-Programmiersprache lernen, damit sie auf dem Platz wissen, was sie machen sollen. Gleichzeitig soll der Gegner nur Bahnhof verstehen. Auch diese Aufgabe meisterte Mahomes zügig und zur vollen Zufriedenheit seines Cheftrainers.

## Dorsey muss gehen

Während sich Mahomes auf dem Trainingsplatz bewährte, traf Teambesitzer Clark Hunt zwei wichtige Entscheidungen: Er verlängerte im Juni 2017 den Vertrag von Head Coach Andy Reid vorzeitig und setzte im selben Monat General Manager John Dorsey vor die Tür – den Mann, der erst wenige Wochen zuvor maßgeblich daran beteiligt gewesen war, dass sich die Chiefs Mahomes im NFL Draft sichern konnten. Nun aber war eine weitere Zusammenarbeit nicht mehr möglich. Dorseys Kommunikationsstil und die Art, wie er seine Angestellten führte, passten Hunt nicht. Hinter vorgehaltener Hand erzählten sich Mitarbeiter, dass Dorsey Entscheidungen traf, ohne sie mit jemandem abzusprechen. Zudem feuerte er verdiente Mitarbeiter wie beispielsweise Will Lewis, den Leiter der Scouting-Abteilung – und keiner wusste, warum eigentlich. Wide Receiver Jeremy Maclin hatte er jüngst per Nachricht auf dem Anrufbeantworter über dessen Entlassung informiert. Kein besonders guter Führungsstil.

Dorsey ist ein Einzelgänger – wenn auch ein sehr erfolgreicher. Er formte die zuvor extrem schwachen Chiefs schnell zu einem Topteam. Mit bislang 43 Siegen bei nur 21 Niederlagen sowie drei Playoff-Teilnahmen in den letzten vier Jahren war seine sportliche Bilanz durchaus positiv. Zusätzlich war er federführend dafür verantwortlich, dass spätere Leistungsträger wie Tyreek Hill oder Travis Kelce nach Kansas City kamen. Aber Dorsey hatte auch immer extrem mit der Einhaltung des Salary Caps zu kämpfen. Während seiner Amtszeit kratzten die Chiefs stets am Limit der von der Liga festgelegten Gehaltsobergrenze. Was zur Folge hatte, dass für langjährige und bei den Fans extrem beliebte Stars wie zum Beispiel Abwehr-Ass Derrick Thomas kein Geld mehr da war. Von Kansas zog Dorsey nach Cleveland und war mitverantwortlich dafür, dass die Browns 2018 Baker Mayfield als First Overall Pick drafteten. Seit 2021 kümmert er sich um das Spielerpersonal der Detroit Lions. Sein Nachfolger als General Manager der Chiefs wurde Brett Veach.

## Alex Smith wird zum Mentor

Mit der Unterschrift bei den Chiefs hatte Mahomes auf einen Schlag einen Signing Bonus (Bonus bei Vertragsunterzeichnung) von ziemlich genau zehn Millionen US-Dollar erhalten und verdiente in den ersten vier Jahren weitere sechs Millionen US-Dollar. Zuallererst kaufte er sich von dem Geld ein Penthouse im Wert von 475 000 US-Dollar mit Dachterrasse in der Belleview Avenue, nur knapp 20 Minuten Autofahrt vom Trainingsgelände und dem Stadion der Chiefs entfernt. Die zwei Schlaf- und Badezimmer hatte er im ersten Jahr erst mal nur für sich, denn seine Freundin Brittany hatte sich entschieden, nach dem College ein Jahr in Island Fußball zu spielen, und wohnte deshalb nur bis zum Sommer mit ihm in Kansas City. Danach zog sie nach Europa.

Statt mit ihr verbrachte Mahomes viel Zeit mit Alex Smith, dem Führungsspieler in der Offensive der Chiefs. Smith, ein früherer First Overall Pick der 49ers, hatte nach seinem Wechsel nach Kansas City in den vergangenen vier Jahren seine bis dato besten Leistungen in der NFL gezeigt. Und er hatte auch weiter große Ziele, träumte insgeheim vom Gewinn des Super

Bowls. Die Verpflichtung von Patrick Mahomes nahm er sportlich. Er wusste, Konkurrenz gehört im Profi-Football nun mal dazu.

Außerdem war ihm Mahomes vom ersten Tag an sympathisch. Die beiden waren auf einer Wellenlänge und hatten vereinbart, sich gegenseitig zu unterstützen. Für Smith war es selbstverständlich, seinem neuen Rivalen bei den ersten Schritten in der NFL zu helfen. So denkt beileibe nicht jeder. Die Quarterback-Veteranen Ben Roethlisberger und Ryan Tannehill zum Beispiel haben sogar in öffentlichen Statements verlauten lassen, dass sie niemanden unterstützen, der zu ihnen in unmittelbarer Konkurrenz steht. Smith aber hatte kein Problem damit, Mahomes zu loben: „Neben seinen physischen Fähigkeiten ist das Besondere an Patrick vor allem, dass er Informationen sehr gut verarbeitet und schnell reagiert. Ihm fällt etwas direkt auf, und er kann dann damit arbeiten. Ich musste ihm nichts mehrfach sagen. Nie war etwas zu schnell für ihn während des ersten Jahres."

Smith verabredete sich mit Mahomes jeden Morgen um 5:30 Uhr auf dem Trainingsgelände. Dann erklärte er ihm, wie er sich im Detail vorbereiten musste, um Stück für Stück besser zu werden. Er verriet dem Neuling, worauf er selbst achtete, was ihm wichtig war: die richtige Ernährung, der Schlafrhythmus, mentales Training – all das teilte er mit seinem potenziellen Nachfolger. Später betonte Patrick: „Ich habe unglaublich viel von Alex gelernt. Wie professionell er mit der Situation umgegangen ist, hat mich beeindruckt. Er hat nichts für sich behalten und mir alles gezeigt."

## OFFENSIVE DER KANSAS CITY CHIEFS 17/18

Als die NFL-Saison 2017 begann, war Smith als klare Nummer eins gesetzt. Dass dies die richtige Entscheidung war, bestätigte er auf dem Platz. Im ersten Spiel schlugen die Chiefs den amtierenden Super-Bowl-Sieger, die New England Patriots, 42:27. Smith warf für 368 Yards und vier Touchdowns, beides die zweitbesten Werte seiner bisherigen Karriere. Auch Kareem Hunt schlug ein wie eine Bombe. Der neue Running Back erlief in seinem ersten NFL-Einsatz 148 Yards und einen Touchdown am Boden. Zusätzlich fing er Pässe für 98 Yards und zwei weitere Touchdowns.

Die Chiefs machten munter so weiter. Sie gewannen auch die folgenden vier Spiele und standen damit an der Spitze ihrer Conference. Mahomes verfolgte diese Siegesserie vom Seitenrand aus – und saugte Eindrücke und Erfahrungen ein.

Ab Mitte Oktober war aber erst mal Schluss mit lustig. In den NFL-Wochen 6 bis 13 gab es nur einen weiteren Erfolg, dem sechs Niederlagen gegenüberstanden. Krise. Die Medien begannen zu spekulieren. War Alex Smith noch der Richtige? Konnte nicht vielleicht der explosive Mahomes das Team wiederaufwecken und die Saison positiv zu Ende führen? *NFL Network* zeigte regelmäßig beeindruckende Trainingsvideos von ihm, wie er No-Look-Pässe abfeuerte oder seine Wide Receiver über den ganzen Platz jagte, um ihnen dann zentimetergenau den Ball in die Hände zu werfen. War nicht Mahomes für die letzten vier Spiele der regulären Saison die Traumlösung, um aus der 6:6-Bilanz den Weg in die Playoffs zu ebnen?

Bei den Verantwortlichen der Chiefs war das kein Thema. Head Coach Andy Reid wusste, was für eine Waffe er mit Mahomes in der Hinterhand hatte. Doch das Verhältnis der beiden Quarterbacks untereinander, die Unerfahrenheit des jungen Talents und der Respekt vor den Leistungen Smiths, hielten ihn davon ab, mit einer voreiligen Entscheidung einen fruchtbaren Entwicklungsprozess zu zerstören. Zu oft schon waren junge Spieler wegen nervöser Trainer „verbrannt" worden. Bei Mahomes wollte Reid es richtig machen. Er blieb geduldig.

Und Smith rechtfertigte das Vertrauen seines Chefs erneut. Die nächsten drei Spiele gingen allesamt zugunsten der Chiefs aus. Der Playoff-Platz war gesichert. Durchatmen. Das letzte Duell der Regular Season bei den Denver Broncos war nun bedeutungslos. Und damit die beste Gelegenheit, das neue Spielmacher-Talent erstmals unter Wettkampfbedingungen zu testen.

## Das erste NFL-Spiel

Zum Start der Trainingswoche vor dem Duell bei den Broncos teilte Andy Reid seinem Assistant Head Coach Brad Childress und seinem Offensive Coordinator Matt Nagy mit, dass sie ruhig schon mit dem Scouting möglicher Playoff-Gegner beginnen konnten. Reid selbst wollte sich in den kommenden Tagen nun voll und ganz Patrick Mahomes widmen und ihn auf sein erstes NFL-Spiel vorbereiten. Das Mile High Stadium in Colorado liegt 1609 Meter über Normalnull und ist damit das höchstgelegene der Liga. Es gibt dankbarere Orte für ein Profidebüt.

Mahomes' Feuertaufe fand am Silvesterabend 2017 statt. Es war eiskalt, minus acht Grad. Das Stadion war mit 75 928 Fans trotzdem ausverkauft. Die Chiefs traten mit einem „B-Team" an, denn neben Alex Smith schonte Reid auch weitere Stars. Die besten Passempfänger des Teams, Tyreek Hill und Travis Kelce, bekamen ebenfalls eine Verschnaufpause. Auch Running Back Kareem Hunt hatte nur einen Kurzeinsatz. Er musste nur noch 13 Yards erlaufen, um sich den NFL-Spitzenplatz für die meisten Rushing Yards in der regulären Saison 2017 zu sichern. Das gelang ihm bereits im ersten Drive – mit einem Touchdown-Lauf durch die Mitte über 35 Yards in die gegnerische Endzone. Danach guckte auch Hunt von der Seitenlinie zu, wie sich die Show des neuen Chiefs-Quarterbacks entwickelte.

In der dünnen Höhenluft von Denver ließ Mahomes gleich zu Beginn sein Können aufblitzen. Bereits nach 14 gespielten Sekunden warf er einen 51-Yard-Pass auf Tight End Demetrius Harris. Doch nur wenig später unterlief ihm auch eine Interception. Ein tiefer Passversuch, erneut auf Harris, landete in den Armen der Broncos-Verteidigung. Mist! Aber: Es blieb sein letzter schwerwiegender Fehler an diesem Abend. Auch ohne die besten Spieler seines Teams führte er die Chiefs auf die Siegerstraße. Als er Mitte des letzten Viertels Platz für Ersatz-Ersatz-Quarterback Tyler Bray machte, der ebenfalls ein paar Einsatzminuten bekommen sollte, stand es 24:10 für Kansas City.

Feierabend für Mahomes? Noch nicht. Denn bereits mit seiner ersten Ballübergabe an Fullback Anthony Sherman flutschte Bray das Spielgerät aus der Hand. Fumble! Denver-Linebacker Zaire Anderson reagierte blitzschnell, schnappte sich das Ei und lief damit zum Touchdown. Nur noch 24:17. Bray stand völlig neben sich, brachte keinen Pass an. Zack, nächster Touchdown Denver. Plötzlich stand es 24:24. Puh. Nun musste Mahomes retten, was noch zu retten war. Reid beorderte ihn zurück aufs Spielfeld, um in den nur noch 165 verbleibenden Sekunden mit einem Game Winning Drive zumindest in Field-Goal-Reichweite zu kommen. Hatte Mahomes seine Nerven im Griff?

Er hatte! Mit vielen schnellen Pässen über knapp zehn Yards vor allem auf Wide Receiver Albert Wilson und Läufen von Sherman und Mahomes selbst kämpften sich die Chiefs Stück für Stück in Richtung der Broncos-Endzone vor. Das gab Kicker Harrison Butker letztlich die Chance, aus 30 Yards zum Field Goal anzutreten. Er nahm Anlauf, schoss – DRIN! 27:24. Kansas City konnte am Ende also doch noch jubeln. In seinem ersten NFL-Spiel ging Mahomes als Sieger vom Platz. Zwar war ihm kein Touchdown-Pass oder -Lauf gelungen. Aber er hatte bewiesen, dass auch in spielentscheidenden Momenten („Crunch Time", wie man in den USA sagt) Verlass auf ihn war.

Es sollte sein letzter Auftritt in dieser Saison werden; in den nun folgenden Playoffs war wieder Alex Smith der Starting Quarterback. Aber wieder endete die Meisterrunde enttäuschend früh für die Chiefs, in der Wild Card Round war bereits Endstation. Diesmal verloren sie höchst unglücklich vor eigenem Publikum 21:22 gegen die Tennessee Titans, trotz zwischenzeitlicher 21:3-Führung. Unglaublich! In vier der bis dato fünf Spielzeiten unter Head Coach Andy Reid hatte Kansas City größtenteils souverän die Meisterrunde erreicht.

Doch in diesen Alles-oder-nichts-Spielen war dann stets der Wurm drin. Nur ein Sieg in fünf K.o.-Duellen ist eine niederschmetternde Bilanz. Die Enttäuschung war einmal mehr riesig.

## Die Wachablösung

Die schmerzhafte Niederlage gegen die Titans war das letzte Spiel von Alex Smith im Trikot der Chiefs. Am 30. Januar 2018 verkündete das Team, dass es ihn per Trade nach Washington abgeben würde. Trennung nach fünf gemeinsamen Jahren. Trotz des regelmäßigen frühen Scheiterns in den Playoffs war die Verpflichtung von Smith rückblickend eine der glücklichsten Entscheidungen von Andy Reid. Smith brachte endlich wieder Stabilität auf der im American Football wichtigsten Spielerposition. Seine letzte Chiefs-Saison hatte er mit 4042 Passing Yards und 26 Touchdowns beendet, beides Karriere-Bestwerte. Sein Quarterback-Rating (eine Statistik, die zeigt, wie effizient die Spielmacher ihre Pässe anbringen) von 104,7 war Ligaspitze.

Mindestens genauso wichtig wie Smiths Leistungen auf dem Platz war aus Chiefs-Sicht aber, dass er sich Mahomes gegenüber vorbildlich verhielt. Statt seinen aufstrebenden Konkurrenten links liegen zu lassen, bereitete er ihn auf höhere Aufgaben vor. „Alex war ein echter Mentor. Er hat Patrick erklärt, was er auf dem Feld wie und weshalb macht. Alex Smith hat Patrick Mahomes geholfen, zu dem zu werden, den wir heute kennen“, erklärt NFL-Reporter Ian Rapoport.

Smith hatte schnell akzeptiert, dass ihm nur noch ein weiteres Jahr in Kansas City blieb. Er wollte dafür sorgen, dass es danach auch ohne ihn erfolgreich weiterging. Rapoport: „Spieler wie

Tom Brady haben junge Quarterbacks in der Vergangenheit zuschauen lassen, bei dem, was sie tun. Das und nicht mehr. Wenn ein neuer Spieler in der ersten Runde gedraftet wird, bedeutet das, dass der bisherige Quarterback über kurz oder lang seinen Platz verlieren wird. Alex Smith war so professionell, sicherstellen zu wollen, dass sein Erbe in Kansas City mit Mahomes an der Spitze weiterbesteht." Und auch Andy Reid lobt: „Patrick könnte Alex gar nicht genug zahlen für die Erfahrung, die er ihm in diesem Jahr mitgegeben hat."

In Washington erwartete Alex Smith eine Mannschaft, die im Vorjahr nur sieben Spiele gewonnen und einen Quarterback wie ihn dringend nötig hatte. Auch hier sorgte er für mehr Siege als Niederlagen und konnte nach neun Spieltagen mit einer Bilanz von 6:3 schon von den Playoffs träumen. Dann passierte das Drama: Am 18. November 2018, im Heimspiel gegen die Houston Texans in NFL-Woche elf, erlitt Smith einen komplizierten Schien- und Wadenbeinbruch, der ihn fast die Karriere kostete. Es folgten 17 (!) Operationen, zwischen denen seine Ärzte immer wieder eine Amputation des Beines in Erwägung zogen. Wegen einer Blutvergiftung musste Smith neun Monate im Krankenhaus verbringen. Aber er gab nicht auf und kämpfte sich tatsächlich zurück. Fast zwei Jahre später feierte er sein umjubeltes Comeback. Dafür wurde er in der Saison 2020 mit dem Comeback Player of the Year Award ausgezeichnet. 2021 verkündete Smith dann seinen Rücktritt als Profi-Footballer und ist seitdem NFL-Analyst bei ESPN.

Zurück nach Kansas City: Dort war Alex Smith Anfang 2018 nicht der einzige Hochkaräter, der die Chiefs verließ. Auch sein engster Ansprechpartner, Offensive Coordinator Matt Nagy, packte seine Koffer – und nahm den Job des Head Coaches bei den Chicago Bears an. Sein Nachfolger wurde der bisherige Running Back Coach Eric Bieniemy, den Andy Reid 2013 von der University of Colorado geholt hatte.

Bieniemy hatte schon NFL-Erfahrung in der NFL – zwischen 2006 und 2011 als Running Back Coach und Assistant Head Coach bei den Minnesota Vikings. Und auch als Spieler war er in der NFL aktiv gewesen: Als Running Back war er im College der Star der Colorado Buffaloes. 1991 wurde er in der zweiten Runde des NFL Draft von den San Diego Chargers ausgewählt. In seinen acht Jahren in der Liga (später wechselte er noch zu den Cincinnati Bengals und Philadelphia Eagles) blieb er aber hinter den hohen Erwartungen zurück. Am Ende standen 1590 Rushing Yards, 1223 Passing Yards, fast 1900 Yards als Kickoff und Punt Returner sowie zwölf Touchdowns in seinem Leistungsnachweis – zu wenig für das Talent, das ihm zuvor bescheinigt wurde. Daher ist der Spitzname, der ihm verpasst wurde, auch wenig schmeichelhaft: ESPN-Kommentator Chris Berman nannte ihn „Eric, sleeping with Bieniemy" (eine Anspielung auf den Julia-Roberts-Thriller *Sleeping with the Enemy*, die andeuten soll, dass Bieniemy in spielentscheidenden Momenten nicht auf der Höhe war).

Nun sollte er sich federführend um das wohl größte Talent in der NFL kümmern. Im Februar 2018 standen sowohl Patrick Mahomes als auch Eric Bieniemy vor dem wichtigsten und herausforderndsten Jahr in ihrer bisherigen Karriere. Der eine wurde zum endgültigen Aushängeschild seines Teams, der andere musste zeigen, dass er nicht nur Running Backs, sondern eine ganze Offensive entwickeln konnte. Andy Reid glaubte fest an seinen Quarterback. Patricks Leistung beim knappen Sieg gegen die Denver Broncos in der Vorsaison war ihm Beweis genug: „Nach dem Spiel war ich mir sicher, dass der Junge bereit ist, den nächsten Schritt zu machen und dieses Team anzuführen." Und auch NFL-Experte Ian Rapoport war tief beeindruckt: „Da stand für mich fest, dass die Chiefs für lange Zeit ein starkes Team haben würden, weil sie ihren neuen Quarterback gefunden hatten. Das war der Spieler, den sie brauchten. Er war so dynamisch und überzeugend, und das war ja erst sein erster Auftritt."

Bieniemy gelang es schnell, noch mehr aus Mahomes herauszukitzeln. Beide verstanden sich auf Anhieb prächtig. Mahomes sagt über ihn: „Eric macht jeden Spieler im Team besser. Er redet nicht viel, sondern macht. Er ist einfach immer da. Ich glaube manchmal, dass er im Büro schläft. Das schafft eine Gewinnerkultur und führt dazu, dass die Spieler Verantwortung spüren."

**OFFENSIVE DER KANSAS CITY CHIEFS 18/19**

## Das erste Duell mit Brady

Seinen ersten Auftritt als Starting Quarterback der Chiefs hatte Mahomes zum Saisonauftakt 2018 gegen die Chargers in Los Angeles im Stadion der California State University, einer für

NFL-Verhältnisse sehr kleinen Spielstätte mit nur 27 000 Plätzen. Die Chargers waren gerade erst von San Diego nach L.A. verpflanzt worden. Ihre neue Arena, das gigantische SoFi Stadium, das sie sich mit den Rams teilen, befand sich zu diesem Zeitpunkt noch im Bau.

In den Stunden vor dem Kickoff war Mahomes nervöser als gedacht. Normalerweise konnte er vor Spielen gut mit Stress umgehen, sich auf positive Dinge konzentrieren, etwas essen, ein wenig mit den Teamkollegen sprechen und sich auf das freuen, was ihn erwartete. Doch nun überwog der Druck. Während er in seinem ersten NFL-Jahr kaum Interviews gegeben hatte, stand er jetzt im grellen Rampenlicht. Das sorgte für Bauchkribbeln.

Dagegen half das Abspulen eingespielter Rituale. In der Kabine zog sich Mahomes wie immer zuerst die Unterwäsche an, dann die Hose, die Schulter-Pads, das Trikot und die Schuhe. Zum Schluss kamen altbewährte Accessoires: ein Ärmling an seiner rechten Wurfhand, den er seit den Baseballspielen an der Highschool trägt. Dazu ein Stirnband, das die Haare aus dem Gesicht hält. Und zwei Schweißbänder an den Handgelenken.

Dann ging es los. Und zwar mit einem Paukenschlag! Tyreek Hill gelang für die Chiefs nach gerade mal 96 gespielten Sekunden ein Punt Return Touchdown über 91 Yards. Die geschockten Chargers konnten daraufhin nur mit einem Field Goal kontern. Bevor Mahomes das erste Mal das Feld betrat, hatte er also schon eine Führung im Rücken. So etwas beruhigt fürs Erste. Drei erfolgreiche kurze Pässe in der Folge erledigten das Übrige. Auch Mahomes' viertes Zuspiel war nicht spektakulär, doch Hill verschaffte sich nach dem Fang plötzlich erneut viel Platz. Der pfeilschnelle Wide Receiver sprintete wieder in die Endzone, diesmal über 58 Yards. Der nächste Touchdown – und der erste in der NFL für Mahomes. Kansas City gewann schließlich 38:28. Ein mehr als gelungener Auftakt.

Und es ging nahtlos so weiter. Bei den Pittsburgh Steelers spielte Mahomes wie entfesselt, stellte mit sechs Touchdown-Pässen gleich einen Teamrekord der Chiefs ein. Irre. Zehn Touchdowns in den ersten zwei Wochen – das war vor ihm noch keinem Spielmacher in der NFL gelungen, weder Tom Brady noch Brett Favre, Peyton Manning oder Aaron Rodgers. Und man darf nicht vergessen: Es waren die ersten zwei Einsätze von Mahomes als Starting Quarterback. Eine surreale Situation, auch für ihn selbst: „Das hätte ich niemals erwartet. Aber mit den Waffen, die wir auf dem Feld haben, und der Strategie von Coach Reid können wir richtig, richtig gut sein." Typische Mahomes-Sätze. Er stellte nicht sich, sondern seine Mitspieler und den Coach in den Vordergrund.

Als Patrick Mahomes Mitte September 2018 sein erstes NFL-Spiel im heimischen Arrowhead Stadium bestritt, lag ihm das „Chiefs Kingdom" *(mehr zur Fankultur in Kapitel 7)* bereits zu Füßen. Als dem Sieg gegen die San Francisco 49ers (38:27) noch zwei weitere Erfolge bei den Denver Broncos (27:23) und den Jacksonville Jaguars (30:14) folgten, kannte der Hype um seine Person dann fast keine Grenzen mehr. Das nun anstehende Generationenduell mit Tom Brady bei den New England Patriots elektrisierte die Massen. Konnte der „Prinz" den Football-König tatsächlich schon vom Thron stoßen? Brady jedenfalls war nicht bereit, sein Zepter abzugeben. Um den Emporkömmling einzuschüchtern, griff er tief in die Psycho-Trickkiste, wie Mahomes-Vater Pat später in einem Podcast berichtete. Laut dessen Aussage begrüßte Brady Mahomes beim Warmmachen mit folgenden Worten: „Du glaubst, du bist gut? Ich bin hier der Mann! Das ist mein Feld." Mahomes war zu perplex, um einen verbalen Schlagabtausch zu starten. Und zu ehrfürchtig. Pat Mahomes erinnert sich noch genau, was sein Sohn damals nach dem Spiel zu ihm sagte: „Hey, das ist Tom Brady! Das ist ein Vorbild und niemand, den ich angreife."

Was folgte, war ein wildes Duell zweier offensivstarker Teams, deren Abwehrreihen nicht wussten, wie ihnen geschah. Vor allem nach der Halbzeit ging es Schlag auf Schlag. Mahomes gewann den Showdown der Quarterback-Generationen nach Zahlen mit 352 Yards und vier Touchdown-Pässen, drei davon auf Tyreek Hill. Brady warf „nur" für 340 Yards und einen Touchdown – war am Ende aber doch derjenige, der jubeln konnte. Patriots-Kicker Stephen Gostkowski hatte mit auslaufender Uhr das entscheidende Field Goal für New England geschossen. 40:43, die erste Saisonpleite für die Chiefs. Die erste Schlappe mit Mahomes auf dem Feld. Für Brady hingegen war es der insgesamt 200. Sieg in regulären Saisonspielen – die meisten eines Quarterbacks in der Geschichte der NFL.

Trotz der Niederlage wurde Mahomes hoch gelobt – und zwar von keinem Geringeren als Bill Belichick, dem sonst so wortkargen Head Coach der Patriots. „Patrick beeindruckt mich auf ganzer Linie. Er bringt den Ball schnell zu seinen Receivern, wirklich schnell. Er sieht die Dinge auf dem Platz außergewöhnlich gut, kann Spielzüge verlängern und hat einen großartigen, nein, fantastischen Arm. Ich glaube, er könnte den Ball aus dem Stadion werfen", sagte Belichick. „Aber er trifft eben auch gute Entscheidungen und wirft den Ball sehr genau. Das verändert das ganze Spiel. Je weiter ein Quarterback werfen kann, desto mehr Platz auf dem Feld musst du als Gegner verteidigen. Wenn die Chiefs den Ball an der 20-Yard-Linie bekommen, musst du schon da die eigene Endzone im Auge haben. Er hat's drauf."

Den Frust über die knappe Pleite gegen die Patriots bekamen in der Folgewoche die Cincinnati Bengals im Arrowhead zu spüren. Mahomes fegte beim 45:10 mit erneut vier Touchdown-Pässen einfach über den Gegner hinweg. Seine Familie fieberte auf der Tribüne mit. Obwohl längst geschieden, schauten sich Vater Pat und Mutter Randi jedes Spiel ihres Sohnes gemeinsam live im Stadion an. Zusammen mit Bruder Jackson und Patenonkel LaTroy Hawkins. Sie erlebten hautnah mit, wie Patrick die NFL im Sturm eroberte.

Wenn die Chiefs ein Heimspiel hatten, organisierten sie immer ein gemeinsames Familien-Dinner in der Nähe des Stadions. ESPN-Reporter Seth Wickersham sieht auch in dieser Hinsicht Parallelen zu Tom Brady: „Die mystische Embryophase einer Karriere ist etwas Besonderes. Pat und Randi sind da genauso wie Tom Sr. und Galynn Brady, die mit Adrenalin vollgepumpt durchs Land flogen, um nicht eine Minute Spielzeit ihres Zöglings zu verpassen. Niemand konnte sicher sein, dass es nicht auf einmal wieder vorbei war."

Doch es ging weiter für Patrick. Am Ende der regulären Saison standen die Chiefs bei zwölf Siegen und nur vier Niederlagen. Damit sicherten sie sich nicht nur einen Platz in den Playoffs, sondern auch ein Freilos in der ersten K.-o.-Runde. Mahomes schloss seine erste Regular Season als Starting Quarterback mit 5097 Passing Yards, 50 Touchdowns und nur zwölf Interceptions ab. Zusätzlich erlief er zwei Touchdowns selbst. Das sind unglaubliche Zahlen für einen Neuling. Die NFL wählte ihn auf Anhieb zum „Most Valuable Player" der Liga. Er war der erste Chiefs-Spieler, dem diese Auszeichnung verliehen wurde.

## Overtime-Drama

Aber da waren ja noch die Playoffs. Und mit denen stand Kansas City bekanntlich schon seit Jahrzehnten auf Kriegsfuß. Die Chiefs waren notorische Versager, sobald es ums Ganze ging. War damit jetzt endlich Schluss?

Der erste Gegner in der Meisterrunde waren die Indianapolis Colts mit Quarterback Andrew Luck. Sie hatten in der Wild Card Round zuvor die Houston Texans mit 21:7 aus dem Wettbewerb geworfen. Das Arrowhead hatte sich hübsch gemacht und präsentierte sich ganz in Weiß. Weil es am 12. Januar 2019 schneite, war das weite Rund eine Winterlandschaft. Eisige Temperaturen und widrige Wetterumstände mögen Quarterbacks eigentlich nicht, denn kalte Finger und ein glitschiger Rasen erhöhen das Risiko von Fehlwürfen. So wurde das Spiel letztlich auch auf dem Boden und nicht durch die Luft entschieden. Mahomes blieb ohne Touchdown-Pass. Dafür steuerte er einen Lauf in die Colts-Endzone bei, genau wie Tyreek Hill und die Running Backs Damien Williams und Darrel Williams. Die Chiefs gewannen 31:13. Grenzenloser Jubel und pure Erleichterung. Das Arrowhead stand Kopf: der erste Playoff-Heimsieg seit 25 Jahren! Der Letzte datierte vom 8. Januar 1994. Da war Mahomes noch nicht mal geboren …

Nächster Halt: das AFC Championship Game. Das ist so was wie das Halbfinale vorm Super Bowl. Wer es bis hierhin schafft, ist nur noch einen Schritt vom Betreten der größten Football-Bühne der Welt entfernt. Wer hier gewinnt, erhält die „Lamar Hunt Trophy", benannt nach dem Gründer der Chiefs. Hunt blieb es zeitlebens leider vergönnt, sie für sein eigenes Team in die Luft zu strecken. Es sollte also auch ein Sieg für ihn werden.

Kansas Citys Gegner im AFC Championship Game waren wiederum die New England Patriots. Erneut stand Patrick Mahomes Tom Brady gegenüber, diesmal aber zu Hause. Die Patriots hatten im Vorjahr den Super Bowl gegen die Philadelphia Eagles verloren und wollten nicht schon wieder leer ausgehen. Das Arrowhead glich einer hitzigen Stierkampfarena. Acht Tage nach dem „Schnee-Sieg" gegen die Colts blieb es diesmal trocken. Das Thermometer zeigte aber frostige minus sieben Grad.

Doch die Spieler ließen den Rasen glühen, vor allem im letzten Viertel. 15 Minuten vor Schluss lagen die Chiefs 7:17 hinten. Dann gelangen Patrick Mahomes in Windeseile zwei Touchdown-Pässe auf Damien Williams. Plötzlich stand es 21:17. Brady hatte unterdessen seine zweite Interception des Abends geworfen. Ein Touchdown-Lauf von Williams und ein Field Goal von Kicker Harrison Butker für die Chiefs sowie zwei Touchdown-Läufe von Sony Michel und Rex Burkhead für die Patriots mündeten schließlich in einem 31:31 am Ende der regulären Spielzeit. Verlängerung! Die erste in einem AFC Championship Game seit 1986. Drama pur.

Mit einem schnellen Ende. Die Patriots gewannen den Münzwurf, entschieden sich für Ballbesitz – und gaben ihn auch nicht mehr her. Brady dirigierte seine Mitspieler mit 13 Spielzügen über 75 Yards über den gesamten Platz. Burkhead vollendete mit einem 2-Yard-Lauf in die Endzone der Chiefs. 31:37. Abpfiff. Mahomes hatte den Ball in der Overtime nicht ein einziges Mal berührt. So sind die Regeln, sagen die einen. Das ist ungerecht, sagen die anderen. Erst ab der NFL-Saison 2022 ist beiden Teams in der Verlängerung von Playoff-Spielen ein Ballbesitz garantiert. Es war eine der bittersten Niederlagen in der Geschichte der Chiefs. Sie waren mit den Patriots, die zwei Wochen später tatsächlich im Super Bowl gegen die Los Angeles Rams triumphierten, auf Augenhöhe. Wegen der damals geltenden Overtime-Regel hatten sie aber keine Chance mehr zu reagieren. Mahomes machte das, was er immer macht, wenn es Rückschläge gibt: sich kurz schütteln, dann wieder angreifen. „Es schmerzt, es schmerzt uns alle. Wir wissen aber, dass die Erfahrung hier ein Baustein sein kann. Sie kann uns in der Zukunft helfen, weiterzukommen. Jetzt ist es ein Schlusspunkt, aber es könnte auch der Anfang einer Ära werden", sagte er. Und statt giftiger Worte verteilte auch Brady diesmal konstruktive Ratschläge. Er besuchte Mahomes nach dem Spiel in der Kabine und sagte zu ihm: „Du hattest eine unfassbare Saison. Hör jetzt nicht auf zu arbeiten, sondern mach weiter. Ich liebe es, wie du spielst."

Mahomes freute sich, dass ihm Brady Respekt zollte. Das spornte ihn noch mehr an. Bislang hatte jede Saison für ihn mit einer Niederlage geendet – in der Highschool, am College und nun auch in der NFL. Das nervte – und musste sich schleunigst ändern.

## Frisches Blut

Auch an Head Coach Andy Reid haftete der Makel des Unvollendeten. Während seine Teams von September bis Dezember regelmäßig zu den Besten der NFL gehörten, folgte im Januar stets der große Katzenjammer. Danach konnte man die Uhr stellen. Diese Erfolglosigkeit in den Playoffs hatte ihn zuvor bei den Philadelphia Eagles letztlich den Job gekostet *(siehe Kapitel 8)*. Um nicht in Kansas City dasselbe Schicksal zu erleiden, musste er sich dringend etwas einfallen lassen. Selbstkritische Sätze wie „Ich muss nächstes Jahr einen besseren Job an der Seitenlinie machen" reichten da nicht mehr aus. Der Druck wuchs.

Als erste Konsequenz traf Reid eine Entscheidung, die ihm persönlich sehr schwer fiel: die Trennung von seinem langjährigen Mitarbeiter Bob Sutton, den Reid 2013 bei seiner Ankunft in Kansas City als Defensive Coordinator eingestellt hatte. Zunächst mit Erfolg: Unter Suttons Leitung zählte die Verteidigung der Chiefs viele Jahre zu den Top 5 der NFL. Doch zuletzt war der Wurm drin. In der Saison 2018 waren die Abwehrreihen extrem löchrig, sie hatten ligaweit die zweitmeisten Yards zugelassen. Neue Impulse mussten her, um den Negativtrend zu stoppen.

Suttons Nachfolger als Defensive Coordinator wurde Steve Spagnuolo, ebenfalls ein langjähriger Kumpel von Reid. Die beiden hatten schon bei den Eagles zusammengearbeitet. „Spags" hatte in der Saison 2007 den Super Bowl mit den New York Giants gewonnen und genoss den Ruf, Abwehrreihen aggressiver und robuster zu machen. „Seine Verteidigungen attackieren gern. Seine Marschroute ist, der gegnerischen Offensive seinen Gameplan aufzudrängen, statt abzuwarten, was passiert", erzählt Markus Kuhn. Der deutsche Defensive Tackle spielte 2015 unter Spagnuolo für die Giants und ist bis heute von ihm angetan. „Spags ist ein cooler Typ, ich mag ihn sehr. Zu seinen Spielern pflegt er stets ein väterliches Verhältnis. Vielleicht liegt es daran, dass er selbst keine Kinder hat. Von ihm bekommt man nach jedem Training sehr viel Feedback. Positiv wie auch negativ. Man weiß stets, woran man bei ihm ist." Bei den Chiefs sollte Spagnuolo fortan dafür sorgen, dass die Abwehr wieder für mehr Interceptions und Fumbles sorgte, für sogenannte „Big Plays". Das bedeutete aber auch gleichzeitig mehr Risiko. Reid setzte jetzt mehr und mehr alles auf eine Karte.

Doch es reichte nicht, nur den Defensive Coordinator auszutauschen. Der Führung der Chiefs war bewusst, dass sie auch frisches Blut auf dem Feld benötigten. Deshalb setzten sie langjährige Führungsspieler wie Safety Eric Berry und die Linebacker Dee Ford und Justin Houston vor die Tür. Unpopuläre Maßnahmen. Das Trio war bei den Fans beliebt. Doch Reid, Spagnuolo und General Manager Brett Veach hatten erkannt, dass alle ihren Zenit bereits überschritten hatten und deshalb genau jetzt der richtige Zeitpunkt war, ihre Verdienste in Trades zu vergolden. Neu hinzu kam „Quarterback-Jäger" Frank Clark von den Seattle Seahawks, für den die Chiefs ihren Erstrunden-Pick im Draft 2019 und den Zweitrunden-Pick im Draft 2020 investierten. Er sollte gemeinsam mit Defensive Tackle Chris Jones, der bereits seit 2016 zum Team zählte, die neue Front der Verteidigung bilden.

Für das Defensive Backfield kam Tyrann Mathieu als Verstärkung. Ein furchtloser Safety, dem NFL-Fans den Spitznamen „Honey Badger" verpassten, weil er sie mit seinem Verhalten auf dem Footballfeld an einen Honigdachs erinnerte, der sich trotz körperlicher Unterlegenheit furchtlos auch auf größere Tiere stürzt. Die Chiefs gaben ihm einen Dreijahresvertrag über 42 Millionen US-Dollar und machten ihn damit zu einem der bestbezahlten Spielern auf seiner Position. Mathieu ermöglichte Spagnuolo einen neuen Spielstil. Der „Honey Badger" sollte eine Art defensiver Quarterback werden, der seine Erfahrung und Spielintelligenz dazu nutzt, den Gegner zu überlisten. In Kansas City wurde er auch „Landlord" gerufen, weil er im übertragenen Sinne wie ein Großgrundbesitzer agierte, der über seine Ländereien herrscht und keine Eindringlinge zulässt.

Während die Verteidigung einer Frischzellenkur unterzogen wurde, gab es im Angriff wenig Grund für Veränderungen. Mit Tyreek Hill und Travis Kelce standen Patrick Mahomes zwei verlässliche Anspielstationen zur Verfügung, mit denen er bereits ausgezeichnet harmonierte. Hill war sein Mann für die langen Bälle, Kelce sein bevorzugtes Ziel, wenn es primär darum ging, wichtige First Downs zu erzielen oder kurze Distanzen zu überwinden. Und dann gab es da ja auch noch Sammy Watkins. Dieser Wide Receiver fungierte quasi als „Joker", falls Hill oder Kelce mal von zu vielen Gegenspielern gedeckt waren.

Zwangsläufig zur Baustelle geworden war aber die Position des Running Backs. Zwar konnte Kareem Hunt 2018 im Verlauf seines zweiten NFL-Jahres leistungsmäßig noch mal eine Schippe drauflegen und seine Touchdown-Ausbeute im Vergleich zur Vorsaison sogar steigern. Doch im November war damit plötzlich Schluss. Es war ein Video aus dem Februar 2018 aufgetaucht, das zeigte, wie Hunt auf einem Hotelflur eine am Boden liegende Frau körperlich attackiert. Die Chiefs hatten zwar schon kurz nach diesem Vorfall davon erfahren, der Running Back hatte ihnen den genauen Hergang damals aber verschwiegen. Nun war klar, dass er gelogen hatte. Damit war seine Zeit in Kansas City abrupt zu Ende. Hunt wurde am 30. November 2018 entlassen.

Sein endgültiges Aus in der NFL? Keineswegs. Obwohl Hunt von NFL-Commissioner Roger Goodell auf die sogenannte „Exempt List" gesetzt wurde und damit erst mal bis auf Weiteres kaltgestellt war, schnappten ihn sich die Cleveland Browns auf Initiative von John Dorsey, der nach seinem Rauswurf bei den Chiefs neuer General Manager der Browns war. Hunt wurde von der NFL letztlich für die ersten acht Spiele der Saison 2019 gesperrt. Zivilrechtlich kam er mit einem blauen Auge davon, weil sich sein Opfer dagegen entschied, Anklage zu erheben. Seit Herbst 2019 darf Hunt in der Liga wieder mitmischen, als sei nichts gewesen. Auch das ist leider in der NFL möglich.

Die Lauflast bei den Chiefs lag auf jeden Fall fortan auf den Schultern von Damien Williams, einem deutlich bulligeren Running Back, der vor allem bei kurzen Spielzügen brandgefährlich war.

**OFFENSIVE DER KANSAS CITY CHIEFS 19/20**

## Der *Madden*-Fluch

Als Belohnung für seine herausragenden Leistungen in der Vorsaison wurde Patrick Mahomes 2019 als amtierender MVP das Gesicht auf dem Cover der weltbekannten Football-Videospielreihe *NFL Madden* von EA Sports – eine große Ehre!

Oder doch eher ein schlechtes Omen? Viele seiner Vorgänger, wie beispielsweise Marshall Faulk, Michael Vick, Donovan McNabb oder Vince Young, erlitten danach auffällig oft schwere Verletzungen. Lief nun auch Mahomes Gefahr, von diesem mysteriösen Fluch belegt zu werden? Den abergläubischen Chiefs-Fans schwante Böses.

Ihre Befürchtungen bewahrheiteten sich zunächst jedoch nicht. Auch 2019 kam Kansas City wieder schwungvoll aus den Startlöchern. Die ersten vier Saisonspiele wurden allesamt gewonnen. Die Chiefs-Kogge war erneut auf Kurs Richtung Super Bowl. Dann aber drohte Schiffbruch: Tyreek Hill zog sich einen Schlüsselbeinbruch zu. Abwehr-Ass Chris Jones plagten Leistenprobleme. Sammy Watkins war ebenfalls nicht richtig fit. Die Folge waren zwei Niederlagen gegen die Indianapolis Colts und die Houston Texans.

Und es kam noch schlimmer. Viel schlimmer. „So was habe ich noch nie gesehen. Seine Kniescheibe hing wirklich komplett an der Seite. Das sah nicht mehr wie ein Knie aus", beschrieb Denver-Verteidiger Shelby Harris die Szene, die sich im zweiten Viertel des Duells seiner Broncos gegen die Chiefs in NFL-Woche Sieben ereignete. Das Knie, von dem hier die Rede war, gehörte Patrick Mahomes. Ach du Sch… – hatte der „*Madden*-Fluch" jetzt tatsächlich zugeschlagen?

Das war passiert: Mahomes wollte mit einem Quarterback Sneak, einem kurzen Hechtsprung, ein neues First Down für seine Mannschaft erreichen. Das gelang ihm auch. Doch während seines waghalsigen Einsatzes verdrehte er sich im Getümmel der Spieler sein rechtes Knie. Er schrie vor Schmerzen. Noch auf dem Rasen mussten die eilig herbeigerufenen Teamärzte das Gelenk wieder in die richtige Position drehen. Knack. Das Spiel war für ihn beendet. Gerüchte um ein drohendes Saison-Aus machten die Runde. Dass Mahomes-Ersatz Matt Moore und die wiedererstarkte Defense dafür sorgten, dass die Chiefs die Broncos letztlich ungefährdet 30:6 bezwangen, war vielen nur ein schwacher Trost. Gebannt warteten alle auf die Diagnose bei Mahomes.

Zuerst meldete er sich auf dem Weg ins Hospital bei seiner Mutter Randi, die das Spiel von zuhause in Whitehouse verfolgte: „Mom, mir geht es gut." Wenige Stunden später kam dann auch der Daumen hoch für die Öffentlichkeit: „Danke für eure Gebete! Alles sieht so weit gut aus!" Erleichterung.

Die Bänder im Knie hatten keinen Schaden genommen. Statt monatelang auf Eis zu liegen, war nun „nur" von einer dreiwöchigen Spielpause die Rede. Das wirkte fast wie ein kleines Wunder. Wenige Tage später stand Mahomes bereits wieder auf dem Trainingsplatz und machte leichte Übungen. Bis er wieder richtig ins Geschehen eingreifen konnte, vergingen letztlich sogar nur zwei Wochen. Die Chiefs hatten unterdessen gegen die Green Bay Packers verloren und gegen die Minnesota Vikings gewonnen.

Im Duell bei den Tennessee Titans in NFL-Woche zehn feierte Mahomes sein Comeback. Die Befürchtung, er könnte noch nicht im Vollbesitz seiner Leistungsfähigkeit sein, wischte er einfach weg. Er warf für 446 Yards und drei Touchdowns, darunter eine spektakuläre 63-Yard-Fackel auf Wide Receiver Mecole Hardman, den die Chiefs in der zweiten Runde des NFL Draft 2019 ausgewählt hatten. Da waren sie wieder, diese Zauberpässe, die sich niemand sonst in der NFL traut. Zum Sieg an diesem Tag reichte es dennoch nicht, weil zwei Field-Goal-Versuche kurz vor Schluss in die Hose gingen. Trotz langer Führung endete die Partie 32:35. Für Andy Reid war es die achte Niederlage im neunten Spiel gegen die Titans. Tennessee hatte sich zu seinem persönlichen Angstgegner entwickelt.

Doch diese Pleite sollte für die Chiefs die letzte in der Saison 2019 sein. Es folgten sechs Siege, darunter der erste Prestige-Erfolg gegen die Patriots und Brady. Erneut beendete Kansas

City die reguläre Saison mit einer 12:4-Bilanz. Erneut gab es ein Freilos in der ersten Playoff-Runde. Erneut träumten die Fans vom ersten Triumph im Super Bowl seit 1969.

## Das Ziel vor Augen

Patrick Mahomes hatte auch in seinem zweiten NFL-Jahr als Starting Quarterback gezeigt, wozu er in der Lage war. Er warf für 4013 Yards, obwohl er in zwei Spielen verletzt fehlte, und erreichte weiterhin eine hohe Effizienz bei seinen Anspielen. Seine 26 Touchdown-Pässe waren zwar nicht ganz so imposant wie die 50 aus der Vorsaison, aber mit nur fünf Interceptions unterliefen ihm deutlich weniger Fehler. Er hatte sich weiterentwickelt. In der Saison 2019 wirkte er reifer, nicht mehr ganz so wild. Oft entschied er sich für risikoärmere Lösungen, die er wenige Monate zuvor noch ignoriert hätte.

Trotzdem war es nie langweilig, wenn Mahomes auf dem Platz stand. Erst recht nicht in den nun folgenden Playoffs Anfang 2020. Dort erlebten die Chiefs-Fans zwei Nervenschlachten in Folge. Im Heimspiel in der Divisional Round gegen die Houston Texans erwischte Kansas City einen Horrorstart. Nach dem ersten Viertel stand es 0:21! Was war denn hier los? Mahomes packte seine Mitspieler bei der Ehre, forderte sie lautstark auf, sich jetzt nicht kampflos ihrem Schicksal zu ergeben – und ging selbst mit bestem Beispiel voran. Unter anderem dank dreier schneller Touchdown-Pässe auf Travis Kelce in nicht mal acht Minuten lagen die Chiefs zur Halbzeit plötzlich 28:24 vorn – eine Führung, die sie nicht mehr hergaben und bis zum Ende zu einem 51:31 ausbauten. Sie hatten erneut, wie im Vorjahr, das AFC Championship Game erreicht.

Dort standen sie eine Woche später wieder Reids Angstgegner gegenüber: den Tennessee Titans. Das Arrowhead verwandelte sich in einen Hexenkessel, Stimmung und Lautstärke steigerten sich ins Unermessliche. Die Fans waren bereit, alles dafür zu geben, dass ihre Lieblinge endlich die letzte Hürde auf dem Weg in den Super Bowl nahmen. Doch wieder machte sich zunächst Panik auf den Rängen breit. Nach 22 Spielminuten lagen die Chiefs 7:17 zurück. Erneut musste jetzt wieder dringend ein „Wachmacher" von Mahomes her. Diesmal machte er es selbst: Ein unglaublicher Lauf über knapp 30 Yards, in dem er zahlreichen Verteidigern auswich, Pirouetten drehte und halb fallend, halb springend in die Endzone gelangte, brachte die erste Führung: 21:17 kurz vor der Halbzeit. Mannomann, was für ein wilder Ritt! Nach einem punktlosen dritten Viertel sorgte Mahomes mit einem 60-Yard-Touchdown-Pass auf Sammy Watkins letztlich für die Erlösung – und ausufernden Jubel. Die Chiefs gewannen 35:24, sicherten sich erstmals die Lamar Hunt Trophy und standen seit 50 Jahren endlich wieder im Super Bowl. „Ich weiß gar nicht, was ich sagen soll", japste Mahomes.

Ein besonderer Moment war der Erfolg für die Besitzer-Familie der Chiefs um Clark Hunt, den Sohn des Gründers Lamar Hunt. Dessen Witwe hatte einige Jahre zuvor bei einer Reise zum Super Bowl 50 nach San Francisco ihren Sohn gebeten: „Clark, es wäre toll, wenn wir es noch schaffen würden, in meiner Lebenszeit in diesem Spiel zu stehen." Jetzt stand sie neben ihrem Sohn auf dem Siegerpodest und gab der Trophäe, die nach ihrem Mann benannt wurde, einen großen Schmatzer. Mission gelungen.

Für Clark Hunt, Mahomes und die Chiefs war das aber nur ein Zwischenschritt.

## Welcome to Miami

Die Super-Bowl-Woche war zweifelsohne die bislang aufregendste im Leben von Patrick Mahomes. Spätestens jetzt kannte ihn ganz Amerika. Auf TV-Bildschirmen und Werbetafeln war sein Gesicht omnipräsent. Der Trubel um ihn in der Strand- und Glitzer-Metropole Miami war enorm. Da kann es schon mal passieren, den Fokus zu verlieren. Die vielen Pressetermine mit Journalisten aus der ganzen Welt, die ungewöhnliche Fragen stellen, um eine ganz besondere Story zu bekommen, lenken ab. Die Zeit, um sich sportlich auf das größte Spiel des Jahres vorzubereiten, ist knapp.

So wurde aus Kansas City auch extra der Friseur eingeflogen, der sich um die Haare von Mahomes und einigen anderen Chiefs-Spielern kümmerte. Für DeJuan Bonds etwas ganz Besonderes: „Ich schneide Patrick ja schon einige Jahre die Haare, aber diese Woche muss ich besonders gut sein, weil die ganze Welt auf ihn schaut. Seine Frisur unterscheidet ihn und damit ist er einzigartig."

Doch nicht nur die Haare mussten perfekt sitzen, die Betreuer der Chiefs wollten ihren Quarterback auch für alle Veränderungen sensibilisieren, die an dem Tag auftreten könnten. So hatte ein Assistenzcoach die Aufgabe, ein Video zusammenzustellen, mit allen Dingen, die in der Vorbereitung zum Super Bowl, in der Arena der Miami Dolphins, dem Hard Rock Stadium, oder während des Spiels anders sind als an einem normalen Sonntag in der NFL. Patrick Mahomes kommt immer als einer der ersten Spieler aus den Katakomben und geht einmal über den ganzen Platz. Er guckt sich die Details des Stadions an, prägt sich Lichter, Banden und ungewöhnliche Gegenstände ein, um im Spiel davon nicht mehr abgelenkt zu werden.

Doch beim Super Bowl ist alles etwas anders. Dort hängen noch mehr Banner und Plakate im Stadion. Es gibt Extra-Kameras an allen Ecken und Enden sowie zusätzliche Lampen, um wirklich jeden Bereich komplett auszuleuchten. Auch die Play Clock, die die 40 Sekunden zwischen den Spielzügen anzeigt, ist anders positioniert. Genau wie die Game Clock, die darstellt, wieviel Zeit im Quarter noch übrig ist.

In dem 12-Minuten-Video erfuhr Mahomes, was ihn erwartet, wie er am besten im gewohnten Rhythmus bleibt, die lange Halbzeitshow sinnvoll nutzt und mit Nervosität vor dem Anpfiff umgehen kann. Im Vergleich zu allen anderen Spielen ist der Super Bowl unfassbar lang. Um am Ende nicht in ein Leistungsloch zu fallen, sollten die Spieler kurz vor dem Kickoff noch etwa 24 Minuten entspannen, meditieren und sich sammeln.

Doch an diesem Abend am 3. Februar 2020 im alles entscheidenden Super Bowl brauchte Patrick Mahomes trotz allem ungewohnt lange, um seine Klasse zu zeigen. Der „Most Valuable Player" des Vorjahres hatte in der ersten Halbzeit immer wieder die starken Verteidiger der San Francisco 49ers um Nick Bosa vor der Nase, die ihn zu schnellen, ungenauen Pässen zwangen. Mist! Nach einer frühen Führung durch einen Touchdown-Lauf von Mahomes selbst, wurden die 49ers, angeführt von Quarterback Jimmy Garoppolo, immer besser. Doch zum Glück war auch auf die Defensive der Chiefs Verlass. Verteidiger Bashaud Breeland sorgte mit einer Interception für ein ausgeglichenes Spiel zur Halbzeit. 10:10!

Während die Teams zum Pausentee in die Kabinen verschwanden, erlebten die Zuschauer im Hard Rock Stadium eine beeindruckende Show der Latina-Superstars Shakira und Jennifer Lopez, die zusammen knapp sechs Minuten auf der Bühne standen und nach einem taktisch geprägten Football-Spiel die zweite Halbzeit mit einem Feuerwerk einläuteten. Die 62.000 Fans im Stadion und die hunderte Millionen Menschen vor den TV-Bildschirmen waren heiß auf den großen Showdown.

Die 49ers kamen angriffslustiger aus der Halbzeit. Fred Warner, ein bärenstarker Verteidiger, fing einen Ball der Chiefs ab. Der wendige Deebo Samuel sorgte mit Läufen über die ganze Breite des Felds immer wieder für Verwirrung. Und Kyle Juszczyk, der Fullback mit den breiten Oberschenkeln und der gedrungenen Körperhaltung, tankte sich bis in Kansas Citys Endzone durch. Nach drei Vierteln stand es 20:10 für San Francisco. Wieder ein Rückstand, wieder mehr als zehn Punkte. Könnten die Chiefs wie gegen die Texans und Titans auch hier zurückkommen?

Mit nur noch acht Minuten auf der Uhr und einem dritten Versuch der Chiefs über lange 15 Yards, die zu einem neuen First Down fehlten, lag es nun an Patrick Mahomes, die drohende Niederlage abzuwenden. Mit zehn Punkten Vorsprung würden die 49ers die Zeit entspannt runterlaufen lassen können. Es hieß also: Jetzt oder nie!

Auf dem Feld im Hard Rock Stadium hatte Mahomes eine Idee. „Reicht die Zeit für Wasp?“, fragte er seinen Head Coach Andy Reid. Und meinte damit: Können mir meine Mitspieler so viel Zeit verschaffen, dass ich jetzt mal einen langen Wurf wage? Zuvor musste er sich meist auf die kurze Distanz verlegen, weil die gegnerischen Verteidiger oft schnell an ihm dran waren. Zu schnell. Jetzt – mit dem Rücken zur Wand – nahm Reid den Vorschlag seines Spielmachers an. Sie wollten einen „Jet Chip Wasp“ versuchen – einen Spielzug, bei dem Wide Receiver Tyreek Hill rund 50 Yards von der linken Seite des Spielfelds diagonal in die Mitte sprintet, um dann wieder zum Rand abzubiegen.

Zwei weitere Angreifer, Sammy Watkins und Travis Kelce, kamen über dieselbe Seite und zogen ebenfalls die Aufmerksamkeit des Gegners auf sich. So konnte Hill den Ball im Training meist ohne direkten Gegenspieler fangen. Wohlgemerkt: im Training.

Das Problem: Um überhaupt 50 Yards zu laufen, brauchte Hill Zeit, die Mahomes bis dahin selten hatte. Damit das Play funktionierte, bewegte sich Mahomes mit dem Ball in der Hand zunächst genau neun Schritte nach hinten. Hill war unterdessen bereits die Hälfte der nötigen Strecke nach vorne gesprintet. Dann der Wurf. Während Hill weitere Meter machte, legte der Ball in der Luft eine Strecke über 55 Yards zurück. In Wirklichkeit flog er nur Bruchteile von Sekunden. Aber für die Zuschauer war es eine gefühlte halbe Ewigkeit. Dann die Erleichterung für die Chiefs: Mahomes' Pass landete tatsächlich sicher in den Händen von Hill. Geschafft! Der Plan hatte funktioniert. Wahnsinn.

Als Hill zugriff, lag Mahomes schon am Boden. Kurz nachdem er den Ball geworfen hatte, war ein 49ers-Spieler in ihn reingeknallt und hatte ihn auf den Rasen gedrückt. Glück gehabt. Wäre Mahomes den Ball nur ein paar Hundertstelsekunden später losgeworden, der Super Bowl wäre verloren gewesen. Doch jetzt keimte wieder Hoffnung auf. Die Stimmung der Fans im Hard Rock Stadium drehte sich. Sie schrien sich die Hälse heiser: „CHIEFS, CHIEFS!"

Es ging munter weiter. Kurzer Pass von Mahomes auf Kelce. Touchdown! Der Rückstand betrug nur noch drei Punkte. Und jetzt war plötzlich San Francisco unter Druck. 49ers-Quarterback Garoppolo zeigte Nerven, konnte keinen seiner drei folgenden Passversuche an den Mann bringen. Die Chiefs hatten wieder den Ball. „Das ist heute was Besonderes! Alle werden über das hier noch lange reden", schrie Mahomes, motivierte seine Mitspieler damit zusätzlich – und ging selbst mit bestem Beispiel voran. Mit Pässen auf Hill, Kelce und Watkins arbeitete er sich in Richtung 49ers-Endzone vor, um dann mitzuerleben, wie Running Back Damien Williams den Ball mit beiden Händen über die orange Pylone hielt. Noch ein Touchdown! Plötzlich vier Punkte Führung. Wow! Den 49ers reichte jetzt – kurz vor Spielschluss – nicht mal mehr ein Field Goal, um zurückzuschlagen.

Ein weiterer Touchdown von Williams machte kurz darauf endgültig den Deckel drauf. Eine fast aussichtslose Situation mündete letztlich doch noch in einen souveränen Sieg. Kansas City waren innerhalb von 308 Sekunden 21 Punkte gelungen, den 49ers kein einziger mehr. Die Chiefs waren Super-Bowl-Champion, das erste Mal seit 50 Jahren! Historisch! Angeführt von einem jungen Mann, der knapp zwei Jahre zuvor noch am College in West-Texas war und überlegte, ob er wirklich schon den Schritt in die NFL wagen sollte.

Im Regen des gelb-roten Konfettis im Hard Rock Stadium in Miami hatte Mahomes jetzt nur noch ein Ziel: Er suchte seinen Vater, Pat Mahomes. Patrick fand Pat am Spielfeldrand und umarmte ihn. „We did it, Baby! We did it. I love you", waren die einzigen Worte, die er mit breitem Lächeln und brüchiger Stimme hervorbrachte, bevor beiden die Freudentränen übers Gesicht liefen. Vielleicht dachten sie in diesem Moment an die unglaubliche Reise, die hinter ihnen lag. Oder daran, wie unwahrscheinlich es vor wenigen Jahren noch schien, dass das junge Baseballtalent Patrick einmal die Lombardi Trophy in Händen halten würde.

Mit seinem letztlich erfolgreichen Auftritt am 2. Februar 2020 im Super Bowl , in dem er auch noch zum MVP gewählt wurde, hatte der kleine Patrick aus dem beschaulichen Texas endgültig die Footballwelt erobert. Vor den Augen seiner Familie, seiner besten Freunde und von Kliff Kingsbury, seinem Mentor an der Uni.

Zurück in Kansas City erwartete die Footballhelden ein monströser Empfang. Am Mittwochnachmittag, knapp 72 Stunden nach dem Triumph in Miami, säumten 800 000 Menschen die Straßen der Stadt, die nur knapp 500 000 Einwohner hat. Viele Fans aus den angrenzenden Nachbarstaaten wie Nebraska und Oklahoma waren extra angereist, um bei diesem historischen Fest dabei zu sein. Mahomes wurde gefeiert wie ein König. Sogar der Bürgermeister von Kansas City, Quinton Lucas, gab unumwunden zu: „Ich weiß, dass diese Stadt ihm viel mehr schuldet als mir. Er könnte heute meinen Job übernehmen und ich würde es einfach akzeptieren und in die Verwaltung wechseln."

Auch für Chiefs-Besitzer Clark Hunt war die Parade etwas Besonderes. Sein Vater, Teamgründer Lamar Hunt, hatte ihm als Kind immer wieder von der besonderen Atmosphäre erzählt, die 1970 beim bis dato letzten Super-Bowl-Sieg geherrscht hatte. Damals waren 100 000 Fans dabei und jubelten Head Coach Hank Stram, Quarterback Len Dawson und den anderen Stars des Teams zu. Diesmal hießen die Helden Mahomes, Kelce, Hill und Reid. „Als ich in die Stadt kam, war das Erste, was ich erreichen wollte, die Lamar Hunt Trophy nach Hause zu bringen. Und mein zweites Ziel war es, die Lombardi Trophy zu gewinnen. Für den großartigsten Coach aller Zeit, Aaaandy Reeeid, Baby", grölte Mahomes in die Massen. Und legte nach: „Diese Saison war besonders. Die ganzen Rückschläge, mit denen wir umgehen mussten. Zeitweise war mein Knie auf der falschen Seite des Beines. Aber wir sind zurückgekommen und haben den Super Bowl gewonnen. We are the champs!"

In der Nacht ging die Feierei weiter. Gemeinsam mit Travis Kelce war es Patrick gelungen, spontan noch eine VIP-Loge für ein Konzert von Post Malone zu ergattern. Der US-Rapper hatte seinen Auftritt in der Stadt natürlich geplant, ohne zu ahnen, dass Kansas City just an diesem Tag den Erfolg im Super Bowl feiern würde. Noch bevor Post Malone auf die Bühne ging, begrüßte er die beiden Chiefs-Stars im Backstage-Bereich und forderte sie zu einem „Beer Pong"-Duell heraus (für alle Unkundigen: das ist ein Spiel, bei dem Tischtennisbälle in mit Bier gefüllte Becher geworfen werden müssen. Der Gegner muss die getroffenen Becher austrinken) Mahomes und Kelce ließen ihrem Gastgeber dabei nicht den Hauch einer Chance. „Ich weiß nicht, ob ich jemals so heiß gelaufen bin in Beer Pong", erzählte Kelce später dem Magazin *GQ*.

Post Malone ließ sich aber nicht einschüchtern. Vor der letzten Runde versprach er, dass er sich im Falle einer erneuten Niederlage das Chiefs-Logo inklusive der Unterschriften von Mahomes und Kelce tätowieren lassen würde. Ein hoher Preis, wenn man bedenkt, dass er ein leidenschaftlicher Fan der Dallas Cowboys ist, weil sein Vater früher für dieses Team arbeitete. Doch gesagt, getan. Post Malone verlor erneut – und löste seine Wettschuld tatsächlich ein (er hatte auf der Tour immer einen Tattoo-Künstler mit dabei). Mahomes versuchte noch, ihn davon abzuhalten: „Ich habe ihm gesagt, du musst das nicht machen. Aber er war nicht mehr zu stoppen."

Für Patrick Mahomes fühlten sich diese Tage an, als wäre er in Watte gepackt. Er schwebte förmlich. Von diesen Momenten hatte er auf der Highschool und am College geträumt. Und viel dafür investiert, dass sie eines Tages Wirklichkeit wurden. Nun zählte er wahrhaftig zu den Großen im Football. Mit 24 Jahren war er genauso alt wie Tom Brady, als dieser Anfang 2002 seinen ersten Super Bowl gewann. Patrick wollte am liebsten die ganze Welt umarmen.

Doch die stand plötzlich still! Die Coronapandemie veränderte nur wenige Wochen später alles. Der Profisport in den USA kam zum Erliegen. Die NBA-Saison wurde gestoppt, der Start der MLB verschoben, das Finale der NHL nicht mehr ausgespielt. Nur die NFL befand sich in der Spielpause. Doch ihr jährlicher Draft im Frühling musste zum ersten Mal virtuell stattfinden. Der Liga blieb bis Anfang September Zeit, Lösungen zu finden, um den Spielbetrieb aufnehmen zu können.

Während die NFL an einem umfangreichen Hygienekonzept arbeitete, das sie laut *SI.com* mehr als 100 Millionen US-Dollar kosten würde, mussten die Spieler zu Hause bleiben. Normalerweise schuftete Mahomes in der Offseason mit seinem persönlichen Fitnesstrainer Bobby Stroupe in Texas. Durch die Lockdown-Beschränkungen durfte er Kansas City aber nicht verlassen. Sein Vorteil: Er lebte mit einer ausgebildeten Fitnesstrainerin unter einem Dach, seiner Freundin Brittany. Sie unterstützte ihn bei der Umsetzung der Trainingspläne, pushte ihn zu Höchstleistungen und sorgte dafür, dass er trotz der außergewöhnlichen Situation nicht aufhörte, an sich zu arbeiten. Zudem optimierte Brittany seine Ernährung. Landete früher auch mal ein Cheeseburger auf seinem Teller, wurde im Hause Mahomes nun nur noch selbst gekocht. Gezielt ersetzte Brittany Kohlenhydrate wie Kartoffeln zum Beispiel durch Blumenkohl. Alles mit nur einem Ziel: Leistungssteigerung!

Für andere Teammitglieder der Chiefs war die COVID-19-Pandemie noch einschneidender. Offensive Liner Laurent Duvernay-Tardif wollte nach dem Ausbruch des Virus vor allem helfen. Der ausgebildete Arzt ging zurück in sein Heimatland Kanada und entschied sich später, in der NFL-Saison 2020 auszusetzen. Auch für Offensive Coordinator Eric Bieniemy war die Situation schwierig. Sein ältester Sohn leidet an Zerebralparese, einer frühkindlichen Gehirnstörung, und Atemproblemen. Eine COVID-19-Erkrankung wäre für den damals 26-Jährigen ein großes gesundheitliches Risiko gewesen. Daher entschied sich Bieniemy, ins Hotel zu ziehen. Nur freitags besuchte er seine Familie, hielt dann aber Abstand zu seiner Frau Mia und den beiden Söhnen und trug gleich zwei Masken übereinander.

Als Reaktion auf die Coronapandemie beschloss die NFL, die sonst üblichen August-Testspiele vor dem Start der neuen Saison ausfallen zu lassen. Einige Experten sahen darin einen kleinen Vorteil für die Chiefs, weil das Erfolgsteam aus dem Vorjahr nahezu komplett erhalten werden konnte und keine relevanten Neuzugänge in das Spielsystem integriert werden mussten. Im August 2020 verlängerten Head Coach Andy Reid und General Manager Brett Veach ihre Verträge bis 2025. Weiter so!

## OFFENSIVE DER KANSAS CITY CHIEFS 20/21

Der amtierende Super-Bowl-Champion ließ dann auch in der NFL-Saison 2021 keinen Zweifel daran aufkommen, dass es sich auf „Mission Titelverteidigung" befand. Kansas City war das beste Team der Liga und beendete die Regular Season mit 14 Siegen bei nur zwei Niederlagen. Lediglich ein Ausrutscher gegen die Las Vegas Raiders (32:40) und eine bedeutungslose Niederlage im letzten Spiel gegen die Los Angeles Chargers (21:38), in dem Mahomes geschont und durch Ersatz-Quarterback Chad Henne ersetzt wurde, verhinderten eine perfekte Saison ohne Pleite.

Mahomes warf für insgesamt 4740 Yards und 38 Touchdowns bei nur sechs Interceptions. Statistisch wurde er lediglich von Aaron Rodgers, dem Spielmacher der Green Bay Packers, übertrumpft. Das aber konnte Mahomes verschmerzen, denn im Gegensatz zu Rodgers zog er erneut in den Super Bowl ein. Auf dem Weg dorthin schalteten die Chiefs in den Playoffs vor eigener Kulisse zunächst die Cleveland Browns aus (22:17) und sicherten sich dann im zweiten Jahr in Folge die Lamar Hunt Trophy durch ein ungefährdetes 38:24 gegen die Buffalo Bills. War überhaupt jemand in der Lage, Kansas City zu stoppen?

## Eine durchlässige O-Line

Wenn einer es konnte, dann Tom Brady. Der erfolgreichste Quarterback aller Zeiten war im März 2020 zu den Tampa Bay Buccaneers gewechselt. Nach 19 Jahren bei den New England Patriots wollte „TB12" eine neue Herausforderung. Er fand sie in Südflorida bei einem Team, das sich mit den Wide Receivern Mike Evans und Chris Godwin zu einem Titelanwärter gemausert hatte. Das letzte Puzzlestück, das den Bucs noch fehlte, war ein kompetenter Spielmacher. Da kam Brady wie gerufen, trotz seines mittlerweile für einen Profisportler fast schon biblischen Alters. Als Bonus brachte der damals 42-Jährige auch gleich einen seiner engsten Buddys aus New England mit nach Tampa Bay: Tight-End-Star Rob Gronkowski.

Die Buccaneers hatten die Regular Season mit einer Bilanz von elf Siegen und fünf Niederlagen beendet, in den Playoffs dann das Washington Football Team, die New Orleans Saints und die Packers mit Aaron Rodgers aus dem Weg geräumt. Nun standen sie erstmals seit 18 Jahren wieder im Super Bowl. Und das auch noch im eigenen Stadion. Die Footballwelt rechnete mit einem denkwürdigen Spiel. War das schon die endgültige Wachablösung? Würde Mahomes in seinem vierten Ligajahr den zweiten Titel gewinnen und damit Brady als *das* Gesicht der NFL ablösen?

Was zwei Wochen lang von der Presse heißgekocht wurde, kühlte sich im Spiel schnell ab. Die Offensive Line der Chiefs – gebeutelt von mehreren Verletzungsausfällen – war zu keinem Zeitpunkt in der Lage, die Verteidiger der Bucs aufzuhalten. So musste Mahomes diverse Male um sein Leben rennen und irgendwie versuchen, den Ball aus absurden Situationen auf seine Passempfänger abzufeuern. 29-mal brachen die gegnerischen Abwehrspieler zu ihm durch und setzten ihn unter Druck – ein Super-Bowl-Rekord. Mahomes lief in diesem Spiel unfassbare 497 Yards. Aber nicht nach vorne, sondern auf der Flucht quer über das Feld, bevor er zum Wurf ansetzen konnte.

Dieses Finale war kein Duell zwischen Brady und Mahomes, sondern ein hoffnungsloser Versuch der Chiefs, ins Spiel zu kommen. Sie verzichteten größtenteils auf das Laufspiel und verließen sich fast ausschließlich auf die Qualitäten ihres Superstars. Im Alleingang konnte dieser die Partie jedoch nicht gewinnen. Am Ende stand es 9:31. Es war Mahomes' erstes NFL-Spiel ohne einen Touchdown-Wurf oder zumindest 300 Yards Raumgewinn. Nie zuvor hatte Kansas City mit ihm auf dem Feld weniger als 13 Punkte erzielt. Der Super Bowl 2021 in Tampa Bay war der schlechteste Auftritt der Chiefs seit 2018. Mahomes' Quarterback-Rating betrug 52,3 – so niedrig wie noch nie.

„Die Bucs hatten einen wirklich guten Gameplan. Sie haben uns unserer Stärken, der tiefen Bälle und der Pässe zur Seitenlinie, beraubt und einfach ein unglaubliches Spiel gemacht", stellte Mahomes danach konsterniert fest. Er kritisierte nicht seine Mitspieler, er sprach nicht über den Druck, dem er ausgesetzt war, sondern blieb diplomatisch. „So schlimm habe ich sehr lange nicht mehr verloren", war sein ehrliches Fazit.

Schon die Vorbereitung auf das Spiel war suboptimal verlaufen. Drei Tage vor dem Finale hatte Britt Reid, der Sohn von Head Coach Andy Reid, einen schweren Unfall mit fatalen Folgen verursacht. Noch in Kansas City rammte er mit über 130 km/h zwei Autos, die den Highway über eine Rampe verlassen wollten, und verletzte dabei zwei junge Insassen. Ein fünfjähriges Mädchen traf es am schwersten: Sie erlitt eine schwere Kopfverletzung und lag für elf Tage im Koma. Danach konnte sie weder sprechen noch laufen. Reid selbst verletzte sich an der Leiste und musste noch in der Nacht notoperiert werden. Dabei stellten die Ärzte fest, dass er nicht nur zu schnell unterwegs war, sondern auch Alkohol getrunken hatte. Der Test ergab über 1,1 Promille im Blut.

Der Vorfall beschäftigte nicht nur Vater Andy, sondern das ganze Team. Britt Reid war bei den Chiefs für die Linebacker zuständig und konnte nun nicht in Tampa Bay sein. Für Mike Florio von *ProFootballTalk* ein Verlust, der auch sportliche

Konsequenzen hatte: „Er war der Sohn des Trainers, es war 72 Stunden vor Kickoff. Das war ein riesiger Faktor, wenn man sieht, dass die Chiefs nicht in der Lage waren, sich zu wehren." Während Brady seinen siebten Super-Bowl-Ring bejubelte und dafür sorgte, dass zum ersten Mal überhaupt ein NFL-Team den Super Bowl im eigenen Stadion gewann, schaltete Mahomes erst mal ab. Danach vertiefte er sich in die Videoanalyse der bitteren Finalpleite. Aus seiner Sicht war er noch zu unsicher in der Pocket gewesen, war zu früh hektisch zur Seite und damit in die Arme der heranstürmenden Verteidiger gerannt. Brett Veach, der General Manager der Chiefs, sah es etwas anders: „Es ist aus meiner Sicht ziemlich klar, was wir machen müssen und wie wir besser werden können. Um das zu erkennen, muss man nicht bei den Chiefs arbeiten."

Was er meinte, war die Grundsanierung der Offensive Line. Veach jagte die verletzungsanfälligen Eric Fisher und Mitchell Schwartz vom Hof, veranlasste einen Wechsel von Laurent Duvernay-Tardif zu den New York Jets, holte per Trade Orlando Brown von den Baltimore Ravens, überzeugte Free Agent Joe Thuney von einem Wechsel nach Kansas City und verpflichtete Center Creed Humphrey in der zweiten Runde sowie Guard Trey Smith in der sechsten Runde des NFL Draft 2021. Zudem holte er mit Kyle Long einen Veteranen aus dem Ruhestand zurück. Um die Offensive Line, die größte Schwachstelle des Teams, zu verbessern, kannte seine Kreativität keine Grenzen.

Mahomes suchte unterdessen das Gespräch mit seinen größten Konkurrenten. In einem Interview mit *The Ringer* verriet er: „Viele Fans wissen gar nicht, dass wir uns alle unterhalten. Ich spreche mit Aaron Rodgers. Ich spreche mit Tom Brady. Sie geben mir wichtige Ratschläge für mein Spiel. Ich bin ja noch ein junger Spieler und versuche zu verstehen, wie ich jedes Jahr erfolgreich sein kann. Es hilft mir sehr, mich mit solchen Spielern auszutauschen."

**OFFENSIVE DER KANSAS CITY CHIEFS 21/22**

## Die erste Krise

„What the hell is wrong with the Chiefs?" Schlagzeilen wie diese war die in jüngster Zeit erfolgsverwöhnte Footballstadt Kansas City nicht mehr gewohnt. Die Ansprüche und die Erwartungshaltung waren in den vergangenen Jahren gestiegen. Doch Ende Oktober 2021 hatte das Team, das zwei Jahre in Folge im Super Bowl gestanden hatte, nur drei von bislang sieben Saisonspielen gewonnen. Die Chiefs drohten, erstmals mit Mahomes die Playoffs zu verpassen. Sie waren Letzter in der AFC West, die sie seit 2016 jedes Jahr gewonnen hatten. Was war los?

Das Hauptproblem war die Verteidigung. Sie war so schlecht wie lange nicht mehr. Defensive Coordinator Steve Spagnuolo hatte seine Abwehrreihen zwar runderneuert, das lag aber nun auch schon wieder zwei Jahre zurück. Einige Stammkräfte hatten ihren Leistungszenit überschritten. Auch die Kritik an Tyrann Mathieu, dem „Honey Badger", wuchs.

Durch fehlende Power in der Defensive musste der Angriff in den ersten Spielen der Saison eigentlich mit jedem Drive punkten, um Siegchancen zu haben. Das löste bei Mahomes und seinen Mitspielern Druck aus. Zum ersten Mal in seiner Karriere machte der hochgelobte Quarterback Fehler. Head Coach Andy Reid drückte es so aus: „Patrick spielt wie ein Linebacker, das ist sein Ansatz. Er möchte aus jedem Snap das Maximum rausholen. In der aktuellen Situation macht er Dinge, die er normalerweise nicht versuchen würde. Er versteht, dass wir seine Touchdowns brauchen, um zu gewinnen, und versucht es unermüdlich. Daher müssen wir ihn etwas zurückhalten und auch schon mit kleinen Erfolgen zufrieden sein." Eine nett verpackte Kritik. Mahomes sollte weniger riskieren, weniger Fehler machen und lieber auf Nummer sicher gehen, statt auf volles Risiko zu setzen.

Denn die NFL-Konkurrenz hatte nach der Klatsche im Super Bowl gegen die Buccaneers gesehen, wie das System Mahomes zu knacken war. Mit zwei tiefen Safetys konnte der Gegner die langen Bälle der Chiefs auf ihre schnellen Wide Receiver Tyreek Hill oder Mecole Hardman ausschalten. Wenn sie es gleichzeitig schafften, Druck auf Mahomes aufzubauen, wurde dieser zu Fehlern gezwungen.

Erschwerend hinzu kam, dass sich Mahomes noch immer nicht hinter seiner eigenen Offensive Line wohlfühlte. Die Chiefs hatten viel Geld und Draft-Picks investiert, um ihrem Quarterback-Star bestmöglichen Schutz zu bieten. Und der Plan ging auch auf. Doch Mahomes war es schlicht nicht gewohnt, ein solches Bollwerk vor sich zu haben. Obwohl kein Druck da war, rannte er manchmal wie von der Tarantel gestochen nach außen und machte es den Gegnern so einfacher, ihn anzugreifen. Das war unnötig.

Erstmals knirschte es nun auch im Austausch mit Offensive Coordinator Eric Bieniemy. Mit ihm geriet Mahomes immer wieder aneinander. Die beiden diskutierten über die Auswahl der Spielzüge und zickten sich an. Für TV-Kameras sehen solche Szenen aber oft wilder aus, als sie in Wirklichkeit sind, denn im Sport kann es auch Teil einer erfolgreichen Kultur sein, Emotionen rauszulassen und Auseinandersetzungen offen zu führen.

Immerhin: Es folgten wieder Siege, wenn auch nur sehr knappe. 20:17 gegen die New York Giants. 13:7 gegen die Green Bay Packers, die in diesem Spiel auf Aaron Rodgers verzichten mussten. Die Chiefs-Verteidigung hatte sich stabilisiert. Ein richtiger Befreiungsschlag gelang aber erst danach bei den Las Vegas Raiders. Mahomes warf beim 41:14 für beachtliche 406 Yards. Hatte er seine Formkrise überwunden? Noch nicht ganz. Aber die positiven Ergebnisse bewirkten, dass er wieder selbstbewusster auftrat und eine bessere Balance zwischen Risikowürfen und sicheren Optionen fand.

Außerdem war im Laufe der Saison Melvin Ingram zu den Chiefs gestoßen. Der Linebacker kam von den Pittsburgh Steelers und sorgte dafür, dass die Verteidigung fortan mehr Druck auf gegnerische Läufe ausübte. Kansas City fand mit kleinen Schritten zurück in die Erfolgsspur. Die negativen Schlagzeilen verpufften. Bis zum Ende der regulären Saison verloren die Chiefs nur noch ein Spiel: gegen das Überraschungsteam des Jahres, die Cincinnati Bengals. Letztlich wurden die Playoffs mit einer Bilanz von 12:5 Siegen doch noch erreicht. Und auch der Titel in der AFC West war erneut eingetütet. Puh, durchatmen.

## Allen und Burrow: die neue Konkurrenz

Die Playoffs 2022 sollten die spektakulärsten aller Zeiten in der NFL werden. Overtime-Siege, Field-Goal-Entscheidungen in letzter Sekunde, Favoritenstürze – da war die ganze Dramapalette dabei. Die Chiefs mussten zunächst in der Wild Card Round zu Hause gegen die Pittsburgh Steelers antreten. Für deren langjährigen Quarterback-Star Ben Roethlisberger war es das letzte Spiel seiner Karriere. „Big Ben" – deutlich sichtbar ins Football-Rentenalter gekommen – verabschiedete sich nach dem 42:21-Sieg der Chiefs und ging in den Ruhestand.

Für Mahomes aber ging der Wahnsinn in der Divisional Round weiter. Dort kamen die Buffalo Bills mit Josh Allen zu Besuch. Der Bills-Quarterback hatte sich im Schatten von Mahomes in der jüngsten Vergangenheit zu einem der besten Spieler der AFC entwickelt. Es wurde ein Duell mit offenem Visier, das in die Verlängerung gehen musste. Sowohl Mahomes als auch Allen waren bis dahin drei Touchdown-Pässe gelungen, Mahomes ein weiterer auf dem Boden. Kurios: Beide Quarterbacks waren in diesem Spiel sowohl die besten Werfer als auch die erfolgreichsten Läufer ihres Teams.

In der Overtime passierte dasselbe wie drei Jahre zuvor an gleicher Stelle im AFC Championship Game gegen die Patriots, nur diesmal mit dem besseren Ende für die Chiefs: Sie gewannen den Münzwurf und letztlich auch das Spiel. Ein 8-Yard-Pass von Mahomes auf Kelce in die Bills-Endzone entschied das Spiel. Buffalo durfte nicht mehr an den Ball. Ein Nervenkitzelsieg der Chiefs gegen ihren aktuell vermeintlich stärksten Konkurrenten in der Conference.

Zum vierten Mal in Folge stand Kansas City nun im AFC Championship Game. Diesmal waren die Cincinnati Bengals die Hürde zum Super Bowl, gegen die es erst 28 Tage zuvor bereits eine Niederlage gesetzt hatte. Mit Bengals-Quarterback Joe Burrow kam der nächste aufstrebende Spielmacher ins Arrowhead Stadium. Er war 2020 Cincinnatis First-Overall-Pick gewesen und rechtfertigte diese Wahl auf ganzer Linie. Mit Wide Receiver Ja'Marr Chase stand ihm ein ebenbürtiger Partner zur Seite. Wieder entwickelte sich ein offener Schlagabtausch, mit zwei völlig unterschiedlichen Halbzeiten. Während die Chiefs vor der Pause dominierten und zwischenzeitlich 21:3 führten, brachen sie nach dem Wechsel völlig ein. Nach dem dritten Viertel stand es 21:21. Nach 60 Minuten 24:24. Erneut Overtime! Das Glück der Chiefs schien noch nicht aufgebraucht. Wieder gewannen sie den Münzwurf und benötigten jetzt nur einen Touchdown, um das Spiel für sich zu entscheiden. Doch Patrick Mahomes war nicht gut drauf. Ihm unterlief seine zweite Interception des Tages. Ein Field Goal von Bengals-Kicker Evan McPherson besiegelte daraufhin das Playoff-Aus der Chiefs. 24:27! Dass Cincinnati und nicht Kansas City in den Super Bowl einzog, überraschte viele.

Bereits zur Halbzeit hatte sich Mahomes mit Offensive Coordinator Eric Bieniemy in Anwesenheit von Journalisten in die Haare bekommen. Grund war Bieniemys Entscheidung, kurz vor dem Wechsel noch mal ins Risiko zu gehen. Statt ein Field Goal zu schießen, wollte er den vierten Angriffsversuch kurz vor der Bengals-Endzone ausspielen, um die Möglichkeit auf noch mehr Punkte zu haben. Doch der Versuch scheiterte.

Dass die Chiefs den Vertrag mit Bieniemy wenige Wochen nach der frustrierenden Niederlage gegen die Bengals um ein weiteres Jahr verlängerten, zeigt jedoch, dass die Reibung zwischen Coach und Spieler nicht überbewertet werden sollte. Einen Wechsel gab es hingegen auf der Position des Quarterback-Coaches. Mike

Kafka, jahrelang wichtigster Ansprechpartner für Mahomes, ging als Offensive Coordinator zu den New York Giants. Für ihn kehrte Matt Nagy zurück nach Kansas City.

## Die Division rüstet auf

Das Ziel blieb auch nach der bitteren Niederlage gegen Burrow und die Bengals dasselbe: erneuter Einzug in den Super Bowl. Mahomes fühlte sich jeden Tag dazu verpflichtet, Kansas City als Topteam zu etablieren. Doch der Weg ins Endspiel schien steiniger als je zuvor. Die Konkurrenz hatte in jüngster Vergangenheit mächtig aufgerüstet, nicht nur die Bills und Bengals mit Josh Allen und Joe Burrow, sondern auch die Teams in der eigenen Division. Die AFC West, zu der die Chiefs gehören, war vor dem Saisonstart 2022 die wohl stärkste in der NFL. Hier überhaupt ein Playoff-Ticket zu ergattern, erschien längst nicht mehr so leicht wie noch vor wenigen Jahren.

Den Broncos gelang es im März 2022, Russell Wilson nach Denver zu lotsen. Per Trade mit den Seattle Seahawks, im Austausch für unter anderem je zwei Erstrunden- und Zweitrunden-Picks im Draft. Wilson gehörte bis dato seit vielen Jahren zur Quarterback-Elite in der NFL. Er führte zuvor zehn Jahre bei den Seahawks Regie und gewann mit ihnen in der Saison 2013 den Super Bowl. Achtmal wurde er bereits ins All-Star-Team der Liga gewählt. Schon jetzt gilt als sicher, dass Wilson nach Ende seiner Laufbahn in die „Hall of Fame" der NFL aufgenommen wird. Wilson hätte für die Broncos das letzte Puzzleteil sein können, das noch fehlte, um endlich wieder zum ernsthaften Meisterschaftskandidaten zu werden. Denver, zuletzt in der Spielzeit 2015 Super-Bowl-Champion, zählte bei einigen Experten schon länger zu den Geheimfavoriten. Die Verteidigung ist traditionell meist stark, im Angriff gab es vielversprechende Talente, vor allem unter den Passempfängern. Nur auf der Quarterback-Position hatten die Broncos jahrelang keinen Topmann mehr. Doch jetzt war Russell Wilson da! Konnte er Mahomes & Co. ordentlich in die Suppe spucken?

Und nicht nur Denver rüstete offensiv auf, auch mit Las Vegas musste gerechnet werden. Die Raiders verpflichteten im März 2022 Davante Adams – einen der bis heute besten Wide Receiver der NFL. Adams spielte bis dato bei den Green Bay Packers, wo er von der Genialität von Quarterback Aaron Rodgers profitierte. Zukünftig sollte er nun bei den Raiders von seinem alten Kumpel Derek Carr mit Bällen bedacht werden. Die beiden harmonierten schon von 2012 bis 2013 am College in Fresno State bestens miteinander. Doch damit nicht genug: Neben Adams verstärkte Las Vegas auch die Verteidigung. Von den Arizona Cardinals kam Chandler Jones neu dazu. Der spielte schon seit 2012 in der NFL, gewann bereits den Super Bowl (mit den New England Patriots in der Saison 2014) und war auf Sacks spezialisiert, also der erfolgreichen Jagd auf Quarterbacks. Vor ihm muss Mahomes mächtig auf der Hut sein.

Blieben noch die Los Angeles Chargers. Die haben mit Justin Herbert einen jungen, hochtalentierten Spielmacher, der in seinem ersten NFL-Jahr diverse Rookie-Rekorde brach. Den Chargers wird schon länger ein Super-Bowl-Sieg zugetraut, nun waren sie defensiv noch gefährlicher geworden. Mit Khalil Mack (von den Chicago Bears) und J. C. Jackson (von den Patriots) gehörten seit Kurzem zwei absolute Topverteidiger zum Team. Das Duell Justin Herbert vs. Patrick Mahomes sollte gleich zu Beginn der Saison 2022 zur besten Sendezeit an einem Donnerstagabend laufen.

Wer ist denn überhaupt 2022 Favorit in der AFC West? „Keine Ahnung“, gibt NFL-Reporter Ian Rapoport damals zu. „Es gibt zu viele gute Teams. Die AFC West ist eine der härtesten Divisions aller Zeiten. Alle Teams haben herausragende Quarterbacks, dynamische Playmaker und starke Defensiven. Ich freue mich wahnsinnig darauf, mir diese Duelle anzuschauen. Das wird ein großer Spaß.“

Ein Blick auf Kansas Citys Gesamtspielplan genügte, um zu ahnen, wie schwierig die kommenden Aufgaben werden würden. Mahomes musste sich in dieser NFL-Spielzeit unter anderem mit folgenden gegnerischen Quarterback-Schwergewichten messen: Tom Brady, Josh Allen, Joe Burrow, Matthew Stafford Kyler Murray plus je zweimal Russell Wilson, Derek Carr und Justin Herbert.

Hinzu kam: Während die unmittelbare Konkurrenz in der AFC West auf dem Vormarsch zu sein schien, hatten die Chiefs einen extrem wichtigen Spieler verloren: Tyreek Hill, den schnellsten Wide Receiver der NFL. Hill wurde im März 2022 für fünf Draft-Picks zu den Miami Dolphins getradet, die ihn mit einem Vertrag über 120 Millionen US-Dollar für vier Jahre zum damals bestbezahlten Passempfänger aller Zeiten machten. Davon waren 72,2 Millionen US-Dollar garantiert – ein Haufen Geld, das die Chiefs Hill *nicht* zahlen wollten. Doch nun war eine für Mahomes immens wichtige Anspielstation plötzlich weg! Der „Cheetah“ erzielte nach Zuspiel von Patrick in vier gemeinsamen Jahren 41 Touchdowns.

War die schwierige Saison 2021, die immerhin erst im NFL-„Halbfinale“ ihr Ende fand, nun ein Rückschritt oder eine lehrreiche Erfahrung für Mahomes? Noch bevor er mit den Chiefs diese Frage beantworten konnte, gab es für die deutsche NFL-Fans eine große Ankündigung.

# #10 DIE CHIEFS IN DEUTSCHLAND

## „Hooome of the Chiefs…"

… hallte es durch den Deutsche Bank Park in Frankfurt und die Fans sorgten dafür, dass sich Patrick Mahomes, Travis Kelce, Andy Reid & Co. fast wie Zuhause fühlten. Bei mir, Daniel Jensen, löste es auf der Pressetribüne ganz viel Gänsehaut aus. Ich kenne diese Tradition aus dem Arrowhead Stadium in Kansas City und freute mich sehr, dass so viele Fans diesen Brauch nach Deutschland importiert und die letzten Worte der US-Hymne umgetextet hatten.

Der 5. November 2023 war für Chiefs-Fans in Deutschland Weihnachten und Ostern in einem. Ihr Lieblingsteam aus dem Herzen der USA war zum Heimspiel gegen die Miami Dolphins nach Deutschland gekommen. Das gesamte Wochenende war ein Fest für die Fans in rot. Ein Traum ging in Erfüllung, weil ein Besuch in Kansas City für die meisten einfach nicht möglich ist. Hier in Deutschland konnten sie das Team aber nun hautnah erleben.

Doch fangen wir ganz vorne an: Am 15. Dezember 2021 verkündete die NFL das sogenannte *International Home Marketing Area*-Programm, das den Teams der Liga ermöglichen sollte, auch international Marketingrechte zu nutzen. Damit können sie in ausländischen Ländern die gleichen Marketingmaßnahmen durchführen und Partnerschaften eingehen wie in den USA, ihrem Heimatmarkt.

Dieser ist in der NFL schon seit 1955 besonders geschützt. Er erstreckt sich bei allen 32 Teams über einen Radius von genau 75 Meilen um ihr Stadion. Dort dürfen die Franchises exklusiv eigene Partnerschaften aktivieren, ihre Spieler für Marketing-Aktionen einsetzen und die Einnahmen aus diesen Deals behalten. Über diesen Radius hinaus vermarktet jedoch die Liga alles national und teilt die Einnahmen dann gerecht unter allen 32 Teams auf. Wer sich einen kleinen finanziellen Vorteil gegenüber der Konkurrenz verschaffen möchte, ist auf den Bereich um sein Stadion und den Verkauf von VIP-Tickets und -Logen angewiesen.

Die internationalen Marketing-Rechte sollten genau diesen exklusiven Bereich auf Länder in Europa, Süd- und Mittelamerika sowie Kanada erweitern. Die Teams hatten die Chance, sich auf ein oder mehrere Länder zu bewerben und mussten der NFL erklären, was sie vorhaben, wie viel Geld sie investieren wollten und wie nachhaltig dieses Interesse war. Neben der Existenz des Programms kündigte die NFL im Dezember 2021 die ersten Franchises an, die sich erfolgreich für einen neuen Heimatmarkt beworben und für welches Land sie die Rechte erhalten hatten.

Die Chiefs bewarben sich für Mexiko, aber auch für Deutschland und konnten sich über die Zusage der Liga für beide Märkte freuen. Seit dem 1. Januar 2022 dürfen die Chiefs demnach in Deutschland Social-Media-Kanäle aufbauen, deutschsprachige Inhalte auf der Webseite anbieten und lokale Partnerschaften mit Marken eingehen. Außerdem kündigte das Team an, auch Fan-Events in deutschen Städten umsetzen zu wollen, Flag Football in deutschen Schulen zu stärken und exklusive Fanartikel hierzulande zu verkaufen. Für die Fans war die Message klar: Die Chiefs kommen nach Deutschland!

Ich bekam zu der Zeit eine erste E-Mail vom PR-Team der Chiefs: „Einladung zum Pressegespräch mit Präsident Mark Donovan“ und freute mich darauf, die eine Frage stellen zu können, die mir damals schon unter den Nägeln brannte: „Wollen die Kansas City Chiefs ein Spiel in Deutschland spielen?“. Das Pressegespräch fand einige Tage später statt, direkt vor Weihnachten, nachdem die Chiefs gegen die Chargers in der Verlängerung gewonnen hatten, ihren Vorsprung auf die Konkurrenz in der Division auf zwei Spiele erhöht hatten und entspannt in Richtung Playoffs schauen konnten.

In dem Zoom-Call hatte es nur eine Handvoll Journalisten geschafft und so durfte ich meine Frage bereits nach zwei, drei anderen stellen, die sich mehr damit beschäftigt hatten, wieso die Chiefs ausgerechnet nach Deutschland kommen wollten. Mark Donovan lächelte mich schon während der Frage an und antwortete breit grinsend: „*Of course, that's what this is all about for us.*“ Natürlich wollten sie hier spielen. Das war es, um das es ihnen bei diesem ging. Die Chiefs planten ganz konkret, ein reguläres NFL-Spiel bei uns vor der Haustür zu absolvieren. Wow!

Für die Teambesitzer-Familie um Clark Hunt und gerade für seinen Vater Lamar *(siehe Kapitel 5)* war Deutschland schon immer ein Sehnsuchtsort. Lamar und seine Frau Norma waren während der Fußball-Weltmeisterschaft 1974 in Deutschland und hatten die Leidenschaft der Fans, die Stimmung in den Stadien und den Sport lieben gelernt. So ist es auch keine Überraschung, dass die Chiefs 1990 im gerade wiedervereinten Deutschland im Vorbereitungsspiel im Berliner Olympiastadion gegen die Los Angeles Rams bestritten und mehrere Spieler vor der Mauer als Postkartenmotiv posierten. In den 1990er Jahren spielten die Chiefs im Rahmen der American-Bowl-Serie zusätzlich noch zweimal in Tokio (1994 und 1998) und 1996 in Monterrey in Mexiko. Als Visionär wollte Hunt mit seiner Mannschaft die Popularität weltweit ausbauen.

## Das erste NFL-Spiel in Deutschland

Im Vorlauf des Super Bowls gibt der Commissioner der NFL, Roger Goodell, traditionell eine große Pressekonferenz, um unter großer medialer Aufmerksamkeit die wichtigsten Themen der Liga zu adressieren und um Neuigkeiten anzukündigen. Schon in den Tagen zuvor hatten viele NFL-Fans gehofft, dass es dabei um den Standort und die Teams für ein mögliches Spiel in Deutschland geht.

Die Zuschauerzahlen bei *ProSieben ranNFL* waren in den Vorjahren stetig gewachsen. Nach der Corona-Pandemie in 2021 schauten durchschnittlich über 800.000 Fans am Sonntag die NFL im Free-TV. Damit war American Football im deutschen Fernsehen die zweitpopulärste Sportart vor Skispringen hinter König Fußball. Das war auch den Chefs in der NFL-Zentrale in Los Angeles nicht entgangen und so haben sich die Anzeichen immer weiter verdichtet: Achtung, wir kommen! Man sei jetzt bereit, auch in Deutschland Pflichtsspiele austragen zu wollen und nun auf der Suche nach einer attraktiven Stadt mit einem passendem Stadion. Auch ein deutsches NFL-Büro sei in Planung.

Dr. Alexander Steinforth wurde dann kurz vor dem Super Bowl im Februar 2022 zum NFL-Deutschland-Chef berufen und vier NFL-Teams wurden offiziell Marketingrechte in Deutschland erteilt. Jetzt sollte auf der Pressekonferenz mit Roger Goodell im sonnigen Los Angeles die nächste Bombe platzen. Der *ran*-Redakteur Max Zielke durfte vor Ort die entscheidende Frage stellen: „Mr. Commissioner, can you tell us more about a possible game in Germany?" Und das machte Goodell dann im Detail: Schon im Herbst 2022 sollte es ein Spiel in der Allianz Arena in München geben und in den folgenden drei Jahren ein weiteres in der bayerischen Landeshauptstadt. Aber das war noch nicht alles: Auch Frankfurt bekam die Garantie, bis 2025 zwei NFL-Begegnungen austragen zu dürfen. Ein Paukenschlag!

Einige Wochen später gab es dann nur einen kleinen Dämpfer für deutsche Chiefs-Fans. Nicht ihr Team, sondern der große Konkurrent aus dem Super Bowl 2021 durfte die Premiere in München feiern. Die Tampa Bay Buccaneers mit Altstar Tom Brady, der Mahomes die ersten beiden empfindlichen Niederlagen seiner Karriere zugefügt hatte, sollten die Premiere in Deutschland feiern. Gegner waren die Seattle Seahawks.

Ein wichtiger Grund für diese Entscheidung war der NFL-Spielplan, der 17 Spiele für jedes Team beinhaltete. So haben immer abwechselnd die NFC- und AFC-Mannschaften ein Heimspiel mehr. Und genau dieses würden die Buccaneers mit der Begegnung in München opfern. Die Chiefs hatten aber 2022 nur acht Heimspiele im Arrowhead Stadium und konnten daher international nicht antreten. Auch die Option als Auswärtsteam gegen Tampa zu spielen, zerschlug sich, weil Mahomes gegen Brady ein so großer Kassenschlager war, dass eine Verlegung nach Europa und eine TV-Übertragung zum Frühstück in den USA nicht in Frage kamen.

Doch trotz der Nichtberücksichtigung als Team beim historisch ersten NFL-Spiel in Deutschland kamen die Chiefs nur wenig später doch nach Deutschland. Sie engagierten hier im Frühjahr 2022 erstmals mehrere Agenturen, um ihre deutschen Social-Media-Kanäle zu befüllen, verschiedene Events für Fans auszutragen sowie mögliche Partner zu identifizieren und anzusprechen.

Ich hatte das Glück, dass ich bei letzterer Aufgabe unterstützen durfte und mich so im Oktober 2022 auf der Sport-Marketing-Messe *SPOBIS* wiederfand, um dort im knallroten Chiefs-Hoodie interessierten Marken die Attraktivität der Chiefs sowie die spannende, in Deutschland wachsende Sportart American Football vorzustellen. Zu diesem Anlass besuchten auch Teambesitzer Clark Hunt, Präsident Mark Donovan und Ex-Spieler Dante Hall die Messe und sprachen auf der Bühne über ihr Projekt in Deutschland.

Nach dem Auftritt kamen sie zu meinem Stand und ich konnte sowohl mit Clark Hunt als auch mit Mark Donovan über die Ziele der Chiefs in Deutschland sprechen. Es war beeindruckend, wie gut sich beide mit der Entwicklung in unserem Land auskannten. Ihnen war sowohl *ranNFL* als auch der langhaarige Netman Icke ein Begriff. Sie hatten auch selbst einige Fragen. Wie nehme ich die Chiefs in Deutschland wahr? Was muss man machen, um Fußball-Fans von der NFL zu begeistern? Und wo gibt es hier gutes deutsches Bier?

Es ist für mich bis heute surreal, dass der zweitreichste Owner in der NFL auf einer Sportmesse in Deutschland ohne Bodyguards herumlief und sich entspannt mit uns über deutsche Braukunst und den Status des Chiefs Kingdom in Europa unterhielt. Als eine kurze Pause in der Unterhaltung entstand, griff Hunt in seine Tasche und holte einen riesigen Klunker hervor: Den Super Bowl-Ring von 2020 und gab ihn mir in die Hand. Einfach unglaublich.

Der Ring war mit 255 Diamanten und 16 Rubinen verziert und auf der Vorderseite waren sowohl das KC-Logo als auch die zwei Trophäen zu erkennen, die das Team bisher gewonnen hat. Zusätzlich verzieren die Worte WORLD CHAMPION die Ringvorderseite aus gelbem Gold. Auf der einen Seite ist der

Super Bowl mit dem Ergebnis eingraviert, auf der anderen stand der Name Hunt, die Nummer 60 für das Gründungsjahr und der Slogan BE GREAT.

Ich war überrascht über das Gewicht und entdeckte dann in der Innenfläche Ergebnisse aus den Playoffs. Ich fragte Hunt, wie viel der Ring wert wäre und er antwortete wie aus der Pistole geschossen: „Für mich ist dieser Ring von unschätzbarem Wert." Der Super-Bowl-Sieg war für ihn, seine Mutter Norma Hunt und die restliche Familie ein eingelöstes Versprechen an seinen Vater, Chiefs-Gründer Lamar Hunt, der 2006 gestorben war und sich nichts mehr als einen weiteren Super-Bowl-Sieg gewünscht hatte. Später googelte ich und erfuhr, dass der Ring in der Herstellung 11.000 US-Dollar gekostet hatte.

Die Chiefs waren 2022 keineswegs nur aus Business-Gründen in Deutschland, sondern auch für die Emotionen. Mit dem deutschen Chiefs-Fanclub *German Arrowheads* produzierten sie in München einen kurzen Film, der die Leidenschaft der deutschen Fans zeigen sollte. Als Dank dafür wurde im April 2022 eine Party zum NFL Draft in einer Bar in München organisiert. Der deutsche Fußball-EM-Held von 1996 und spätere Nationalmannschaftsmanager Oliver Bierhoff hatte die Aufgabe, an Tag 3 des Drafts einen der Neuzugänge der Chiefs live aus Deutschland vorzustellen – unter großem Jubel der Fans vor Ort. Was für eine Ehre!

Im November 2022, während des ersten NFL-Deutschlandspiels zwischen den Buccaneers und Seahawks, übernahm das Team aus Kansas City ein uriges bayrisches Gasthaus in der Münchner Innenstadt und machte es zu einer Chiefs-Fan-Kneipe mit Fahnen an der Wand, einer Vielzahl Fernseher und einem BBQ-Buffet. Nach dem Spiel in der Allianz-Arena lief dort ab 19 Uhr vor über 200 Fans das Spiel der Chiefs gegen die Jacksonville Jaguars.

Das Wochenende um das erste NFL-Spiel in München war etwas ganz Besonderes. Dort trafen Zehntausende Football-Fans in buntgemischten Trikot-Variationen aufeinander, die alle den Sport in den letzten knapp zehn Jahren lieben gelernt hatten. Sie feierten gemeinsam, dass ihr Interesse dafür gesorgt hatte, dass die große Liga aus den USA den deutschen Markt für so wichtig erachtet hatte, dass es ihren Superstar Tom Brady für ein Spiel hierhin geschickt hatte.

Alle Kneipen rund um den Odeonsplatz, den Marienplatz oder den Stachus waren bis auf den letzten Platz gefüllt. Überall freuten sich die Fans, Gleichgesinnte zu treffen. Und so lag ich am Samstagabend noch lange im Hotel wach, um die ganzen Eindrücke festzuhalten und zu verarbeiten. Für mich waren diese vielen Begegnungen das, was Football in Deutschland ausmacht: Eine Familie sein. Und am nächsten Tag war der historisch erste NFL-Spieltag in Deutschland. Aufregend!

Vor dem Stadion wollte ich als Erinnerungsstück noch einen Schal und einen Mini-Helm erwerben und stellte mich um knapp 10 Uhr beim Fanshop an. Schon fünfeinhalb Stunden vor dem Spiel war der Vorplatz der Allianz Arena pickepackevoll. Fans mit und ohne Ticket versuchten die Atmosphäre an diesem kalten, sonnigen Tag aufzusaugen. Die NFL hatte verschiedene Attraktionen aufgebaut, wo Fans typische Football-Aufgaben ausprobieren konnten: 40 Yards laufen, Hütchen auf Zeit umkreisen oder einen Football in ein Fieldgoal kicken. Die Warteschlangen waren sehr lang und Anstellen war für mich keine Option – nachdem ich für meinen Einkauf beim Fanshop knapp eineinhalb Stunden warten musste.

Für die Chiefs war das Spiel in München die Chance, sich ganz genau anzugucken, wie die Seahawks und Buccaneers ihre Fans in Deutschland ansprachen. Beide Teams hatten sich große Restaurants gesichert und dort über das ganze Wochenende eine riesige Party gefeiert. Sie hatten einige Spieler bei Partnern zu Autogrammstunden platziert und ihre Maskottchen und Cheerleader durch die Stadt gejagt. Trotzdem blieben viele Fans ohne richtigen Kontakt zu ihren Teams. Zu voll war es in München und zu wenig Platz boten die Locations.

Das passte sehr gut zur Strategie, die Team-Präsident Mark Donovan mir in Düsseldorf bei der Sportmesse verraten hatte: „Wir setzen darauf, dass wir vorbereitet sein müssen, wenn der Erfolg kommt. Im Sport-Business hängt alles von Sieg und Niederlage ab, aber wenn du gewinnst, musst du bereit sein und es nutzen." Die Chiefs schauten ganz genau hin und wollten ihren Trip nach Deutschland dann perfekt umsetzen. Nur wusste zu dem Zeitpunkt noch niemand, wann es soweit sein würde.

## Ein Traum wird wahr

Ich erinnere mich noch genau, wo ich war, als die Nachricht öffentlich wurde. Auf dem Rückweg von einem Tagestrip nach Berlin saß ich in der U-Bahn, als mein Handy explodierte. Marius, mit dem ich jede Woche den Podcast *Das Kingdom* produziere, war der Erste, der mich anschrieb: „Sie kommen echt in diesem Jahr". Viele weitere Chiefs-Fans kontaktierten mich in den nächsten Stunden und wollten wissen, wie sie für den November an Tickets für den Deutsche Bank Park in Frankfurt kommen könnten.

Am 19. Januar 2023 kündigten die Chiefs das eigene Deutschland-Spiel an und ab dem Zeitpunkt drehte sich bei den Fans alles um die Chance, dabei zu sein. Das Stadion in Frankfurt bot zwar Platz für 48.000 Zuschauer, aber die Tickets wurden zuerst nicht in Deutschland verkauft, sondern an die

Dauerkartenbesitzer der Chiefs in Kansas City. Sie hatten ein Vorkaufsrecht und konnten die Tickets direkt mit Flügen nach Europa, weiteren Touri-Trips und passenden Hotels erwerben. Der „Guck die Chiefs in Deutschland und entdecke Europa"-Urlaub für Chiefs-Fans war durchaus beliebt und so blieben tausende Tickets für das Spiel in den USA.

Als dann auch bekannt wurde, dass die Chiefs gegen die Miami Dolphins antreten würden, war das Interesse an dem Spiel hierzulande noch größer. Bei dem Team aus Florida spielte nicht nur der frühere Chiefs-Superstar Tyreek Hill, es war auch die hochkarätigste Begegnung, die es jemals in Europa gegeben hatte. Zwei absolute Topteams, die beide in den Jahren zuvor in den Playoffs waren und sich realistische Chancen auf den Super Bowl ausrechneten. Zwei offensiv-orientierte Head Coaches, die das Spektakel lieben und den Ball am liebsten in der Luft sehen. Und zwei Top-Quarterbacks mit Patrick Mahomes und Tua Tagovailoa, die für ihre spektakuläre Spielweise bekannt sind. Ein Football-Fest!.

Doch die meisten Fans guckten am 27. Juni 2023 in die Röhre: Unglaubliche 1,5 Millionen Fans versuchten an diesem Tag, Eintrittskarten für das Spiel im November im Internet zu erwerben. Nach nur 15 Minuten war der Spuk vorbei. Die maximal 30.000 Tickets, die in den offenen Verkauf gekommen waren, waren weg und viele deutsche Chiefs-Fans waren enttäuscht. Denn: Gefühlt alle NFL-Anhänger von allen Teams wollten bei diesem Spektakel in Frankfurt live dabei sein. Ein gesondertes Kontingent für Chiefs-Fans gab es nicht.

Und doch blieb die positive Vorfreude auf das Traumspiel im November. In den Wochen vor der Begegnung gab die NFL Tickets frei, die zuvor von Partnern zurückgegeben oder auf illegalen Ticketseiten angeboten wurden. So fanden viele

Anhänger dann doch noch den Weg ins Stadion. Gleichzeitig planten wir vom Das Kingdom-Podcast eine große Fan-Party in der Innenstadt für Chiefs-Fans gemeinsam mit dem lokalen Football-Team, der Frankfurt Galaxy. Die 400 Tickets waren innerhalb eines Tages ausverkauft.

Auch die Chiefs hatten sich für die Woche etwas ganz Besonderes ausgedacht. Nachdem sie im Vorjahr gesehen hatten, dass eine Kneipe oder ein Restaurant dem Ansturm an Fans nur schwerlich gerecht werden konnte, mieteten sie sich ein eigenes Schiff: das ChampionShip. Es ankerte in der Frankfurter Innenstadt in Laufreichweite des Eisernen Steg und war ein kleines Museum.

Vor dem Schiff konnten sich die Fans noch kurzfristig mit Trikots, Schals und Shirts eindecken, an Bord tauchten sie in die Chiefs-Welt ein. Nicht nur der Siegerpokal der NFL, die Vince Lombardi Trophy, sondern auch die Super-Bowl-Ringe, Konfetti aus dem Stadion und Original-Schuhe und -Trikots verschiedener Spieler wurden ausgestellt. Diese Erinnerungsstücke sind normalerweise im Arrowhead Stadium zu bestaunen und hatten für dieses eine Spiel den langen Weg nach Deutschland auf sich genommen. Neben der Chance auf ein Foto mit der Super-Bowl-Trophäe, einer nachgestellten Pressekonferenz und einer nachgebauten Kabine sollte auf dem Deck des Schiffes am Spieltag auch die Möglichkeit bestehen, das Spiel gegen die Dolphins mit anderen Fans zu schauen. Eine echte Alternative für Menschen ohne Eintrittskarte ins Stadion.

Um das Schiff zu besuchen, mussten die Fans sich für einstündige Slots Tickets für knapp zehn Euro kaufen und konnten dann das ChampionShip entdecken. Zusätzlich waren auch zwei frühere Spieler anwesend. Dante Hall , den ich auch einige Monate zuvor auf der Sportmesse getroffen hatte und der als

„X-Faktor“ und „Human Joystick“ während seiner NFL-Karriere bekannt war *(siehe Kapitel 6)*. Und Christian Okoye, das „Nigerian Nightmare“. Ein Running Back, der durch seine gewaltige Statur und Naturgewalt in der NFL der 1990er Jahre gefürchtet wurde. Die beiden Team-Legenden standen für Fotos und Autogramme bereit. Okoye war schon beim ersten NFL-Vorbereitungsspiel der Chiefs 1990 in Berlin dabei und stand damals sogar auf dem Platz.

## Mahomes gratuliert mir zum Geburtstag

Am Freitagmittag landete dann auch die aktuelle Chiefs-Mannschaft in Frankfurt und wurde bereits am Flughafen von zahlreichen Fans erwartet. Die ersten Fotos von Patrick Mahomes, Travis Kelce oder Chris Jones mit deutschen Anhängern machten die Runde, nur um von weiteren Bildern vor dem Hotel abgelöst zu werden. Das erste Event für die Sportler nach dem langen Flug war eine Trainingssession im DFB-Campus, wo normalerweise die deutsche Fußballnationalmannschaft trainiert.

Akkreditiert als Journalist konnten ich knapp zehn Minuten des regen Treibens auf dem Platz beobachten. Die Spieler machten sich warm, liefen locker über das Feld und dehnten sich. Als Mahomes dann zu den ersten Würfen ansetzte, hörte ich die Stimme des Presseverantwortlichen: „Bitte jetzt alle gehen. Das öffentliche Training ist nun vorbei.“ Schade, es wurde gerade spannend.

Zurück im Pressezentrum warteten wir Journalisten auf das Ende des Trainings und die darauffolgende Pressekonferenz. Nicht nur Head Coach Andy Reid, sondern auch fast alle Stars des Teams sollten für einige Fragen auf das Podest im Presseraum kommen. Ich hatte mir etwas Besonderes vorgenommen:

Da der 3.11.2023 gleichzeitig mein 39. Geburtstag war, wollte ich meine Frage mit einem Geschenk verbinden. Ich hatte mir das so zurechtgelegt: „Ich habe zwar Geburtstag, aber ich würde dir, Patrick, gerne ein Podcast-Hoodie und ein Buch schenken." Bevor ich mich dann traute, überlegte ich etwa 50 Mal, ob ich das so machen könnte oder danach vielleicht aus dem Medienzentrum entfernt und ohne Zugang zum Spiel am Sonntag dastehen würde. Als ich die Frage dann doch gestellt hatte, strahlte Mahomes und gratulierte mir erstmal zum Geburtstag. Das kleine Paket nahm er gerne an und beantwortete meine zusätzliche Frage noch, dass er sich sehr auf das Spiel freute und hoffte, dass die Fans richtig Stimmung machten. Ich hatte gerade Geburtstagsglückwünsche vom besten Spieler der NFL erhalten. Ich war überglücklich.

Am Abend waren wir in Frankfurt-Sachsenhausen noch etwas essen und hatten das BBQ-Restaurant „Little Suzy's" gewählt, das genau wie das bekannte Pendant in Kansas City auf Burnt Ends, Briskets und Rippchen spezialisiert war. Das perfekte Essen vor dem Wochenende. Aber es wurde noch besser. Als wir gerade zahlen wollten, um gut gestärkt in Richtung Bett zu wandern, lief eine Gruppe sehr großer Menschen vor dem Fenster des Restaurants vorbei. Uns kamen die Gesichter bekannt vor und so guckten wir genau hin. Es handelte sich um die Offensive Line der Chiefs, die scheinbar am Freitagabend von Head Coach Andy Reid etwas Zeit in der Stadt verordnet bekommen hatte. Trey Smith, Joe Thuney und andere Spieler grüßten uns und gingen weiter durch die nächtliche Stadt.

Noch schöner war der Abend für Benny, der als „Optigriller" auf Instagram bekannt und großer Chiefs-Fan ist. Er wollte ein paar Läden weiter noch einen Absacker trinken und traf dort auf Travis Kelce, der natürlich keinen Alkohol trank. Er fragte ihn nach einem Bild und bekam ein spezielles Erinnerungsfoto an den Besuch der Chiefs in Frankfurt.

Für mich persönlich ging es Samstag ähnlich emotional weiter. Zusammen mit meinen Podcast-Kollegen Marius und Fabian durften wir eine Lesung im „Hugendubel" an der Frankfurter Zeil veranstalten und wurden regelrecht überrannt. Die Filialleiterin war überrascht über den Andrang und erzählte mir, dass zum letzten Mal bei Otto Waalkes so viele Menschen Interesse an einer Lesung gehabt hatten. Im Anschluss signierten wir die erste Auflage dieses Buches und sprachen mit vielen Fans, die oft kein Ticket ergattert hatten, aber trotzdem in der Stadt waren. Und für diese hatten wir noch eine Überraschung: Podcast-Hörer Thomas hatte zwei Tickets übrig und wollte sie an diesem Nachmittag an echte Fans verschenken. Also stellten wir eine knifflige Frage und einer der Zuhörer wusste die genaue Antwort. Er verließ die Lesung zusammen mit seiner Freundin mit einem breiten Grinsen.

Weiter ging es einige Stunden später bei unserer Fan-Party. Neben vielen Anhängern aus den USA besuchte uns dort auch der Assistant-Equipment-Manager der Chiefs, Cale Kirby. Er hatte seinen Super-Bowl-Ring dabei, schenkte mir ein Warm-up-Shirt des Teams mit meinem Namen und eine Cap. Auf Instagram stellt Kirby bei jedem Spiel der Chiefs die aktuelle Kopfbedeckung vor, die an der Seitenlinie getragen wird. Für das Deutschland-Spiel gab es natürlich auch ein besonderes Design und genau diese Cap hatte er uns mitgebracht und stellte sie unter dem Jubel der Gäste vor.

Besonders die Verbindung der US-Fans mit den deutschen Anhängern sorgte an diesem Tag bei mir für durchgängige Gänsehaut. Eine Dauerkartenbesitzerin aus Kansas City, Catherine Baskett-Cook, bereitete die Deutschen auf die Stimmung im

Stadion vor und übte mit ihnen Fanlieder. Also sangen knapp 500 Gäste in einem kleinen Club mitten in Frankfurt Chiefs-Songs und freuten sich darauf, dieses Abenteuer gemeinsam zu erleben. Für mich ein wirkliches Highlight.

Nach einer Nacht mit wenig Schlaf ging es am nächsten Morgen schon sehr viel früher los. Tausende Fans trafen sich vor dem Stadion und „wärmten" sich gemeinsam auf. Ganz Frankfurt war an diesem Vormittag in rot-goldene und weiß-türkise Trikots getaucht. Ob in der Straßenbahn, am Hauptbahnhof oder in der langen Einkaufsstraße um die Zeil – Football war in Frankfurt am 5. November 2023 das große Thema. Alle fieberten dem NFL-Duell zwischen den Chiefs und den Dolphins entgegen.

Im Stadion angekommen, war ich überrascht über die Dominanz der roten Trikots, Shirts und Jacken. Es wirkte fast wie ein Match im heimischen Arrowhead Stadium und so war es auch kein Wunder, dass die Nationalhymne ganz im Stile eines Heimspiels mit „Home of the Chiefs" endete. Typischerweise sind Spiele in Europa von der Stimmung her nicht mit den in den USA vergleichbar. Es sind mehr neutrale Fans da, die keines der Teams frenetisch anfeuern. Spieler vergleichen die Atmosphäre oft mit dem Super Bowl, wo beide Teams etwa gleich viele Anhänger dabei haben. Hier in Frankfurt war es anders. Für mich war es das erste Mal, dass ich so eine Stimmung bei einem Football-Spiel in einem Stadion außerhalb der USA erlebt habe. Es war nicht so laut wie im Arrowhead Stadium, aber es war ein klares Heimspiel.

Den Spielern auf dem Feld ging es ähnlich: „Das Chiefs Kingdom ist aufgetaucht", freute sich Patrick Mahomes nach dem Spiel und ergänzte: „Die Stadt war komplett in Rot getaucht." Auch Andy Reid war begeistert von den deutschen Anhängern: „Ich habe vor der Reise gescherzt, dass wir auch auf einem Parkplatz spielen würden, aber diese Fans haben für uns das Spiel gewonnen."

Das Duell mit den Dolphins war in der ersten Halbzeit eine Machtdemonstration von Mahomes und seinen Mitspielern. Nach nicht einmal drei Minuten warf der Spielmacher den Ball zu seinem Rookie-Receiver Rashee Rice, der ihn in die Endzone tragen konnte. 7:0! Die Dolphins hatten in der Offensive sehr viel mehr Schwierigkeiten. Dann sorgte Kadarius Toney für Jubel auf den Rängen. Er fing einen kurzen Pass, wich den Verteidigern mit schnellen Haken aus und machte so einige Yards. Im nächsten Moment feuerte Mahomes den Ball in Richtung des Running Backs Jerick McKinnon, der unbewacht in die Endzone spazierte. Noch vor der Halbzeit führten die Chiefs mit 14:0.

Doch nicht genug für die bärenstarke Defense des Teams, die für den Schlusspunkt vor dem Pausentee sorgen wollte. Dolphins-Quarterback Tua Tagovailoa spielte den Star-Receiver Tyreek Hill seitlich an und ausgerechnet der Ex-Chief-Star konnte den Ball nicht festhalten, als er von Trent McDuffie gestoppt wurde. Handlungsschnell reagierte Mike Edwards und nahm den Ball auf. Als er merkte, dass die Dolphins ihn schon erreichten, warf er den Ball spektakulär nach hinten zu seinem Mitspieler Bryan Cook, der dann zum Sprint an der rechten Seite des Feldes ansetzte und erst in Miamis Endzone zum Stoppen kam. War das 21:0 zur Halbzeit schon die Vorentscheidung?

Nein! Nach der Pause meldeten sich die Dolphins zurück: Kurz vor Ende des dritten Viertels fand Tagovailoa seinen Running Back Jeff Wilson Jr. in der Endzone und brachte nun auch sein Team auf das Scoreboard. Weil jetzt die Chiefs offensiv immer mehr Fehler machten, war Miami wieder schnell am Ball und der andere Running Back des Teams, Raheem Mostert, sorgte für die nächsten Punkte. Plötzlich stand es vor dem letzten Viertel nur noch 21:14. Die Zuschauer, die es mit den Chiefs hielten, wurden deutlich unruhiger.

Als dann ein langer Ball von Patrick Mahomes auf seinen schnellsten Receiver Marquez Valdes-Scantling durch dessen Hände rutschte, war das Entsetzen groß. Verspielen die Chiefs hier wirklich einen 21-Punkte-Vorsprung? Knapp zwei Minuten vor Spielende standen die Dolphins an der Mittellinie und brauchten nur einen Touchdown, um das Spiel auszugleichen oder mit einem anschließenden Zwei-Punkte-Versuch sogar zu gewinnen. Ein starker Run von Mostert verkürzte die Distanz auf knapp 30 Yards. Das wirkte plötzlich machbar.

Mit noch knapp einer Minute auf der Uhr war der erste Wurfversuch von Tagovailoa viel zu kurz, die beiden weiteren Versuche blieben ebenfalls ohne Erfolg. Das vierte Down entschied nun über Alles oder Nichts. Und es wurde dramatisch: Miamis Quarterback verpasste den Snap seines Mitspielers und rannte knapp 15 Yards nach hinten, um den Ball wieder aufzuheben. Als er sich auf ihn stürzte, waren die Chiefs-Verteidiger aber schon da und beendeten das Spiel. Ball für die Chiefs, Endstand 21:14 für Kansas City. Gewonnen!

## Und jetzt?

Das erste Deutschland-Spiel war ein unglaubliches Erlebnis für Fans und Spieler. Noch Wochen später sprachen Mahomes & Co. über die besondere Zeit in Frankfurt und die Fans, die lauter waren, als sie es je erwartet hätten. Viele Anhänger stellten sich die Frage: was kommt jetzt?

Für das Team nimmt der deutschsprachige Markt – die Chiefs erweiterten ihre Marketingrechte 2023 auch auf die Schweiz und

Österreich aus – eine immer größere Rolle ein. Die Social-Media-Kanäle wachsen kontinuierlich und auch die ersten Partnerschaften wurden im Zuge des Spiels in Frankfurt vorgestellt: So produzierte die Schutzkleidungsmarke *Engelbert Strauß* Shirts, Jacken und Hosen mit dem Logo der Chiefs, die schnell ausverkauft waren. Die Fastfood-Kette *Burger King* baute eine Filiale in Frankfurt zum „Home of Football“ um. Mit Tischen in Gridiron-Optik und einem Chiefs-Burger, einem Cheeseburger ohne Senf. So wie ihn Head Coach Andy Reid am liebsten mag. Auch die Verantwortlichen des Hundefutters *Crave* wollte mit den Chiefs werben und druckten Mahomes, Kelce und Jones auf riesige Plakate, um den Umsatz anzukurbeln.

Aber nicht nur die kommerzielle Seite des Engagements in Deutschland sollte im Fokus stehen. Die Chiefs veranstalteten weitere Fan-Events. Im Mai 2024 wurde in Frankfurt für zwei Tage das „ChampionsHaus“ eröffnet und Safety Justin Reid kam zu Besuch, um mit Fans und Medienvertretern über die vergangene und kommende Saison zu sprechen. Im September 2024 übernahmen die Chiefs ein Hausboot in Hamburg. Ein glücklicher Fan durfte samt Partner auf der Elbe übernachten und das erste Spiel des Teams in Chiefs-Bettwäsche entspannt auf dem ChampionsHausboot genießen. Das ist schon ziemlich cool.

Und auch ein weiteres Spiel in Deutschland soll es geben. Während 2024 mit den Carolina Panthers und New York Giants wieder zwei NFC-Teams den Vorrang hatten, soll gerüchteweise 2025 ein Spiel in Berlin steigen. 25 Jahre nach der Premiere der Chiefs in Deutschland im Olympiastadion wäre das doch eine runde Geschichte, oder!? Gewissheit wird es Anfang 2025 kurz vor dem Super Bowl geben, wenn Roger Goodell wieder die wichtigsten News zur neuen Saison bekanntgibt.

# #11 DER START DER DYNASTIE

**„Meine Familie und Football sind die wichtigsten Dinge, in denen ich großartig sein möchte.“**

Es gibt sehr wenige, die behaupten würden, dass Patrick Mahomes nicht großartig im Football sei. Aber während er als Familienvater bald drei Kinder hat, ist sein Ziel auf dem Feld ein noch größeres: Er möchte mit den Kansas City Chiefs eine Dynastie schaffen. Eine langfristige Dominanz mit vielen weiteren Titeln, um dann vielleicht irgendwann Tom Brady als erfolgreichsten NFL-Spieler aller Zeiten abzulösen. Doch um dahin zu kommen, müssen viele Dinge zusammenspielen.

Dazu gehören die mentale Fitness, die körperliche Optimierung mit seinem Fitness-Coach Bobby Stroupe und der unfassbare Ehrgeiz von Mahomes. Aber auch die finanziellen Ansprüche sind für den Erfolg in der NFL wichtig. Wenn ein Spieler das Maximum an Geld verdienen will, schadet er damit immer auch der Qualität seines Teams. Und so passt es sehr gut, dass Mahomes im Sommer 2020 nach seiner Unterschrift unter den damals größten Vertrag in der Geschichte des Sports sagte, dass „Geld nie das Hauptziel war.“

Das klingt erstmal falsch, denn Patrick Mahomes hat einen so hochdotierten Vertrag unterschrieben, dass große Namen wie Cristiano Ronaldo, Stephen Curry, Roger Federer, Dirk Nowitzki,

Lewis Hamilton, Michael Jordan, Lionel Messi oder Wayne Gretzky das Nachsehen haben. *Jeder* weiß, wer diese acht Athleten sind. Sie alle sind Legenden in ihrer Sportart, absolute Weltstars. Sie alle sind dutzendfache Millionäre, manche sogar Milliardäre, und die Idole für Menschen auf allen Kontinenten. Aber: *Keiner* von ihnen hat je einen Vertrag bekommen wie Patrick Mahomes. Und wenige Verträge waren so komplex, wie seiner:

**Das ist die Vertragsgrundlage:**

- Mahomes und die Chiefs haben sich 2020 auf einen neuen Vertrag über zehn Jahre verständigt. Dieser läuft ab 2022 bis ins Jahr 2031.
- Mahomes erhält mit der Unterschrift garantierte 63 Millionen US-Dollar.
- Mahomes erhält als Grundgehalt durchschnittlich 12,3 Millionen US-Dollar jährlich.
- Mahomes kassiert jedes Jahr Mitte März durchschnittlich 31,5 Millionen US-Dollar, wenn er zu diesem Zeitpunkt noch im Kader der Chiefs steht.
- Sollte sich Mahomes so schwer verletzen, dass er nie wieder Football spielen kann, sind ihm 141,4 Millionen US-Dollar auf jeden Fall garantiert.
- Es gibt Titelprämien. Mahomes kann jedes Jahr zusätzlich 1,25 Millionen US-Dollar verdienen, wenn die Chiefs mit ihm den Super Bowl erreichen. Und weitere 1,25 Millionen US-Dollar sind ihm gewiss, wenn er zum MVP gekürt wird.
- Sollte Mahomes alle im Vertrag verankerten Ziele erreichen, kann er insgesamt 477 Millionen US-Dollar abräumen. Rechnet man das Gehalt seines früheren Vertrages bei den Chiefs noch obendrauf, kann diese Summe auf bis zu 503 Millionen US-Dollar ansteigen.

- Es gibt eine „No Trade"-Klausel. Das bedeutet: Die Chiefs dürfen Mahomes bis 2031 nicht gegen seinen Willen zu einem anderen Team transferieren.

*Zusammengefasst: Patrick Mahomes wird, wenn es für ihn und die Chiefs optimal läuft, in nur zehn Jahren knapp eine halbe Milliarde US-Dollar verdient haben! Ohne zusätzliche Werbedeals!*

Wie wurde Patrick nach nur drei Jahren in der Liga zum bestbezahlten Sportler des Planeten? Was machte ihn schon damals so wertvoll? Die Antwort: Das Gesamtpaket stimmt! Dazu zählen unter anderem: seine sportlichen Fähigkeiten; seine Fähigkeit, in Drucksituationen die beste Leistung abzuliefern; sein spektakulärer Spielstil; seine Bereitschaft, hart zu arbeiten; seine Hingabe für die Kansas City Chiefs und seine Vermarktbarkeit. Patrick Mahomes möchte viele Titel in der NFL gewinnen. Eine Dynastie aufbauen. Und genau das wollen die Kansas City Chiefs auch. Sie haben sich für einen gemeinsamen Weg entschieden. Für einen sehr langen gemeinsamen Weg, der zu vielen weiteren Super-Bowl-Titeln führen soll

Und Mahomes weiß genau, was er an den Chiefs hat. Hier in der amerikanischen Provinz ist er der unumstrittene Anführer, *das* Gesicht des Klubs. Der Stadt. Hier vergöttern sie ihn. „Er ist einer von uns", sagen sie. Und auch die Chiefs sind glücklich in dieser Liebesbeziehung. Head Coach Andy Reid hat die Fähigkeit, ihn immer weiterzuentwickeln. Denn der Quarterback hat sein Potenzial noch nicht voll ausgeschöpft. Jedes Jahr arbeitet er an Details, verbessert sein Spiel auf dem Platz und setzt neue Standards. Und selbstverständlich freut sich auch die Marketingabteilung. Sie kann über viele Jahre mit Mahomes als

Gallionsfigur planen und so auch langfristige Vermarktungsstrategien aufbauen. Denn das Geld, das die Chiefs Mahomes bis 2031 zahlen, hoffen sie natürlich an anderer Stelle doppelt und dreifach wieder reinzuholen.

NFL-Spieler haben – im Vergleich zum Beispiel zum europäischen Fußball – relativ wenig Mitspracherecht, was die Vertragsinhalte angeht. Die Höhe des Gehalts, die Länge der Laufzeit und die Ausgestaltung von Prämien gibt das Team vor. Denn endlos mit Geld um sich schmeißen kann keine Mannschaft in der NFL. Alle sind seit 1994 dem „Salary Cap" unterworfen, der Gehaltsobergrenze, die einen ausgeglichenen Wettbewerb gewährleistet. Die Salary-Cap-Regelung legt den Maximalbetrag fest, den die Klubs in einer Saison für Spielergehälter aufwenden dürfen. Und dieser Betrag ist im Laufe der Jahre durch die Decke geschossen: 1994 betrug er 34,6 Millionen US-Dollar, 2019 ist er auf 188,2 Millionen US-Dollar angewachsen. Das ist eine Steigerung um 544 Prozent in 25 Jahren! Im Jahr 2022 sind die Personalkosten jeder Mannschaft bei 208,2 Millionen US-Dollar gedeckelt. Bedeutet: Ab 2022 bekommt allein Patrick Mahomes in der Theorie fast ein Viertel des Kuchens ab. Das verdeutlicht seinen Stellenwert für die Chiefs. Er ist und bleibt das Herzstück des Teams. Und doch ploppt immer wieder eine Frage auf:

## Hat sich Mahomes bewusst unter Wert verkauft?

Schon wenige Stunden nach der offiziellen Bekanntgabe im Sommer 2020, dass Mahomes seinen Vertrag bei den Kansas City Chiefs verlängert hatte, entbrannte unter Experten eine

Diskussion. Dass der Quarterback so viel Geld bekommen würde, wie vor ihm noch kein anderer Footballprofi, hielten alle für gerecht. Dass sich Mahomes für einen so langen Zeitraum an die Chiefs band, war auch nicht ungewöhnlich. So hatten sich schon fünf weitere NFL-Quarterbacks vor ihm (Brett Favre, Drew Bledsoe, Michael Vick, Daunte Culpepper und Donovan McNabb) für mindestens zehn Jahre bei einem Klub verpflichtet. Aber es gab Stimmen, die meinten, Mahomes hätte noch viel mehr rausschlagen können. Hat er womöglich eine historische Chance verpasst?

Ja, sagen Branchen-Insider. Die großen Stars der Liga bevorzugen eher kürzere Verträge, damit sie regelmäßig in der „Free Agency", also auf dem freien Markt, richtig Kasse machen können. Sie glauben, ihr Marktwert würde weiter gewaltig steigen. Und das aus gutem Grund: Die NFL vermeldet jedes Jahr – unter anderem dank der immer höher dotierten TV-Verträge – neue Milliarden-Umsatzrekorde. Und davon profitieren auch die Hauptdarsteller. Von den Einnahmen der Liga bekommen die Spieler vertraglich festgelegte 48 Prozent ab. Wäre es daher nicht schlauer von Mahomes gewesen, ein noch dickeres Ausrufezeichen hinter seinen neuen Megavertrag zu setzen? Hätte er nicht darauf pochen sollen, als erster Profisportler weltweit prozentual am Salary Cap seines Teams beteiligt und so stets gemäß seinem aktuellen sportlichen Werts bezahlt zu werden? Eine Möglichkeit wäre gewesen: Mahomes bekommt jedes Jahr garantiert 25 Prozent des Gehaltsetats, sobald dieser final feststeht. Egal, wie hoch er ist. *Das* gab's noch nie!

Was man wissen muss: Die Spielerverträge, die in der NFL abgeschlossen werden, sehen zwar auf dem Papier gut aus, erweisen sich aber oft als Luftschlösser. Da ist viel „hätte, wenn und aber" drin. Zwar ist meist von mehreren Millionen die Rede, garantiert ausgezahlt werden die vielerorts aber nicht. Vieles in den Verträgen ist leistungsorientiert. Die Grundgehälter der NFL-Spieler sind vergleichsweise niedrig, überdurchschnittlich viel Geld gibt es nur durch Prämien und Boni. Den „Signing-Bonus" bei der Unterschrift zum Beispiel. Oder den „Workout-Bonus" für das gewissenhafte Erscheinen beim Training. Oder den „Roster-Bonus" für das Erreichen des finalen Kaders. Auch die Vertragslaufzeit ist oft Schall und Rauch. Vereine können Spieler sehr unkompliziert jederzeit entlassen oder gegen ihren Willen zur Konkurrenz transferieren. Das macht sie gefühlt zu einer Ware. Der Arbeitnehmerschutz in der NFL ist stark ausbaufähig. Mahomes hätte diesen Prozess eventuell beschleunigen können. Eine garantierte prozentuale Beteiligung am Salary Cap würde NFL-Spielern viel mehr finanzielle Sicherheit bieten. Auch Mahomes' Vertrag beinhaltet einige Eventualitäten.

Die Titelprämien zum Beispiel. Es ist schriftlich festgehalten, dass dem Quarterback je 1,25 Millionen US-Dollar zustehen, wenn er die Chiefs in den Super Bowl führt und/oder als bester Spieler der NFL-Saison ausgezeichnet wird. Um auf die vollen 500 Millionen US-Dollar in seinem Vertrag zu kommen, müsste Mahomes mit den Chiefs bis 2031 *jedes Jahr* das Endspiel erreichen und *jedes Jahr* MVP werden. Unwahrscheinlich, dass das eintritt. Auch sein „Roster-Bonus" steht auf wackeligen Füßen: Mahomes bekommt jedes Jahr Mitte März durchschnittlich 31,5 Millionen US-Dollar, wenn er zu diesem Zeitpunkt im Kader der Chiefs steht. Ist er zu diesem Zeitpunkt aber schwerer verletzt, bekommt er den Bonus nicht!

*Was genau will ich eigentlich?* Diese Frage wird sich Patrick Mahomes sehr oft gestellt haben. Hinter den Kulissen wurde eineinhalb Jahre lang an seinem neuen Vertrag gewerkelt. Von Januar 2019 bis zur endgültigen Vertragsunterschrift im Juli

2020 gab es mindestens einmal pro Monat ein Treffen zwischen den Chiefs und Mahomes' Beratungsagentur „Steinberg Sports & Entertainment". Mahomes, das Megaprojekt. Vielleicht war es ihm im Laufe der Zeit auch zu riskant, zu viel zu fordern, denn als die Verhandlungen kurz vor dem Abschluss standen, schwappte gerade die erste Coronawelle über die Welt. Niemand konnte zu diesem Zeitpunkt wirklich einschätzen, welche langfristigen wirtschaftlichen Folgen auf die USA zukommen würden und wo überall man würde sparen müssen. Es bestand zumindest die Gefahr, dass der Salary Cap erstmals sinkt. Das reinste Pokerspiel. Mahomes entschied sich am Ende, sein Blatt nicht auszureizen. Die „No Trade"-Klausel und die 140 Millionen US-Dollar, die ihm definitiv sicher sind, geben ihm genügend Sicherheit, auch im Verletzungsfall.

Und wahrscheinlich steckt auch da eine Strategie dahinter: Dadurch, dass er nicht das absolute Maximum verlangt hat, lässt er seinem Team finanziell Puffer für weitere Topstars. Patrick Mahomes sind gute Mitspieler mindestens so wichtig wie Geld. Sein Vorbild Tom Brady tickt auch so. Denn allein hat noch nie jemand den Super Bowl gewonnen, und Mahomes will Titel gewinnen. Um jeden Preis.

Das zeigte sich auch im September 2023 als Mahomes und die Chiefs den Rekordvertrag anpassten. Sie sorgten dafür, dass er auf dem Papier in den Jahren 2023 bis 2026 knapp 48 Millionen US-Dollar mehr verdienen würde und die Summen danach geringer wären. Zusätzlich wurde der Vertrag auch noch um zwei Jahre auf 2033 verlängert. Das Ziel dahinter ist, mehr Flexibilität zu haben, um die Belastung des Salary Caps gering zu halten. Während die im Durchschnitt eigentlich bei knapp 25 Prozent liegen müsste, schaffen es die Cap-Experten bei den Chiefs, die sich nur um solche Kalkulationen kümmern, den

Prozentsatz des Gehaltes bei knapp 15 Prozent zu halten. Nur so bleibt genug Knete übrig, um weitere Stars zu bezahlen. Als im Frühjahr 2024 der Vertrag von Chris Jones verlängert wurde und auch Travis Kelce mehr Geld bekommen sollte, war das nur möglich weil ein Jahr zuvor der Vertrag von Mahomes angepasst wurde.

## Leigh Steinberg: So tickt der Mahomes-Agent

Federführend beteiligt an der Gestaltung des Rekordvertrages und der Anpassungen war Leigh Steinberg. Der 75-Jährige mit auffälligem Blondschopf, der eine verblüffende Ähnlichkeit mit Ernst August von Hannover hat, ist einer *der* Spieleragenten in NFL-Kreisen. Steinberg mischt schon seit fast 50 Jahren bei den ganz großen Deals mit und hat mittlerweile in diversen Sportarten Verträge im Gesamtwert von mehr als drei Milliarden US-Dollar ausgehandelt. Er hat Boxer, Basketballer, Baseballer und Stars der Olympischen Spiele beraten und vermarktet. In der NFL zählten unter anderem Quarterback-Legenden wie Troy Aikman, Warren Moon, Steve Young und Ben Roethlisberger zu seinen Klienten. Aktuell vertritt er neben Mahomes auch Tua Tagovaiola von den Miami Dolphins, den die Chiefs im Deutschland-Spiel geschlagen haben. Steinberg betreute bislang allein acht Nummer-eins-Picks der NFL – so viele wie niemand sonst.

Sein Großvater betrieb in den 1950er Jahren den Hillcrest Country Club in Los Angeles, in dem damals auch viele Berühmtheiten zu Gast waren. Leigh Steinberg erzählt gern die Geschichte, dass er als Sechsjähriger auf dem Schoß von Marilyn Monroe saß. Beruflich ins Sportbusiness gerutscht ist er durch Zufall: Er kannte die späteren Star-Quarterbacks Warren Moon und Steve Bartkowski schon aus gemeinsamen Highschool- beziehungsweise College-Zeiten. Zunächst war man befreundet, dann machte man auch geschäftlich gemeinsame Sache. Steinberg, der Politik und Jura studiert hat, begann, das sportliche Können anderer mit großen Verträgen zu vergolden. Sein taktisches Geschick, sein Insiderwissen rund um die Marktpreise und sein beharrlicher Verhandlungsstil machten ihn schnell zu einem gefragten Mann bei Topathleten. Sie wissen: Auf ihn ist Verlass. Er holt das maximal Mögliche für sie heraus.

Wer nun aber glaubt, Spieleragenten werden mit nur einem einzigen Deal ebenfalls zu Multimillionären, täuscht sich. In der NFL erhalten sie höchstens drei Prozent Provision, gemessen am Vertragswert (Berater im europäischen Fußball bekommen deutlich mehr). Attraktiver sind für NFL-Agenten die Werbedeals ihrer Klienten. Da können sie in der Regel zwischen 10 und 20 Prozent Vermittlungsgebühr einstecken. Steinberg hat Footballer bereits mit Weltmarken wie Nike, Amazon, Visa, Nissan oder Gillette zusammengebracht. Für Mahomes fädelte er schnell Deals mit Adidas, Hunt's Ketchup, Oakley, Procter & Gamble, Panini und State Farm ein. Aber immer mit Augenmaß. Im Interview mit dem *Kansas City Star* erklärte er: „Wir dürfen es auch nicht übertreiben. Es geht darum, den Markt nicht zu übersättigen, damit die Leute Patricks Gesicht nicht irgendwann überdrüssig sind." Steinbergs Maxime: Er beginnt den Marketing- und Branding-Prozess langsam und ermöglicht es den Spielern, sich erst mal in ihrem Team und in ihrer Umgebung zu etablieren. Bei Mahomes hat er über ein Jahr gewartet, bis er die große Marketingmaschine anschmiss.

Neben den Aushandlungen neuer Verträge mit Vereinen oder Firmen kümmern sich Agenten auf Wunsch oft auch um die PR-Arbeit und die finanzielle Altersvorsorge der Spieler. Zudem zeigen sie den Profis auf, welche Wege sie nach ihrer aktiven Karriere beruflich beschreiten könnten. Die Hürde, an eine Spielerberater-Lizenz in der NFL zu kommen, ist relativ niedrig. Verteilt wird sie von der National Football League Players Association (NFLPA), der Spielergewerkschaft der Liga. Bewerber müssen zunächst eine Gebühr in Höhe von 2500 US-Dollar bezahlen. Dann müssen sie einwilligen, dass Informationen über sie eingeholt werden. Wer zum Beispiel einen Eintrag im Strafregister hat, wird nicht zugelassen. Zusätzlich müssen die Kandidaten an einem Zwei-Tage-Seminar teilnehmen, einen Multiple-Choice-Test mit Fachfragen meistern und über eine gültige E-Mail-Adresse verfügen. Klingt jetzt alles nicht so dramatisch. Aber ohne ein großes NFL-Netzwerk bringt einem die Lizenz allein natürlich wenig.

Steinberg ist bestens vernetzt. Und so erfolgreich, dass die von Tom Cruise gespielte Figur eines Sportagenten im Hollywood-Blockbuster *Jerry Maguire – Spiel des Lebens* aus dem Jahr 1996 auf seiner Person basiert. Regisseur Cameron Crowe hatte Steinberg, der selbst einen kurzen Auftritt in dem Streifen hat, bereits 1993 kontaktiert und ihn für Recherchezwecke letztlich eineinhalb Jahre lang überallhin begleitet. Das Filmzitat „Show me the money" ist Kult. Zwei Bücher über sich selbst hat Steinberg auch schon geschrieben. Beide wurden Bestseller.

Anfang der 2000er Jahre rutschte Steinberg jedoch in eine tiefe Krise. Eine Reihe von Schicksalsschlägen brachten den erfahrenen Manager in Schieflage. Er hatte sich bei einer Internetinvestition schwer verhoben, hinzu kamen der Tod seines Vaters, die schwere Erkrankung seiner Kinder, die Scheidung von seiner Frau. Steinberg begann, exzessiv zu trinken, meist Wodka direkt aus der Flasche. Der Mann, der im Sport viele mächtige Freunde hat, verwahrloste immer mehr. Zweimal wurde er sogar verhaftet: 2007 wegen Trunkenheit am Steuer, 2008 wegen Trunkenheit in der Öffentlichkeit. Steinberg war am Boden. Er verlor seine Lizenz als NFL-Spieleragent, hatte Schulden und musste Privatinsolvenz anmelden. 2010 entschloss er sich, in eine Entzugsklinik zu gehen. Seitdem ist er trocken und seine NFL-Lizenz hat er seit 2013 auch zurück. Mit seiner Firma Steinberg Sports & Entertainment ist er zurück im Geschäft.

## Die Rolle von Spielerberatern in der NFL

Bei den Kansas City Chiefs geht Steinberg schon seit Mitte der 1970er Jahre ein und aus. Teamgründer Lamar Hunt war ein guter Bekannter von ihm. Clark Hunt, der 2006 in die Fußstapfen seines Vaters als CEO der Chiefs trat, sah er aufwachsen. Man kennt sich, man vertraut sich. Steinberg hat auch schon vor Mahomes viele Spieler bei den Chiefs untergebracht. „Wir beginnen mit dem Scouting vielversprechender Talente oft schon an den Highschools", verriet er im Interview mit *Forbes*. „Wir helfen den Spielern dann bei der Vermittlung von Stipendien an Universitäten und schauen natürlich auch beim College Football ganz genau hin. Wir suchen nach Spielern, die einen einwandfreien Charakter und eine starke Arbeitsmoral haben. Sie müssen bereit sein, ein Vorbild zu sein und der Gemeinschaft etwas zurückzugeben. Ich liebe die Möglichkeit, die besten Werte in jungen Menschen zu fördern und sie nicht nur auf ihre Karriere als Spieler, sondern auch auf eine zweite Karriere vorzubereiten."

Feste Regeln, in welchem Alter hoffnungsvolle Talente von Spieleragenten angesprochen werden dürfen, gibt es im Profi-Football nicht. Untereinander besteht in der Szene aber eine Art „Gentleman's Agreement", dass das erst passiert, sobald ein Sportler aus dem Elternhaus auszieht. Verboten sind nur zwei Dinge: Die Agenten dürfen sich nicht „einkaufen", den Familien also kein Geld geben und keine teuren Geschenke machen, um den Auftrag zu bekommen. Und es darf keinen Vertrag zwischen den beiden Parteien geben. Der erste Kontakt läuft meist über den Vater des Spielers. Üblich ist es, dass sich im Schnitt drei bis vier Agenten persönlich vorstellen und Fragen beantworten. Dabei wird geguckt, ob eine Zusammenarbeit menschlich und beruflich passen könnte. Dann fällt die Entscheidung, wer den Zuschlag bekommt.

Chris Cabott, der CEO von Steinbergs Firma, hatte Patrick Mahomes als Erster auf dem Schirm. „Ich habe begonnen, ihn als Scout zu beobachten, als Patrick ein Freshman an der Texas Tech University war", erinnerte sich Cabott gegenüber *Associated Press*. „Er hatte schon damals unverwechselbare Spielmacher-Fähigkeiten, die wir zuvor noch nie gesehen hatten. Es war, als sei Magie im Spiel." Und Steinberg ergänzt: „Wir haben sofort erkannt, dass Patrick ein sportliches Übertalent ist und über einzigartige Fähigkeiten verfügt. Und dass seine Persönlichkeit für eine große NFL-Karriere geeignet ist. Er ist sehr, sehr bodenständig." Cabott stellte auch den ersten Kontakt zur Mahomes-Familie her: „Ich habe Patricks Mutter auf ihrer Arbeit angerufen. Zwei Wochen später meldete sie sich glücklicherweise zurück." Es folgte ein Treffen von Patrick, seinen Eltern sowie seinem Patenonkel LaTroy Hawkins auf der einen sowie Leigh Steinberg und Chris Cabott auf der anderen Seite. Ein gegenseitiges Abtasten im Wohnzimmer. Genau wie in der

Folge noch mit vier weiteren Berateragenturen. Die überdurchschnittliche Begabung des Jungen war natürlich auch Steinbergs Konkurrenz nicht entgangen. Am Ende durfte Patrick Mahomes selbst entscheiden, bei wem er sich am besten aufgehoben fühlt. Seine Wahl fiel auf Steinberg und Cabott. Bereut hat er diesen Entschluss nie.

Wie wird gewährleistet, dass ein Footballspieler und eine Footballmannschaft zueinanderfinden und am Ende einen gemeinsamen Vertrag unterschreiben, mit dem beide Seiten glücklich sind? „Strippenzieher" Steinberg beschreibt den Prozess, der in Gang gesetzt wird, sobald er vom Interesse eines Teams an einem seiner Klienten hört, so: „Zunächst geht es darum, Recherche zu betreiben. Was ist der Marktwert des Spielers? Wie tickt die Gegenseite? Wie mache ich dem Besitzer und dem General Manager der jeweiligen Mannschaft deutlich, dass mein Junge der Beste für sie und deshalb sein Geld wert ist? Im Laufe der Vertragsgestaltung wenden wir dann unterschiedliche taktische Techniken an, um am Ende alle zufriedenzustellen. Bei der Ausarbeitung der finanziellen Details ist auch Kreativität gefragt, um stets im Rahmen des Salary Caps zu bleiben. Es gibt ja Grenzen."

## Wie geht es weiter ohne Tyreek Hill?

Patrick Mahomes hatte darauf verzichtet, die Chiefs finanziell bis zum Limit zu melken, und das aus gutem Grund: Der Quarterback braucht gute Spieler um sich herum, um Titel gewinnen zu können, und die wollen schließlich auch angemessen bezahlt werden. Tyreek Hill hatte sich bekanntlich anders entschieden.

Statt weiter an der Seite von Mahomes nach dem nächsten Super Bowl zu streben, war er des Geldes wegen 2022 zu den Miami Dolphins gewechselt. Einem Team, das bis vor Kurzem zu den schlechtesten der NFL gehörte, aber bereit war, ihn zum bestbezahlten Wide Receiver der NFL zu machen. Wer kann es ihm verdenken? Eine Profikarriere im American Football hält meist nur ein paar Jahre. Da muss man vorsorgen und das mitnehmen, was man kriegt. Für Mahomes war der Abschied von Hill natürlich unerfreulich. Wurde er von der Nachricht kalt erwischt? „Im ersten Moment war es ein kleiner Schock", räumte er im Gespräch mit NFL-Insider James Palmer ein.

Das Offensivspiel der Chiefs musste sich in der Saison nach Hills Abgang grundlegend verändern. Die Rolle, die Hill geprägt hatte, konnte kein verfügbarer Spieler übernehmen. Und so setzten die Coaches auf eine Lösung, bei der die Aufgaben auf mehrere Schultern verteilt werden. Mit JuJu Smith-Schuster (von den Pittsburgh Steelers) und Marquez Valdes-Scantling (von den Green Bay Packers) kamen im Verlauf der Free Agency zwei gestandene Wide Receiver dazu.

Außerdem war der blitzschnelle Mecole Hardman weiter an Bord, dem zugetraut wurde, jetzt endgültig aus Hills Schatten herauszutreten. Um bestmöglich vorbereitet zu sein, organisierte Mahomes schon Mitte April 2022 nach Rücksprache mit Head Coach Reid ein Mini-Camp in Texas mit seinen Passempfängern und Running Backs. Er wollte vor allem die Neuen schnell kennenlernen, sich mit ihnen spielerisch abstimmen und das richtige Timing finden. Frühzeitiges Teambuilding. „Ich will mich von Anfang an auf die Details konzentrieren, weil wir dieses Jahr ein bisschen von Neuem anfangen. Das kann richtig gut werden", freute sich Mahomes und gab dem Treffen in Dallas einen Namen: *Camp Pat.*

„Die letzten Jahre haben wir bei weiten Würfen vor allem auf Geschwindigkeit gesetzt. Nun, mit den neuen, sprungstarken Jungs, wird es etwas anders. Das Camp hier in Texas wird uns im Laufe der Saison auf jeden Fall noch nützlich sein." Und auch Head Coach Andy Reid blickte hoffnungsfroh in die Zukunft: „Es wird bei uns zukünftig ähnlich sein wie in vergangenen Spielen, in denen Tyreek aufgrund einer Verletzung nicht spielen konnte", sagte er im Interview mit *Sports Illustrated*. „Es gab bestimmte Dinge, die er sehr gut gemacht hat. Nun werden wir versuchen, sie von anderen ausführen zu lassen, ohne etwas zu erzwingen. Wir werden auf die Stärken unserer neuen Jungs setzen."

Der Trade von Tyreek Hill zu den Dolphins hatte einen weiteren Vorteil: Die Chiefs erhielten für die nächsten Jahre hochkarätige Draftpicks, die sie in neue Talente investieren konnten. Das erlaubte den Chiefs schon gleich im NFL Draft 2022 vielversprechende neue Anspielstationen für die Mission Super Bowl an Land zu ziehen. Die eine war Zweitrunden-Pick Skyy Moore von der Western Michigan University. Moore fing in seiner letzten College-Saison 95 Pässe für 1295 Yards und zehn Touchdowns. Er ist mit einer Körpergröße von nur 1,78 Meter zwar ähnlich klein und kompakt wie Hill, aber ein ganz anderer Spielertyp, weil er lieber in der Mitte des Feldes agierte und im College nur wenige Meter brauchte, um sich freizulaufen. Logischerweise muss er sich aber erst noch an das hohe Niveau in der NFL gewöhnen. Dasselbe gilt für Justyn Ross von der Clemson University, den Kansas City verpflichtete, nachdem er im Draft unberücksichtigt blieb. Ross startete furios in sein erstes College-Jahr, in dem er mit den Clemson Tigers sogar die nationale Meisterschaft in der höchsten NCAA Division gewann. Kurz darauf wurde bei ihm aber eine Wirbelsäulenfehlbildung diagnostiziert. Ob er in der extrem körperbetonten NFL bestehen kann, war daher fraglich.

Doch auch in der Defensive verjüngte Kaderplaner Brett Veach das Team, nachdem im Vorjahr primär an der Offensive Line gearbeitet wurde. Die beiden Super-Bowl-Helden von 2020, Safety Tyrann Mathieu und Linebacker Anthony Hitchens, der von Defensiv-Coach Spagnuolo in den Vorjahren als „Klebstoff der Abwehr" betitelt wurde, mussten die Chiefs verlassen und mit Justin Reid, der von den Houston Texans kam, und dem Eigengewächs Nick Bolton übernahmen jüngere Talente die Aufgaben. Mit Trent McDuffie und George Karlaftis kamen sowohl ein Cornerback, der als Manndecker die gegnerischen Receiver deckte, und ein Passrusher, der den gegnerischen Spielmacher unter Druck setzen sollte, im Draft dazu. Aber das war nicht genug: Veach wählte in den kommenden Runden mit Safety Bryan Cook und den drei Cornerbacks Joshua Williams, Jaylen Watson und Nazeeh Johnson weitere Ballverteidiger aus, die als „Fab Five" alle den Sprung in das Team schafften.

Ein unbeschriebenes Blatt war zum Zeitpunkt des Drafts Running Back Isiah Pacheco. Er wurde in Runde sieben ausgewählt und war den meisten Experten und Fans kein Begriff. Auf dem kleinen College Rutgers hatte er nie über 750 Yards pro Saison erlaufen und war prädestiniert für eine kleine Backup-Rolle in der NFL. Doch schon im Trainingscamp machte der 1,77 Meter große Athlet immer wieder auf sich aufmerksam. Er brachte mit dem Ball in der Hand eine Dynamik und Energie auf den Platz, dass sich sowohl Coaches als auch Journalisten verdutzt die Augen wischten und laut dachten: „Wie konnte so ein Spieler in die letzte Runde des Drafts fallen?" Die Scouts der Chiefs hatten mit Pacheco einen Treffer gelandet. Das war auch vor dem ersten offiziellen Spiel der Saison schon klar.

## OFFENSIVE DER KANSAS CITY CHIEFS 22/23

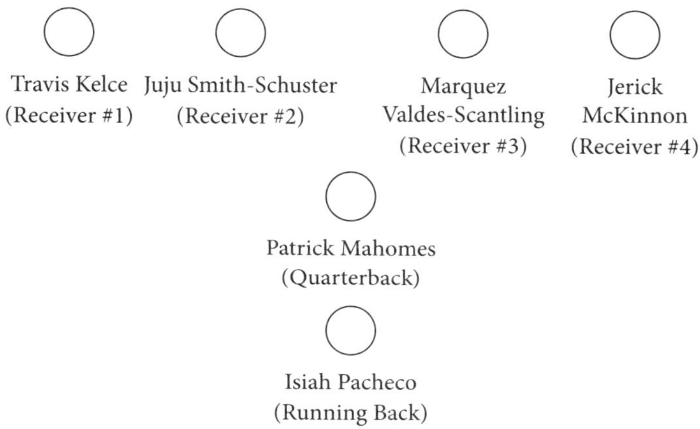


Und doch waren vor dem ersten Spiel gegen die Arizona Cardinals noch viele Fragen offen: Wie würde die neu zusammengestellte Abwehr der Chiefs aussehen? Und kann Mahomes auch ohne seinen genialen Receiver Hill den Ball über das Feld bewegen? Was passiert mit Travis Kelce, der von der Geschwindigkeit seine Mitspielers auch profitierte, weil dieser ihm große Räume riss, die er perfekt nutzte?

Für Mahomes war die Antwort schon vor dem Spiel in Phoenix, wo auch der Super Bowl im Februar 2023 stattfinden sollte, einfach: „Ich werde den Ball in diesem Jahr nicht nur zu zwei Spielern werfen, sondern die volle Tiefe der Receiver ausnutzen.“ Und genau das machte er dann auch im ersten Match. Mahomes warf für 360 Yards sowie fünf Touchdowns – und brachte den Ball bei zehn verschiedenen Empfängern an. Neben Kelce (121 Yards) konnte besonders JuJu Smith-Schuster mit sechs Fängen für 79 Yards überzeugen. Der breitgebaute Receiver zeigte vom ersten Spiel an, dass es eine Chemie mit Mahomes gab – ein mögliches Resultat des *Camp Pat* im Frühjahr.

Doch der Kunstrasen in Arizona sorgte auch für zwei schlechte Nachrichten. Sowohl Erstrundenpick Trent McDuffie als auch Kicker Harrison Butker verletzten sich, weil sie im Rasen hängenblieben. Den letzten Extrapunkt kickte daher der defensive Neuzugang Justin Reid, der in der Highschool zuletzt einen Ball mit dem Fuß trat – und das mit Erfolg. Butker würde die kommende vier Spiele verpassen und über die Saison nicht wieder in seine gewohnte Form kommen. Für McDuffie war es erstmal nur ein schwieriger Start in seine Rookie-Saison.

## Wie gut sind diese Chiefs wirklich?

Die Chiefs gewannen auch das zweite Spiel der Saison gegen die Los Angeles Chargers und zeigten, dass sie im Draft einige sehr gute Entscheidungen getroffen hatten. Mit dem Spiel auf Messers Schneide fing Rookie-Verteidiger Jaylen Watson eine Interception am Rande der eigenen Endzone und rannte 99 Yards bis zum Pick Six und der Entscheidung für die Chiefs. In der Folgewoche verloren die Chiefs gegen die deutlich schwächer eingeschätzten Indianapolis Colts, die zuvor zwei Spiele sieglos blieben. Diskutable Schiedsrichterentscheidungen, individuelle Fehler und vielleicht zu siegessichere Chiefs reichten den Colts am Ende. Und auch in den nächsten Partien zeigten die Chies vor allem in der runderneuerten Defensive deutliche Schwächen. Trotzdem reichte es zu Siegen gegen die Tampa Bay Buccaneers Las Vegas Raiders.

Umso mehr schaute die NFL-Welt auf das Duell mit den Buffalo Bills in Woche sechs. Beide Teams hatten das spektakuläre

Duell aus den Vorjahres-Playoffs noch im Kopf und wieder sollte es auf die letzten Sekunden des Matches ankommen. Mit nur 1:04 Minuten auf der Uhr gingen die Bills mit 24:20 in Führung und alle im Stadion waren gespannt, ob Mahomes wieder in Rekordzeit über den Platz und zum Sieg eilen würde. Doch schon im zweiten Play waren die Siegträume der Chiefs dahin. Mahomes wollte mit einem kurzen Pass zu Skyy Moore ein erstes First Down und einige Yards überbrücken und übersah einen Bills-Verteidiger, der nicht nur den Ball fing und damit den Angriff der Chiefs stoppte, sondern damit auch das Spiel entschied.

Umso wichtiger wurde folgende Duell gegen eines der Top-Teams in der NFC, die San Francisco 49ers, die gerade mit ihrer Defensive in dieser Saison Topwerte lieferten. Doch gegen eine furiose Leistung der Offense um Mahomes waren sie vollkommen machtlos. 44 Punkte, 423 Yards des Spielmachers und drei Touchdowns bei nur einer Interception waren zu viel für das Team aus Kalifornien. Bei den Chiefs sorgte die Beförderung von Isiah Pacheco für eine kleine Überraschung. Der Rookie-Running-Back, der schon im Vorfeld der Saison für Schlagzeilen sorgte, sollte jetzt die Starterrolle von Clyde Edwards-Helaire übernehmen. Mit 43 Yards am Boden bei acht Versuchen zeigte er eine ordentliche Leistung, aber auch nicht mehr.

Nach dem Spiel erklärte Patrick Mahomes die Leistungsexplosion gegen die 49ers mit einer Call-of-Duty-Session am Vorabend. Zusammen mit Travis Kelce, Marquez Valdes-Scantling und JuJu Smith-Schuster hatte er sich nach dem letzten Training online verabredet und drei Spiele in Folge gewonnen. Diese Chemie brachten die vier dann auch mit auf das Feld in San Francisco. Wenn es manchmal so einfach ist…

Der Erfolg gegen die 49ers und die darauffolgende Verschnaufpause durch eine Bye-Week veränderten die Chiefs.

Die Formschwankungen vom Start der Saison wurden weniger und die Defensive des Teams wurde mit jedem Einsatz besser. Ein Grund dafür war auch die Neuverpflichtung des Defensive-Line-Coaches Joe Cullen. Sein Vorgänger Brandon Daly kümmerte sich nun um die Linebacker und mit Cullen kam eine Coaching-Legende nach Kansas City. Er hatte zuvor über 15 Jahre bei fünf verschiedenen Teams die großen Jungs in der Defensive betreut und verkündete nun in seiner ersten Pressekonferenz sein Ziel, Chris Jones, den Star-Verteidiger des Teams, zu einem Karrierejahr zu verhelfen. Die meisten Sacks hatte Jones im Jahr 2018 geholt (15,5), das war jetzt schon vier Jahre her und seitdem war er nicht mehr über zehn Sacks gekommen. Doch Cullen glaubte an ihn und wollte mehr aus ihm herauskitzeln. Und das gelang ihm: Mit 15,5 Sacks stellte er in der regulären Saison 2022 seinen Rekord ein. Aber auch Rookie Karlaftis kam auf beeindruckende sechs Sacks und Altsstar Frank Clark und Mike Danna auf jeweils fünf. Das *Sack Kingdom* war nach Kansas City zurückgekehrt.

Mit den Siegen sechs bis neun gegen die Titans, Jaguars, noch mal den Chargers und dem amtierenden Super-Bowl-Sieger, den Los Angeles Rams, waren Mahomes & Co klar auf Playoff-Kurs. Nur eine knappe Niederlage gegen die Bengals schmerzte die Fanseele, entwickelte sich das Team aus Cincinnati doch mehr und mehr zu einer Art Angstgegner. Nach der dramatischen zweiten Halbzeit in den Playoffs im Jahr zuvor und einer erneuten hauchdünnen Pleite frohlockten die Bengals-Spieler und feierten den dritten Sieg gegen Kansas City in Folge. Chiefs-Safety Justin Reid reagierte sichtlich genervt: „Ich bin mir sicher, dass wir uns im Januar wiedersehen."

Den Rest der regulären Saison absolvierten die Chiefs souverän. Zweimal Denver, Houston, Seattle, Las Vegas standen auf dem Spielplan und alle endeten mit einem Sieg für Kansas City. In den letzten neun Begegnungen der Saison hatte sich das Talent aus der siebten Runde, Isiah Pacheco, in jeder einzelnen Partie die Laufkrone für die meisten Yards am Boden geholt. Er war nach nur wenigen Spielen zu einer unerlässlichen Waffe für die Chiefs geworden. Unterstützt wurde er dabei vom Veteranen Jerick McKinnon, der vor der Saison akquiriert und als Receiving Back eingesetzt wurde. Er blockte für Mahomes erst anstürmende Verteidiger aus dem Weg und war dann so eine Art Versicherung als einfache Passstation ein paar Meter neben ihm. So bekam er immer wieder den Ball und lief für viele Yards. Eine weitere überraschende Unterstützung in der Saison eins nach Hill.

Mit einer herausragenden Bilanz von 14:3 Siegen sicherten sich die Chiefs abermals den Titel in der AFC West, ein Freilos in der ersten Playoff-Runde sowie den Heimvorteil bis zum Super Bowl. Gegner in der Divisional Round waren die Jacksonville Jaguars. Kansas City gewann dieses Spiel zwar 27:20. Aber zwischendurch gab es riesige Sorgen um Patrick Mahomes. Er war im ersten Viertel von den Jaguars-Verteidigern Arden Key und Corey Peters in die Mangel genommen worden und verletzte sich offenbar schwer am rechten Knöchel. Mahomes konnte nicht mehr richtig auftreten, an Laufen war gar nicht zu denken. Trotzdem versuchte der Star-Quarterback auf dem Platz zu bleiben, bevor Head Coach Reid ihn rausnahm und in die Kabine schickte, um Röntgenaufnahmen der Verletzung zu machen. Backup Chad Henne musste übernehmen und baute eine 10:7-Führung mit einem Drive über 98 Yards aus. Besonders Travis Kelce als Anspielstation und Isiah Pacheco als aggressiver Läufer machten Henne das Leben einfach.

Nach der Halbzeitpause kehrte Mahomes zurück auf das Feld. Die Röntgenaufnahmen zeigten keine schwere Verletzung, sondern nur eine Verstauchung. Die eingeschränkte Mobilität und das fehlende Vertrauen in sein rechtes Bein führten aber zu zwei Drives zum Vergessen, die jeweils mit einem Punt beendet wurden. Doch mit der Zeit fühlte sich Mahomes wieder wohler und blitzte mit seinem Können immer wieder auf. Am Ende reichte auch ein massiv angeschlagener Mahomes, um die Jaguars nach Hause zu schicken.

## Respektlose Bengals und das große Bruderduell

Als Nächstes kamen erneut die Cincinnti Bengals zum AFC Championship Game nach Kansas City. Irgendwie beeindruckend, dass Patrick Mahomes nach fünf Jahren in der NFL noch immer auf sein erstes Playoffspiel in der Fremde wartete. Bisher trat er entweder im heimischen Arrowhead Stadium oder neutral bei einem Super Bowl an.

Die Vorzeichen vor dem Duell gegen die Bengals waren klar: Die Chiefs hatten nicht nur die letzten drei Spiele gegen Joe Burrow, Ja'Marr Chase und Head Coach Zac Taylor verloren, zusätzlich war auch noch ihr bester Spieler angeschlagen. Die Ärzte diagnostizierten bei Mahomes eine Knöchelverstauchung, die normalerweise zu einer oder eher zwei Wochen Pause führte. Doch die Chiefs hatten auf ihrem Weg zum Super Bowl keine lange Pause und so wurde der Knöchel über die gesamte Woche vor dem Duell gegen die Bengals vom medizinischen Personal in Kansas City geknetet und massiert. Er schonte sein rechtes Bein bis kurz vor dem Spiel und stand dann natürlich auf dem Platz. Andy Reid sagte später: „Er hat mir nie das Gefühl gegeben, dass er nicht antreten würde."

Die Spieler der Bengals waren siegessicherer denn je. Die Chiefs hatten ihnen in den letzten Begegnungen so gut gelegen, dass an eine Niederlage nicht zu denken war. Cornerback Mike Hilton verkündete eine glorreiche Rückkehr ins umgetaufte *Burrowhead Stadium.* Und sogar der Bürgermeister aus Cincinnati, Aftab Pureval, mischte sich vor dem Spiel ein: „Joe Burrow, der alle drei Spiele gegen die Chiefs gewonnen hat, muss sich erklären und einen Vaterschaftstest machen, um sein Verhältnis zu Mahomes zu klären", tönte er überheblich. Mehr Motivation konnte es für die Spieler aus Kansas City nicht geben. Sie wollten den Bengals nach drei schmerzhaften Niederlagen am Stück endlich mal wieder eine Lektion erteilen.

Doch die Verletzung von Mahomes sollte nicht die einzige bleiben. Tight End Travis Kelce klagte nach im letzten Training vor dem Spiel über Rückenschmerzen und ging angeschlagen in die Partie. Und im Verlauf des Spiels kam es noch schlimmer. Der erfahrene Cornerback L'Jarius Sneed musste nach nur vier Spielzügen ausgewechselt werden, weil er eine Gehirnerschütterung erlitt. Auch die drei Passempfänger Mecole Hardman, JuJu Smith-Schuster und Kadarius Toney (kam während der Saison von den New York Giants) fielen plötzlich der Reihe nach aus. So waren als Wide Receiver nur noch Marquez Valdes-Scanting und Justin Watson wirklich fit, die beide in dieser Saison bislang keine allzu große Rolle gespielt hatten. Doch Valdes-Scantling zeigte eine Bestleistung, als es darauf ankam: Mit 116 Yards und sechs Catches hielt er die Chiefs bis zum Ende im Spiel.

Mit 20:20 im vierten Viertel sollte sich das Duell Mahomes gegen Burrow wieder in den letzten Sekunden entscheiden. Doch nicht der angeschlagene Quarterback, sondern Star-Verteidiger Chris Jones sorgte mit seinem zweiten Sack des Tages für eine gute Feldposition für sein Team. Läufe von Pacheco und Moore brachten die Chiefs in Richtung Mittellinie und Mahomes selbst versuchte dann humpelnd zu einem First Down zu laufen. Das schaffte er knapp und wurde außerhalb des Feldes vom Bengals-Verteidiger Joseph Ossai zu Boden geschubst. Eine Strafe über 15 Yards und ein erfolgreiches Field Goal von Harrison Butker beendeten die Titelhoffnungen der Bengals. Am Ende stand ein 23:20 für die Chiefs auf der Ergebnistafel. Endlich war die Durststrecke gegen Cincinnati beendet. Endlich war die erneute Rückkehr in den Super Bowl geglückt. Chris Jones stellte nach dem Spiel klar: „Niemals, niemals, niemals, verhaltet ihr euch respektlos gegenüber dem Arrowhead Stadium. Egal wie oft ihr gegen uns gewinnt. Damit das klar ist." Der Sieg im AFC Championship Game war besonders, weil so viele Spieler der Chiefs angeschlagen oder verletzt waren, aber auch weil fast alle Rookies des NFL Drafts 2022 auf dem Platz standen und sich gegen die Topstars der Bengals beweisen mussten. Alle waren entscheidend beteiligt am Sieg gegen die Bengals.

Im Super Bowl wartete mit den Philadelphia Eagles, die am gleichen Wochenende die San Francisco 49ers besiegten, ein ganz besonderer Gegner. Für Andy Reid war es eine Rückkehr zu früheren Erfolgen. Vor den Chiefs war er als Head Coach der Eagles über 14 Jahre lang nur knapp am großen Coup im Super Bowl vorbeigeschrammt. Schon vor dem Spiel gestand er den Medien: „Ich liebe Philadelphia, ich liebe diese Stadt. Ich hatte 14 wunderbare Jahre bei dem Verein und habe jede Minute davon genossen." Doch jetzt stand das frühere Lieblingsteam auf der anderen Seite und er musste gegen sie gewinnen, um seinen zweiten Super Bowl mit den Chiefs zu holen.

Auch für Tight End Travis Kelce waren die Eagles ein emotionales Wiedersehen. Aber nicht, weil er in Philly auf dem Platz gestanden hatte, sondern weil sein großer Bruder Jason Kelce als Center bei den Eagles spielte. Die beiden hatten in der Saison den gemeinsamen Podcast *New Heights* gestartet, der sich schnell zu einem Zuhörerrmagneten entwickelte und während der Playoffs auf Platz eins der US-Charts stand. Dort sprachen die beiden über den NFL-Zirkus, gaben Einblick in ihr Leben als Profisportler und alltägliche Dinge. Und zwar so unterhaltsam, dass Millionen Menschen sich auf die neuen Folgen jeden Mittwoch freuten.

Auf die beiden Brüder angesprochen kommt Andy Reid ins Schwärmen: „Beide sind im Herzen leidenschaftliche Wettkämpfer. Das ist meiner Meinung nach der Schlüssel ihres Erfolg. Aber ihnen ist es auch nicht egal, wie es läuft und wer um sie herum ist. Sie beschäftigen sich mit ihrer Umwelt und ihr Podcast zeigt, was für eine tolle Beziehung sie miteinander haben."

Das erste Bruderduell der Kelces gab es übrigens im September 2017. Travis gewann mit Kansas City gegen Jason und Philadelphia mit 27:20. Mama Donna fieberte auf der Tribüne mit – bekleidet in einem Jersey, das zu einer Hälfte aus einem Chiefs-Trikot und zur anderen Hälfte aus einem Eagles-Jersey bestand. Auch dieses Mal stand Donna im medialen Scheinwerferlicht. Auf seine Mutter angesprochen erklärte Travis: „Es ist doch ziemlich cool. Meine Mutter kann nicht verlieren und das passt doch. Es wird ein ganz besonderes Gefühl für sie sein, uns auf dem Platz zu sehen." Und über das Duell mit Jason: „Es wird wunderbar sein! Ich habe soviel Respekt vor den Eagles. Ich werde in diesem Spiel keinen Blödsinn erzählen, weil ich meinen Bruder so liebe."

Während der verletzte Knöchel von Mahomes nach dem Sieg gegen die Bengals keine große Rolle mehr spielte, drehte sich die

Analyse der beiden Teams mehr um die *Trenches*. So nennen die US-Amerikaner das Duell der Offensive Lines und Defensive Lines der beiden Teams. Wieviel Zeit würde Patrick Mahomes haben, um den Ball zu verteilen? Wie wollen die Chiefs-Verteidiger den mobilen und laufstarken Quarterback der Eagles, Jalen Hurt stoppen? Darauf sollte es ankommen bei zwei Teams, die ganz verschiedene Wege ins Endspiel erlebten. Die Eagles dominierten ihre Conference und ließen nie Zweifel am Einzug in den Super Bowl. Die durch Verletzungen stark geschwächten 49ers waren chancenlos im NFC Championship Game. So gingen die Eagles als leichter Favorit in das Spiel in Arizona gegen Kansas City.

## Der nächste Triumph im Super Bowl

Schauplatz des größten Football-Spektakels des Jahres war diesmal das State Farm Stadium in Glendale. Rund 68.000 Zuschauer sahen, wie die Eagles ihrer Favoritenrolle in der ersten Halbzeit zunächst auch gerecht wurden. Philadelphia ging mit einer 24:14-Führung in die Kabine. Die beiden Wide Receiver A.J. Brown und DeVonta Smith waren in Gala-Form. Nur ein Fumble-Return-Touchdown von Nick Bolton hielt Kansas City im Spiel. Zum Leid der Chiefs hatte sich Patrick Mahomes auch noch erneut verletzt. Wieder wurde sein angeschlagener Knöchel wurde von einem Verteidiger erwischt und die Hoffnung der Fans auf einen Sieg war am Boden.

Was den Super Bowl neben der Größe, der Aufregung und den vielen Kameras von allen anderen Spielen in der Saison unterscheidet, ist die lange Halbzeitpause durch den Musicact. In diesem Jahr trat Rihanna auf und dadurch konnten die Spieler fast 30 Minuten durchatmen und sich neu einstellen. Eine Pause, die für die Chiefs dringend notwendig war. Das medizinische Personal kümmerte sich um den Knöchel des Quarterbacks und Andy Reid versuchte verbal, seinem Team neues Leben einzuhauchen. Die Spieler selbst forderten sich nochmal heraus, wollten alles geben, um nicht den zweiten Super Bowl in vier Jahren zu verlieren. Zumindest mit einem zehn Punkte Rückstand im Endspiel kannte sich das Team gut aus. Auch 2020 lagen die Chiefs mit zehn Punkten gegen die 49ers zurück und gewannen am Ende souverän. Sollte das auch dieses Mal gelingen?

Die Offense der Chiefs erhielt nach der Halbzeit den Ball und plötzlich war es, als ob ein anderes Team auf dem Platz war. Erst zeigten die beiden Running Backs Isiah Pacheco und Jerick McKinnon ihre Dynamik und rannten zu mehreren First Downs. Im Anschluss setzte Mahomes auch seinen stärksten Receiver JuJu Smith-Schuster gekonnt in Szene. Der erste Drive in der zweiten Hälfte endete mit einem Touchdown von Pacheco und einer Verkürzung der Eagles-Führung auf nur noch drei Punkte.

Im Anschluss wachte auch die Defensive der Chiefs auf. Ganz konnten sie die Eagles nicht stoppen, aber sie verhinderten einen Touchdown und zwangen das Team um Jalen Hurts zu nur drei Punkten. Mahomes und Smith-Schuster waren in dieser Phase die Kombination, die blind funktionierte. In nur einem Drive fand der Quarterback seinen Receiver gleich vier Mal für 38 Yards. In der Redzone angekommen, war es dann Neuzugang Kadarius Toney, der von seiner Außenposition nach innen lief die Richtung wechselte und wieder nach außen eilte. Die Eagles-Verteidiger waren von diesem Move komplett überrascht und Toney konnte nach dem Pass von Mahomes entspannt in die Endzone spazieren.

Später wurde bekannt, dass Offensive Coordinator Eric Bieniemy hier eine Schwäche der Philadelphia Eagles erkannte, die

Doug Pederson, der Head Coach der Jaguars, schon während der regulären Saison ausgenutzt hatte. Einer der Passempfänger rennt von seiner Außenposition nach innen und zieht einen Verteidiger mit. Da dort viele Spieler stehen, übergibt die Verteidigung normalerweise den kreuzenden Receiver an jemand anderes, sobald dieser am Quarterback vorbeiläuft. Doch genau in diesem Moment dreht der Passempfänger, hier Toney, um und rennt wieder auf seine ursprüngliche Position. Die Verteidigung ist irritiert und er hat freie Bahn. Der Name des Plays: „Corn Dog" – ein Würstchen versteckt im Teigmantel. Oder auch: das trojanische Pferd der amerikanischen Küche.

Die klare Halbzeit-Führung hatten die Eagles damit eingebüßt. Plötzlich waren die Chiefs vorn. Sie gingen mit einem 28:27 in das letzte Viertel. Nach einem Punt Philadelphias marschierte Mahomes erneut über das ganze Feld und stand mit seinen Angreifern an der gegnerischen fünf Yard-Linie. Hatten Bieniemy und Reid einen weiteren genialen Einfall? Sie drehten den „Corn Dog" um 180 Grad und jetzt lief Rookie-Receiver Skyy Moore von außen nach innen. Nur nicht rechts vom Quarterback, sondern auf der linken Seite. Und auch hier zeigten sich die Eagles verwundbar und Moore fing den Pass von Mahomes ohne Gegenspieler in der direkten Nähe. 35-27 für Kansas City!

Doch so schnell gab Phillys Quarterback Jalen Hurts nicht auf. Ein langer Pass auf DeVonta Smith über 45 Yards brachte ihn wieder in die Hälfte der Chiefs und er selbst rannte in die Endzone, um nur Sekunden später mit einem weiteren Run die Two-Point-Conversation zu schaffen und auszugleichen. 35-35 und nur noch eine Handvoll an Minuten auf der Uhr. Mal wieder Drama pur.

Um wieder in Richtung der gegnerischen Endzone zu kommen, forderten die Eagles Mahomes alles ab. Mal musste er selbst laufen, mal den Ball in einen engen Korridor werfen.

Doch jedes Mal entging er knapp der Katastrophe und brachte sein Team in Scoring-Reichweite. Es brauchte nur noch ein einziges First Down und einen erfolgreichen Kick von Harrison Butker für den Sieg. Aber der wichtige Wurf im dritten Versuch auf JuJu Smith-Schuster flog viel zu weit und nur die gelbe Flagge der Schiedsrichter löste Erleichterung bei den Fans aus. Eagles-Verteidiger James Bradberry hatte für Sekundenbruchteile das Trikot von JuJu gehalten und ihn behindert. Eine knallharte Entscheidung in den finalen Minuten des Super Bowls, aber nicht unberechtigt. Jetzt lief Running Back McKinnon in Richtung Endzone und blieb mit einer Grätsche vor ihr stehen. Die Chiefs verzichteten auf den Touchdown, um die Uhr weiter runterlaufen zu lassen und den Eagles die Chance auf ein Comeback zu vermiesen. „Church-Mode" nannte Mahomes im Gespräch vor dem Play diese Herangehensweise und McKinnon setzte sie perfekt um. Mit nur noch acht Sekunden auf der Uhr schoss Harrison Butker die Chiefs per Field Goal aus kurzer Distanz in Führung. Yes!

Die Eagles hatten noch eine letzte. Noch einen einzigen Pass. Doch Jalen Hurts feuerte den Ball zwar tief ins Chiefs-Territorium, dort befand sich aber keiner seiner Mitspieler. Der Ball fiel auf den grünen Kunstrasen und die Freude bei den Chiefs war nicht zu halten. Erneut Super-Bowl-Sieger!

In der ersten Saison nach dem Abgang von Tyreek Hill, die das Team selbst als Neuaufbau tituliert hatte, mit vielen Rookies, neuen Schlüsselspielern und einem anderen Offensivkonzept. Ihr Superstar Patrick Mahomes spielte konservativer. Er machte weniger Fehler, spielte unaufgeregter und setzte die vielen verschiedenen Spielertypen im Team gekonnt ein. Auch eine hartnäckige Verletzung in den Playoffs konnte ihn nicht aufhalten. Mit einem unbändigen Willen, dem Vertrauen in die Ärzte und seinen wurfgewaltigen Arm gewann er gegen die Bengals und im Finale auch gegen die Eagles. Für Mitspieler Kelce war es das Größte: „Es ist das beste Gefühl der Welt. Hier zu sein mit den Jungs und den Coaches und zu wissen, dass wir es geschafft haben. Trotz all der negativen Diskussionen vor der Saison. Ich kann gar nicht beschreiben, wie es sich in mir anfühlt."

Kurz vor dem Super Bowl wurde Patrick Mahomes zum zweiten Mal als Most Valuable Player der Liga ausgezeichnet. Für ihn selbst war der Gewinn der Lombardi Trophy deutlich wichtiger, aber es zeigte sich auch, dass die Liga, seine Konkurrenten und auch die Medien akzeptierten, dass er das Gesicht der NFL geworden war und das Erbe von Tom Brady angenommen hatte. Wer in der NFL erfolgreich sein wollte, musste an den Chiefs vorbei. Mitch Holthus, der Play-by-Play-Ansager des *Kansas City Chiefs Radio Network*, fasste es während der Playoffs so zusammen: „Du kannst an den Chiefs zweifeln, die kannst die Chiefs nicht mögen, du kannst die Chiefs nicht respektieren, aber du musst dich mit den Chiefs beschäftigen."

## Auf dem Weg zur Dynastie?

Die Medien nahmen nach zwei Titeln und drei Teilnahmen am Super Bowl in vier Jahren zum ersten Mal das Wort Dynastie in den Mund. Waren die Chiefs gerade auf dem Weg eines dieser dominanten Teams zu werden, wie die New England Patriots mit Tom Brady Anfang der 2000er oder die San Francisco 49ers unter Joe Montana und Steve Young in den 1990er Jahren?

Die Zahlen, seit Patrick Mahomes als Quarterback in Kansas City übernommen hat, sind zu beeindruckend, um es zu verneinen. Seit 2019 haben die Chiefs jedes Jahr mindestens das AFC Championship Game erreicht. Seitdem er gedraftet wurde, stehen die Chiefs bei 64 Siegen und nur 18 Niederlagen. Über eine Dauer von fünf Jahren waren nur zwei Teams in der Historie der Liga besser: Die Patriots von 2003 bis 2007 und die Indianapolis Colts unter Peyton Manning von 2005 bis 2009. Die Chiefs gehören schon jetzt zu den besten Teams, die es in der NFL je gegeben hat.

Um sich selbst aber medial als Dynastie feiern zu lassen, braucht es noch etwas mehr: Playoff-Erfolge und Titel. Während Mannings Colts nur einmal im Super Bowl triumphierten und von zehn Playoffspielen nur sechs gewannen, sind die Chiefs mit Mahomes deutlich erfolgreicher. Sie gewannen in der Meisterrunde bislang 11 Spiele und verloren nur drei. Auch hier sind erneut nur die Patriots und Tom Brady besser. Dieses Mal von 2014 bis 2018. In diesen fünf Jahren gewannen sie 12 Playoffspiele. Trotzdem wäre ein dritter Titel die Bestätigung, dass die Chiefs ein besonderes Team sind. So sieht es auch Mahomes im Vorfeld der NFL-Saison 2023: „Ich nehme das Wort Dynastie *noch* nicht in den Mund." Was *noch* nicht ist, kann ja *noch* werden.

Auch im Sommer 2023 ist der Unterschied zwischen Mahomes und den vielen anderen guten Quarterbacks sein steter Wille, besser zu werden. Er trainierte im Frühjahr wieder intensiv im *Camp Pat* mit seinen Receivern und lud auch einige ortsansässige College-Spieler vor dem Draft ein. So lernte er Rashee Rice schon frühzeitig kennen, der mit einem Zweitrunden-Pick im April bei den Chiefs landete. Ein Passempfänger vom SMU-College in Texas, der in seiner Zeit an der Universität durch sichere Hände, einen robusten Körper und einen dominanten Spielstil mit dem Ball in der Hand auffiel. Scheinbar mochte auch Mahomes, was er an mehreren Trainingstagen sah und gab den Chiefs sein Okay zur Auswahl von Rice.

Der NFL Draft 2023 war sowieso etwas ganz Besonderes: Er fand in Kansas City statt und als amtierender Super-Bowl-Champion wollten die Chiefs die drei Tage zu einer großen Party machen. Die Bühne war direkt vor der Union Station, dem Hauptbahnhof in Kansas City, aufgebaut. Dort fand einige Wochen zuvor auch die große Parade zum dritten Titel statt. Dort kündigten Mahomes und seine Mitspieler an, dass ihr voller Fokus auf der Titelverteidigung lag. Was 2021 im Finale gegen die Tampa Bay Buccaneers noch misslang, sollte jetzt Wirklichkeit werden,

Umso wichtiger war der Draft und die Chance, wertvolle Talente ins Team zu integrieren. Im Jahr zuvor hatten sechs der neun Neulinge den Sprung in das Team geschafft und wertvolle Anteile am Erfolg des Teams gehabt. Könnte das Management um Brett Veach das wiederholen?

Als Super-Bowl-Sieger waren die Chiefs in Runde eins an letzter Stelle dran. Die große Frage wie in jedem Jahr: Wo war der größte Schmerz im Kader? Auf welcher Position brauchte das Team eine wirkliche Verstärkung? Die Coaches entschieden sich in Runde eins für die Defensive. Mit Felix Anudike-Uzomah wechselte ein Passrusher zu den Chiefs, der passend zum Draft in Kansas City aus der Stadt stammte und nicht weit entfernt am College für die Kansas State Wildcats gespielt hatte. Trotz einer schlanken Figur und etwas langsamerer Füße glaubten die Chiefs, dass der erst 21 Jahre alte Anudike-Uzomah sich zu einem fähigen NFL-Spieler entwickeln könnte. Klar war aber vom Draft an, dass er im Gegensatz zu den Picks im Vorjahr noch Zeit brauchte, um sich an das Niveau in der Liga zu gewöhnen.

In Runde zwei wählten die Chiefs dann mit Rashee Rice einen talentierten Receiver, der in der Mitte des Feldes aktiv werden sollte. Denn Star-Passempfänger JuJu Smith-Schuster entschied sich für ein neues Team. Er wechselte für viel Geld zu den New England Patriots und musste ersetzt werden. In Runde drei folgte mit Wanya Morris ein Offensive Tackle. In der linken Offensive Line hatte das Team Orlando Brown Jr. an die Bengals verloren, die ihm die gewünschten 20 Millionen US-Dollar pro Jahr zahlten wollten. Für die rechte Seite griffen die Chiefs tief in die Tasche und verpflichteten Jawaan Taylor von den Jaguars, weil auch der rechte Tackle, Andrew Wylie, für ein höheres Salär die Stadt verließ und zu den Washington Commanders wechselte.

Die Herangehensweise von General Manager Brett Veach unterschied sich in der Offseason elementar von der vor einem Jahr. Dort brauchte es in der Defensive schnell zuverlässige Spieler, jetzt wollte er lieber größeres Potential, weil das Team so schon gut funktionierte. Und so wanderten an Tag zwei und drei des Drafts der Safety Chamarri Conner, der Outside-Linebacker BJ Thompson, der Defensive Tackle Keondre Coburn und der Cornerback Nic Jones nach Kansas City.

## OFFENSIVE DER KANSAS CITY CHIEFS 23/24

Für Head Coach Andy Reid startet die Football-Saison so richtig mit dem Trainingscamp im Juli. Im Gegensatz zu vielen NFL-Teams, die auch ihre Vorbereitung auf dem eigenen Trainingsgelände, das sich meist direkt in Stadionnähe befindet, absolvieren, fahren die Chiefs weg. Es geht jedes Jahr nach St. Joseph an den Campus des Missouri Western State College. Das liegt etwa 60 Meilen nördlich von Kansas City – eine knappe Stunde brauchen Spieler, Coaches und das viele Trainingsmaterial im Bus dort hin. Es heißt, dass Reid das härteste Camp der ganzen Liga betreibt und dort die Basis für seinen Erfolg mit den Chiefs liegt.

Neuzugang Donovan Smith war noch einige Woche vorher entspannt: „Wie schlimm soll es schon werden?“, fragte er die Journalisten und lächelte. Für Rookie Rashee Rice waren die ersten Tage mit jeweils zwei langen Trainingseinheiten in der prallen Sonne auf jeden Fall zu viel. Er musste sich mehrfach übergeben, weil er zu wenig getrunken hatte. Auch Smith gab einige Tage später zu, dass er die Trainingseinheiten unter Reid unterschätzt hatte: „Es ist wirklich etwas anderes als bei meinen vorherigen Teams. Wir arbeiten uns hier den Arsch ab und wiederholen die Spielzüge so unglaublich oft.“ Doch er ist bei weitem nicht der erste Spieler, der sich beschwerte: „Als Receiver ist es besonders brutal. Wir laufen sehr viel“, erklärte auch der neue Receiver Richie James, der im Sommer von den Giants zu den Chiefs wechselte und als Spezialist gerade für seine gefürchteten Kick- und Punt-Returns verpflichtet wurde: „Wir sind hier fast das Leichtathletik-Team, so viel laufen wir.“

Für Reid ist die Wiederholung der Abläufe vor der Saison extrem wichtig. Er lässt bestimmte Spielzüge mehrere Male üben und sagt teilweise über 200 Plays am Tag an, um die Standards in die Köpfe und Beine seines Teams zu bringen. Nur so schafft er es, dass die Komplexität seines Spielsystems auch perfekt umgesetzt wird. Dabei hält er sich an die NFL-Regeln, nur maximal vier Stunden aktiv zu trainieren. Eine seiner Regeln lautet, dass kein einziger Helm der Spieler auf dem Feld liegen darf. Das hat damit zu tun, dass vor knapp 20 Jahren ein Wide Receiver über einen abgelegten Helm am Spielfeldrand gestolpert ist und sich für mehrere Spiele verletzt hat. Sowas darf bei Disziplinfanatiker Andy Reid kein zweites Mal passieren.

Trotz eines perfekt umgesetzten Camps gab es vor der dem Start der Saison gegen die Detroit Lions einige Fragezeichen: Zuerst einmal hatte Star-Verteidiger Chris Jones das Camp boykottiert, weil er von den Chiefs einen neuen Vertrag forderte und die beiden Parteien bisher nicht zusammengekommen waren. Da seine Arbeitspapiere aber noch für die aktuelle Saison gültig waren, wurde er automatisch für jeden Tag der Abwesenheit bestraft. Bis zum ersten Spieltag hatte er auf knapp vier Millionen US-Dollar Gehalt verzichtet und wollte auch nicht zum Spiel antreten, wenn es keine Einigung mit dem Team gab.

Chris Jones hatte im Jahr zuvor die beste Saison seiner Karriere gespielt. Dank Joe Cullen, dem neuen Coach der Defensive Line, und dank der Unterstützung durch Spieler wie George Karlaftis, Mike Danna oder Carlos Dunlap, die seine Rolle auf dem Platz etwas einfacher machten. Auch das runderneuerte Defensive Backfield gab ihm mehr Zeit, den gegnerischen Quarterback zu jagen. Doch Jones wusste, dass es voraussichtlich die letzte Chance auf das große Geld war. Er wollte das Maximum rausholen. Idealerweise knapp 30 Millionen US-Dollar pro Jahr. Diese Schwelle hatten bisher nur Nick Bosa von den 49ers und Aaron Donald von den Rams geknackt. Jones sah sich auf Augenhöhe. Die Chiefs versuchten hingegen, einen fairen Deal zu finden, der ihnen weiter erlaubte, das Team zu verstärken. Und so saß Chris

Jones zwischen seinen beiden Managern auf der Tribüne als der Anpfiff zum Saisonstart durch das Arrowhead Stadium hallte.

Aber nicht nur Chris Jones musste am 7. September gegen die Detroit Lions passen. Auch ein weiterer Star des Teams fehlte. Travis Kelce hatte sich kurz zuvor am Knie verletzt, nachdem er es im Training überstreckte und nur knapp an einer schweren Verletzung vorbeischrammte. Und so verloren die Chiefs zum ersten Mal ein Eröffnungsspiel mit Patrick Mahomes, weil zwei Schlüsselspieler ausfielen. Doch das war nicht der einzige Grund für diese knappe 20:21-Niederlage. Mahomes warf den Ball an diesem Abend zwar 39 Mal. Aber nur 21 seiner Würfe landeten in den Händen der Wide Receiver. Ganze acht Mal ließen sie das Ei fallen. Die letzten vier Drives der Chiefs endeten immer mit einem Drop des Passempfängers. Es fühlte sich fast wie Sabotage an.

Ganz besonders weh tat ein Wurf im dritten Viertel. Mahomes platzierte den Ball perfekt vor den Körper von Kadarius Toney, der nur zupacken musste, aber das Spielgerät durch seine Finger flutschen ließ. Hinter ihm stand der Lions-Safety Brian Branch, der den Ball fing und für einen Touchdown in die Chiefs-Endzone lief. Nach dem Spiel hoffte Mahomes, dass die Probleme der Receiver nur ein kurzfristiges Phänomen sein würden. Aber – sie zogen sich durch die ganze Saison. Kadarius Toney sollte der neue Star der Offense werden. Doch nach einer langen Verletzung in der Vorbereitung war das Spiel gegen die Lions ein sinnbildlicher Vorgeschmack auf die kommenden Wochen.

Trotz der Unsicherheiten in der Offensive wurde die Verteidigung der Chiefs im Verlauf der Saison immer besser. Das machte Hoffnung. Diese positive Entwicklung hatte auf der einen Seite mit der Rückkehr von Chris Jones zum Team zu tun, der sich mit den Chiefs auf einen Einjahresvertrag einließ und die Diskussion um den großen Zahltag auf die kommende Saison verschob. Aber auch an der Entwicklung der jungen Spieler, die ein Jahr zuvor ins eiskalte Wasser der NFL geworfen wurden und dort überzeugten. Trent McDuffie war zum Beispiel neben Veteran L'Jarius Sneed zu einem der besten Slot-Verteidiger geworden und mit Drue Tranquill hatten die Chiefs von den Chargers einen Linebacker verpflichtet, der regelmäßig in der Spielmitte aufräumte und so gerade das Rungame der Gegner limitierte.

Und so gewannen die Chiefs nach der Niederlage gegen die Lions gleich sechs Spiele in Folge. Dabei überzeugte gerade die Offensive selten restlos, aber mit dem starken Gegenpart in der Verteidigung schlugen sie die Gegner trotzdem souverän. In Woche sieben verstärkte außerdem Charles Omenihu nach einer sechswöchigen Suspendierung die Abwehr weiter. Er war von den 49ers zu den Chiefs gewechselt und sollte neben Chris Jones die gegnerischen Spielmacher jagen.

## Voller Fokus auf Travis Kelce

Nach einer überraschenden Niederlage gegen die Broncos gewannen die Chiefs in Frankfurt gegen die Dolphins *(siehe Kapitel 10)*, mussten sich in der Folgewoche aber auch gegen den Super-Bowl-Gegner aus dem Vorjahr, die Eagles, geschlagen geben. Obwohl die Chiefs immer noch eine positive Sieg-Bilanz von 7:3 hatten, wirkten sie immer fragiler. Die Offensive funktionierte nur zeitweise und die Wide Receiver ließen Mahomes regelmäßig im Stich. Nur der junge Rashee Rice konnte neben Tight End Travis Kelce überzeugen und den Ball sicher fangen.

Diese bekannte Schwäche der anderen Passampfänger erlaubte es den gegnerischen Teams, sich auf Travis Kelce zu konzentrieren. In den meisten Spielen wurde er auf dem Feld von zwei Verteidigern gedeckt, die damit verhinderten, dass er sich freilaufen konnte. Mahomes musste ihn mit unglaublich präzisen Pässen anspielen, weil sein Vertrauen in die anderen Angreifer im Laufe der Saison immer weiter nachließ.

Doch Kelce erhielt nicht nur auf dem Feld immer mehr Aufmerksamkeit. Beim Spiel im September 2023 gegen die Chicago Bears im Arrowhead Stadium war Taylor Swift zum ersten Mal im Stadion gewesen und nach dem Sieg Händchen haltend mit Kelce weggefahren. Auch im folgenden Auswärtsspiel in New York war sie mit Freunden wie Ryan Reynolds, Hugh Jackman und Blake Lively aufgetaucht. Plötzlich waren nicht nur Football-Fans von Kelce fasziniert, auch Swifties wollten wissen, wen ihr Liebling dort traf. Obwohl es auf dem Platz meist etwas rumpelig lief, waren die Chiefs so im Zentrum des medialen Interesses: *Der größte Popstar unserer Zeit datet den besten Tight End in der NFL.* Eine Story, die zu gut ist, um wahr zu sein. Nicht nur die Einschaltquoten der Chiefs-Spiele stiegen signifikant an, auch die Trikotverkäufe mit der Nummer 87 auf dem Rücken mehrten sich deutlich.

Auch mit 34 Jahren erhält Kelce auf dem Feld noch mehr als 33 Prozent der Würfe von Mahomes und wurde im Laufe dieser Saison erst der achte Tight End, der in dem Alter noch Pässe für mehr als 500 Yards gefangen hat. Für einen anderen großen Tight End der letzten zwanzig Jahre, Rob Gronkowski von den New England Patriots, ist Kelce sehr speziell. „Er ist einfach der beste Tight End, wenn es darum geht, Bälle zu fangen. Da gibt es gar keinen Zweifel. Er hat sieben 1.000 Yard-Saisons nacheinander und ist in der Redzone großartig", schwärmt „Gronk". „Die Chiefs sind nicht dasselbe Team, wenn er nicht auf dem Feld ist."

Und genau das war eines der großen Probleme für die Chiefs, die im Dezember immer mehr Probleme bekamen, die Offensive zu aktivieren. Wenn Kelce nicht heiß lief, waren wenige Alternativen da. Und so gewannen sie gegen die Raiders, verloren in Green Bay sowie gegen Josh Allen und seine Bills, um sich dann wieder einen Sieg gegen die Patriots zu holen. Ein ewiges Auf und Ab wie in einer Achterbahn. Um die Chance auf Heimspiele in den Playoffs zu haben, mussten jetzt drei Siege am Stück her. Die Raiders, die Bengals ohne Joe Burrow, der sich früh in der Saison verletzt hatte, und die Chargers klangen wie machbare Gegner.

Doch schon an Weihnachten zuhause gegen die Las Vegas Raiders endete die Hoffnung: Mahomes und seine Offense schafften nur 14 Punkte und verloren die Chance, Platz 1 in der AFC zu ergattern. Aber nicht der junge Raiders-Quarterback Aidan O'Connell schlug die Chiefs, sondern sie waren es selbst. O'Connell brachte im ersten Quarter nicht mal einen einzigen Pass an und schaffte im gesamten Spiel keinen einzigen Touchdown. Die Fehler machten die Chiefs. Erst verlor Running Back Isiah Pacheco den Ball und nur Sekunden später warf Mahomes in die Hände des Raiders-Verteidigers Jack Jones. Las Vegas freute sich über zwei defensive Touchdowns und die Führung.

Die Hoffnung der Fans und die Erwartungen der Medien waren nach diesem ruppigen Dezember trotz der zwei Siege am Ende gegen die Bengals und Chargers sehr verhalten. Nur wenn Patrick Mahomes perfekt spielte, hatte das Team eine Chance. Neben Kelce und Rice gab es keine weiteren verlässlichen Anspielstationen. Hatte im Vorjahr im Dezember noch Running Back Jerick McKinnon als weiterer Passempfänger funktioniert, so war die reguläre Saison 2023 eine Enttäuschung. Sowohl Kadarius Toney als auch Richie James oder Skyy Moore waren weit unter ihren Erwartungen geblieben.

Fast noch alarmierender: Patrick Mahomes wirkte zum ersten Mal in seiner Karriere müde. Sogar gegen die Burrow-losen

Bengals brauchte es ein Comeback im letzten Quarter, um den Division-Sieg in der AFC West sicherzustellen. Mahomes spürte nach dem Spiel die harte Saison. Sein Knöchel schmerzte und die Schulter war verspannt. Er hat vielleicht so schwer gearbeitet wie noch nie zuvor. Er wollte im Alleingang die neuen Probleme in der Offensive lösen und machte es teilweise nur schlimmer. Er ging mehr Risiko und wollte die Spiele selbst entscheiden. Was nicht immer funktionierte. Wie sollte dieses angeschlagene Team in den Playoffs überstehen? Im Laufe der Saison sagte Mahomes: „Ich mag es einfach nicht, zu verlieren. Das ist für jeden von uns einfach frustrierend. Aber es kommt darauf an, wie du damit umgehst."

Für die Playoffs forderte der neue Offensive Coordinator Matt Nagy von Mahomes eine andere Herangehensweise. Er sollte sich den Gegebenheiten anpassen und nicht versuchen, etwas zu erwzingen. Wenn kein Receiver frei war, sollte er den Ball zur Seitenlinie feuern. Wenn nur ein kurzer Pass möglich war, sollte er diesen nutzen. Und wenn es die Gefahr einer Interception gab, sollte er einen anderen Spieler finden. Nur mit einer minimalen Fehlertoleranz konnten die Chiefs erfolgreich werden. Mahomes sollte zum Game Manager werden, der auch kleine Führungen über die Zeit brachte. Das war ein komplett neuer Ansatz als in den Jahren zuvor. Aber die Chiefs konnten es sich in dieser Saison leisten, weil die Verteidigung so stark war und sie meist im Spiel hielt.

In der ersten Runde der Playoffs erwarteten die Chiefs erneut die Miami Dolphins, die sie zwei Monate zuvor 21:14 in Frankfurt geschlagen hatten. Doch die Wetterverhältnisse waren dieses Mal ganz anders. Das Spiel gegen Miami Tua Tagovailoa, Tyreek Hill & Co. war das viertkälteste in Geschichte der NFL. -4 Grad Fahrenheit zeigte das Thermometer zu Spielbeginnn, was über -20 Grad Celsius entsprach. Dazu kam ein eisiger Wind, der durch das offene Arrowstadium Stadium fegte. Mahomes schützte sich mit einer roten Skimaske über seinem Kopf und langer Kleidung unter seinem Trikot. Während er nach dem Spiel anmerkte, dass es zwar kalt war, es ihn aber nicht aufhielt, weil er gar nicht darüber nachdachte, war die Situation für Tyreek Hill deutlich unangenehmer: „Ich friere mir hier meine Eier ab", kommentierte er während des Spiels.

Mahomes startete souverän und sorgte mit einem Pass zu Rashee Rice für die ersten sieben Punkte. Entgegen der Erwartung vieler Experten liefen die Chiefs nicht primär mit dem steinharten Ball, sondern warfen ihn auch. „Uns war klar, dass die Dolphins hier nicht sein wollten. Im Gegensatz zu uns. Wir haben uns eingepackt und unsere Liebe zum Football bewiesen", erklärte der Rookie-Receiver Rice den Unterschied in der Einstellung. Einen Schreckmoment gab es trotzdem: Mahomes sprang mit dem Ball nach einem Run über 13 Yards und versuchte das First Down zu sichern, als sein Helm bei einem Kontakt mit Dolphins-Safety DeShon Elliot in den eisigen Temperaturen knackte und ein relativ großes Stück heraus brach. Das gab es auch noch nicht in der NFL. Patrick blieb glücklicherweise unverletzt.

Ein wichtiger Faktor in diesem ersten Playoff-Spiel war, dass sich die Offensive Line der Chiefs gefunden hatte und sattelfest stand. Die Dolphins machten bei über der Hälfte der Spielzüge massiven Druck und versuchten so, Mahomes aus dem Rhythmus zu bringen. Aber der konnte entspannt bleiben und so gewannen die Chiefs am Ende deutlich mit 26:7 und zogen in die nächste Runde ein, wo die Buffalo Bills warteten. Es sollte das erste Auswärtsspiel von Patrick Mahomes in den NFL-Playoffs überhaupt werden.

## Spagnuolo sei Dank!

Die Fans der Bufallo Bills sind bekannt dafür, dass sie vor Spielen von Autos auf teils brennende Tische springen und sich mit Ketchup ins Gesicht spritzen. Vor dem Kickoff in den Playoffs gegen Mahomes wollten sie ihre Leidenschaft und Lautstärke von Anfang an nutzen, um die Chiefs zu beeindrucken. Als der Flieger aus Kansas City landete, warfen sie Schneebälle auf die Teambusse und folgten den Spielern bis zum Hotel. Dort machten sie den ganzen Abend Rambazamba, damit Patrick Mahomes, Andy Reid und Co. so wenig erholsamen Schlag wie möglich bekamen. Und auch im Orchard Park, dem Stadion der Bills, war es von Minute eins an extrem emotional.

Jason Kelce, der Bruder von Kelce, der als Center für die Eagles spielte und nicht mehr im Playoffrennen war, ließ es sich nicht nehmen, die Fans vor dem Stadion zu besuchen und mit ihnen einige Kaltgetränke zu konsumieren. Später riss er sich bei einem guten Play seines Bruders das T-Shirt vom Leib und feierte oben ohne. Direkt daneben Taylor Swift, die das Geschehen um Jason schmunzelnd zur Kenntnis nahm.

Das Spiel startete mit zwei Field Goals und einem vorsichtigen Abtasten, nahm aber dann doch nach einem Touchdown von Josh Allen für die Bills schnell Fahrt auf. Die Chiefs antworteten mit einem weiteren Field Goal, das Zusammenspiel Mahomes auf Kelce sorgte für die erste Chiefs-Führung im zweiten Viertel (13:10), bevor Josh Allen erneut in die Endzone lief und sein Team abermals nach vorne brachte. Zur Halbzeit war es genau das Spiel, was die Fans von den beiden Teams erwartet hatten. Das Visier war unten und es ging hin und her. Die Chiefs hatten Probleme, den Run der Bills in den Griff zu bekommen. Die Bills hingegen konnten wenig gegen die Vielseitigkeit der Chiefs im

Angriff machen. Mal war es Pacheco, der einige Yards lief oder ein Pass von Mahomes über 30 Yards auf Valdes-Scantling, der seine Form in den Playoffs wiedergefunden hatte.

Gewinnen würde, wer sich jetzt in der Halbzeit besser neu einstellen konnte. Es war der Moment für Steve Spangnuolo gekommen, der mit seinen Abwehrreihen einen tiefen Playoff-Run überhaupt erst möglich gemacht hatte. Jetzt hatten seine Spieler schon in den ersten beiden Vierteln 17 Punkte zugelassen und wussten nicht, wie sie Josh Allen und den Runningback James Cook verlässtlich aufhalten sollten. *Spag* hatte eine Idee: „Seid ihr bereit?", fragte er zu Beginn der Ansprache und passte dann die Positionen seiner Passrusher an, um den Gegner zu verwirren. Der sollte nicht wissen, was auf ihn zukommen würde. „Er hat in der Halbzeit Sachen verändert, die wir nie trainiert haben. Wir haben darüber gesprochen und es dann auf dem Feld umgesetzt. Das war der entscheidende Faktor", erklärte Safety Justin Reid und machte die Veränderungen von Spagnuolo für den Sieg veranwortlich.

Während die Bills jetzt deutlich mehr Schwierigkeiten mit der Abwehr der Chiefs hatten, konnte Mahomes weiter punkten. Erst ein kurzer Pass auf Kelce in die Endzone und dann ein Lauf von Pacheco über die Goalline für weitere sieben Punkte. Am Ende des dritten Quarters hatten die Chiefs dann nach einem missglückten Punt-Fake der Bills die Möglichkeit, das Spiel frühzeitig zu entscheiden. Doch in Reichweite der Endzone verlor Mecole Hardman den Ball und die Chiefs gingen mit gar nichts vom Feld. Schon in der ersten Halbzeit hatte Hardman den Ball einmal in der Hand und dann einen Fumble produziert. Es war nicht sein Tag.

Und so kamen die Bills zurück ins Spiel und überquerten das Feld kurz vor Ende der Zeit mit der Möglichkeit, durch ein

Field Goal auszugleichen. Kicker Tyler Bass hätte über 44 Yards nur zwischen die Stangen treffen müssen und es wäre wie im Vorjahr in die Verlängerung gegangen. Doch der starke Wind trieb seinen Schuss nach rechts und am Field Goal vorbei. Die Chiefs gewannen auch das zweite Spiel der Playoffs und standen jetzt erneut im AFC Championship Game. Dort mussten sie aber erneut auswärts ran und nicht im Arrowhead Stadium, wie die fünf Jahre zuvor.

Erneut konnte sich das Team auf seine Verteidigung verlassen, die schon im gesamten Saisonverlauf die bessere Einheit war und den Chiefs überhaupt den Einzug in die Playoffs ermöglichte. Spagnuolos Ziel war es dabei, so viel Druck auf den gegnerischen Quarterback zu erzeugen, wie irgend möglich. Das passierte bei den Chiefs aber nicht über außerordentliche Spieler, von Chris Jones abgesehen, sondern über immer wechselnde Formationen, Bewegungen und Einsätze der Spieler. Bei *Spag*, wie ihn jeder in Kansas City nennt, laufen auch mal Safeties oder Cornerbacks auf den gegnerischen Spielmacher zu und nutzen ihre Geschwindigkeit und Agilität. Das Resultat waren 73 ungeblockte Drucksituationen – Ligahöchstwert.

Dabei nutzt Spagnuolo immer wieder die sogenannte Dime-Formation mit sechs Safeties oder Cornerbacks, nur einem Linebacker und vier Linemen auf dem Feld. So verfügt er über deutlich mehr leichte, schnelle Spieler, die aus allen Richtungen auf den Ball laufen. Die Gefahr: Der Gegner erkennt es und versucht besonders intensiv den Ball zu laufen. Aber gerade die Identifikation ist nicht einfach. Das weiß auch Mahomes: „Ich würde wirklich nicht gerne gegen unsere Defensive spielen. Wir haben großartige Spieler, aber mit Spags und seinen Taktiken ist es echt hart. Er coacht jeden extrem gut und sie nutzen das zu unserem Vorteil aus.“

Im Laufe der Saison hatte es ihm ein neuer Spieler besonders angetan: Chamarri Conner. Die Chiefs sind für ihn 15 Plätze im vergangenen Draft nach oben gesprungen, weil er perfekt ins System passt. Conner kann fast jede Position im defensiven Backfield spielen. Ob als fester Manndecker oder Safety in der Raumdeckung. Er kann mit großgewachsenen Tight Ends genauso umgehen wie mit blitzschnellen Receivern. Trotzdem waren die Coaches am Anfang des Trainingscamps vorsichtig: konnte Conner wirklich so schnell die Komplexität der Position verstehen und sich anpassen? Das Spiel gegen die Bills war seine Meisterprüfung. Er war in 76 der 77 defensiven Plays auf dem Feld und ersetzte Mike Edwards, der mit einer Gehirnerschütterung ausfiel. Conner beendete das Spiel mit zehn Tackles, einem Fumble, den er erzwang, und dem Bestwert von nur 25 Yards, die er als nächster Verteidiger zugelassen hatte. Er war damit der beste Defensivspieler auf dem Platz. Spagnuolo nahm ihn dafür beim Verlassen des Stadions in den Arm. Conner musste lächeln.

Auch im „Halbfinale" der NFL-Playoffs gegen die Baltimore Ravens mit Lamar Jackson, der vor dem Super Bowl zum MVP der Saison gekürt werden würde, kam es auf diese Defensive und ihren Chef Steve Spagnuolo an. Die Ravens waren gerade durch die Lauffähigkeiten ihres Quarterbacks schwer einzuschätzen. Mit Tight End Mark Andrews, Rookie Zay Flowers und Altstar Odell Beckham Jr. hatte er potente Anspielstationen. Die Ravens waren mit einer Bilanz von 13:4 Siegen das beste Team in der AFC der regulären Saison und wollten mit Jackson endlich den Schritt in den Super Bowl schaffen.

Doch zum Spielstart waren es die Chiefs mit Travis Kelce, die den ersten Angriff erfolgreich zu Ende brachten. Ein Pass für knapp 20 Yards fing der Tight End in der Ecke der Endzone und brachte die Chiefs auf das Scoreboard. Doch Jackson antwortete postwendend. Zack, zack, zack – mit nur sechs Plays und einer kurzen Ballabgabe auf Flowers glichen die Ravens aus. Die Chiefs brauchten im Gegenzug viel länger, um sich der Endzone zu nähern. Während die Ravens nur knapp zweieinhalb Minuten in ihrem Drive von der Uhr nahmen, war die Chiefs-Offensive ganze 9:02 Minuten auf dem Platz. Im letzten dieser Plays lief Running Back Isiah Pacheco in die Endzone. Wer nur diese erste Halbzeit der Chiefs sah, dachte, das wäre die explosive Mahomes-Offense der Jahre zuvor. Dynamisch, mit sicheren Händen und vielen verschiedenen Plays zerlegte er die Ravens-Verteidigung und bewies, dass die alte Qualität weiter nur darauf wartete, aktiviert zu werden.

Doch so intensiv die ersten Minuten liefen, so schnell waren die Angriffsformationen beider Teams wieder abgemeldet. Den Chiefs gelang kurz vor der Halbzeit noch ein Field Goal, aber das war es dann auch. Punt, Punt, Punt, Punt, Punt – so starteten die Teams in die ersten fünf Drives der zweiten Hälfte. Die Verteidigungsreihen standen sicher und ließen nur sehr wenig zu. Bis zum Ende des dritten Quarters, als Jackson erst Zay Flowers über 54 Yards tief in die Hälfte der Chiefs beförderte und ihn dann nochmal in der Redzone anspielte. Flowers sprang in bester Superman-Manier in Richtung Touchdown und wurde nur durch einen beherzten Schlag auf den Ball von L'Jarius Sneed und einem daraus resultierenden Fumble gestoppt. Wenige Zentimeter vor der Endzone. Was ein Play von Sneed!

Die Chiefs konnten aber wieder kein Kapital daraus schlagen und übergaben nur einige Spielzüge später das Spielgerät per Punt an die Ravens zurück. Die hingegen kamen wieder in die Hälfte der Chiefs und versuchten mit einem langen Ball in die Endzone den Rückstand zu verkürzen. Lamar Jackson hatte Isiah Likely erspäht und dabei Deon Bush übersehen. Der war an diesem Tag zum ersten Mal auf dem Spielfeld, fing direkt die Interception und verhinderte so eine späte Aufholjagd. Den Ravens gelang im Anschluss nur noch ein Field Goal und die Chiefs konnten das Spiel für sich entscheiden. 17:10! Sie waren zum vierten Mal in fünf Jahren im Super Bowl.

Diese Reise zum Finale der NFL war die unwahrscheinlichste von allen. Die Chiefs waren im Dezember 2023 nach der Niederlage gegen die Raiders für nicht titelreif erklärt worden. Ihre Offense war ein Schatten früherer Jahre. Und trotzdem hatten Patrick Mahomes und eine exzellente Defensive drei starke Kontrahenten besiegt, um jetzt gegen die San Francisco 49ers eine Wiederholung des Super Bowls 2020 zu spielen. Ein echtes Wechselbad der Gefühle.

## Happy End nach viel Frust?

Die Bühne für das NFL-Endspiel der Saison 2023 war das amerikanische Epizentrum der Unterhaltung: die Zocker-Metropole Las Vegas in der Wüste Nevadas. Das Allegiant Stadium, das optisch an den Todesstern aus dem Hollywood-Klassiker „Star Wars" erinnert, liegt direkt am berühmten Las Vegas Strip. Natürlich war die neue Mega-Arena, die im Sommer 2020 eröffnet wurde und rund zwei Milliarden US-Dollar Baukosten verschlang, am 11. Februar 2024 restlos ausverkauft.

Die 49ers, Gegner der Chiefs an diesem Abend, waren ein absolutes Topteam, das in den Wochen zuvor keinen Zweifel an ihrer Qualität gelassen hatte. „Mr. Irrelevant" Brock Purdy, der als 262. und damit letzter Draft-Pick im Jahre 2022 nach San Francisco kam, war der perfekte Quarterback für das System von Head Coach Kyle Shanahan. Es reicht meistens, dass er wie ein Point

Guard im Basketball den Ball verteilt und seinen Mitspielern lediglich die Chance gibt, große Plays zu machen. Und davon gibt es einige: der wohl beste Running Back der Liga, Christian McCaffrey. Die Wide Receiver Deebo Samuel und Brandon Aiyuk sowie der Tight End Georg Kittle. Alle waren in der Lage, große Raumgewinne zu erzielen und Spiele im Alleingang zu gewinnen. Wie konnten die Chiefs dieses mehrköpfige Monster stoppen?

Ganz einfach: die Chiefs-Defense von Steve Spagnuolo machte das, was sie am besten konnte – sie versuchte durchgängig, den gegnerischen Spielmacher unter Druck zu setzen und so für Chaos, falsche Entscheidungen und Unwohlsein zu sorgen. Die Reaktion von Kyle Shanahan darauf war es, erstmal den Ball mit McCaffrey laufen zu lassen. Mit wenig Erfolg: Nach einem Fumble im ersten Drive mussten beide Teams zunächst punten, erst zu Beginn des zweiten Viertels gelangen den 49ers die ersten drei Punkte durch ein Field Goal. Der Super Bowl war intensiv, aber dominiert von den Verteidigungsreihen. Kansas City bekam erst gegen Ende der ersten Halbzeit den ersten richtigen Drive zusammen. Doch da stand es nach einem Trickspielzug über den Receiver Jauan Jennings als Spielmacher und Runningback McCaffrey als Receiver bereits 10:0 für aus San Francisco. Als Antwort marschierte Mahomes 65 Yards über das Feld und musste dann mit nur drei Punkten von Harrison Butker in die Pause gehen. Frustrierend.

Das war nicht das Spiel, das sich die Chief vorgestellt hatten. Travis Kelce ärgerte sich nach einem Fumble von Isiah Pacheco so doll, dass er mit Head Coach Reid aneinander geriet. Der guckte ihn verdutzt an, aber er beließ es bei einer Verwarnung. Auch die zweite Halbzeit war zuerst ein harter Kampf. Mahomes warf erst eine Interception und musste dann erneut den Ball punten lassen. Gut, dass es dem Gegner nicht anders erging. Wie in der gesamten Saison stand immerhin die Verteidigung der Chiefs stabil und blieb fast fehlerfrei.

Den ersten entscheidenden Fauxpas leistete sich das Special Teams aus San Francisco. Ein Punt von Tommy Townsend fiel auf die Wade eines 49er-Spielers und in die Hände der Chiefs. Diese Chance ließ sich Mahomes auch an diesem Tag nicht nehmen. Aus 16 Yards feuerte er das Spielgerät in die Arme von Marquez Valdes-Scantling. Touchdown! Die erste Führung der Chiefs. Doch mit den sieben Punkten auf dem Scoreboard wachten auch Purdy, Jennings und Aiyuk wieder auf. Im folgenden Drive schafften es die 49ers, die Verteidung der Chiefs zu überwinden und die Endzone zu erreichen. Doch der obligatorische Extrapunkt wanderte nicht auf das Konto des Teams. Leo Chenal warf seine Arme hoch und konnte den Ball von Kicker Moody abfälschen. Jetzt reichte wieder ein erneutes Field Goal zum Ausgleich.

Während die Fans im Stadion und die Millionen Zuschauer an den TV-Geräten in aller Welt immer nervöser wurden, zeigten die beiden Kicker wenig Nerven. Beide konnten die folgenden drei Drives mit jeweils drei Punkten abschließen. Als die Uhr der regulären Spielzeit auslief, stand es 19:19. Es gab eine Verlängerung! Schon wieder Drama pur…

Bevor es auf dem Platz weiterging, entschied ein Münzwurf über das Angriffsrecht. Während einige Jahre zuvor die ersten Punkte und dann der erste Touchdown das Spiel in der Overtime entschieden hatten, erhielten aus Fairnessgründen seit dieser Saison beide Teams die Option zu punkten. Die 49er gewannen den Cointoss und wählten zur Überraschung der Chiefs und der Kommentatoren, dass sie zuerst den Ball bekommen sollten. Mahomes stand daneben und ihm wären bei den Worten des 49er-Kapitäns fast Gesichtszüge entglitten. Wieso? Weil die Chiefs als zweites nicht nur wussten, wie viele Punkte sie brauchten, um das

Spiel zu gewinnen, sondern weil sie mit dem Rücken zur Wand nicht nur drei, sondern vier Downs ausspielen konnten. Ihnen wurden so mehr Chancen gegeben, das Spiel zu gewinnen. Die 49ers wollten aber lieber vorlegen und die Chiefs unter Druck setzen. Das schafften sie mit einem Field Goal, aber verpassten den Touchdown, weil die Defense der Chiefs auch nach über drei Stunden Spielzeit immer noch frisch und top motiviert war.

Wenn die Chiefs in dieser Phase kein First Down bekommen würden, wäre das Spiel vorbei gewesen. Den Druck spürte Mahomes von Anfang des Drives und tat sich nach einem Lauf von Pacheco über drei Yards und einem Pass auf Rashee Rice für sechs weitere Yards schwer, das nötige Stück für vier neue Versuche zu erreichen. Nach einem letzten Timeout lief Mahomes selbst und schaffte viel mehr als nur das eine Yard. Puuh! Mit kurzen Pässen auf Valdes-Scantling, Rice und Pacheco arbeitete sich die Chiefs-Offense jetzt langsam aber stetig über den Platz. Erst ein Lauf vom Quarterback selber schaffte einen größeren Raumgewinn – er überraschte die Defense der 49ers und war erst nach knapp 20 Yards zu stoppen. Jetzt bekam auch Kelce nochmal den Ball für sieben Yards.

Im letzten Drive machte Mahomes keinen einzigen Fehler. Alle acht Passversuche landeten in den Armen seiner Receiver. Das gab es während der ganzen Saison nicht. Jetzt, als der große Erfolg und die Titelverteidigung so nah war, funktionierte die große Maschine wieder und jedes Zahnrad griff in ein anderes. Andy Reid an der Seitenlinie entschied sich jetzt für ein ähnliches Play wie vor einem Jahr in Arizona gegen die Eagles. Diesmal war es nicht der *Corn Dog*, sondern *Tom & Jerry*. Eine Abwandlung des Spielzuges, der die Eagles-Defensive gleich zwei Mal geknackt hatte. Dieses Mal war es Mecole Hardman, der erst nach innen und dann wieder nach außen lief. Zusätzlich irritierte Travis Kelce, der die wahrscheinlichste Anspielstation in so einer Situation war, mit einem parallelen Lauf nach innen. Hardman war komplett frei und fing den Ball. Erst als Mahomes jubelnd und mit dem Helm in der Hand auf ihn zugestürmt kam, realisierte er, dass das Spiel mit seinem Catch vorbei war. WIEDER SUPER BOWL CHAMPION! Zum zweiten Mal in Folge.

Die Titelverteidigung war für viele Chiefs-Spieler noch viel emotionaler als der Sieg vor einem Jahr. Sie hatten während der Saison viel Kritik eingesteckt. Da waren die beiden Offensive Tackles Jawaan Taylor und Donovan Smith, die viele Strafen gesammelt hatten, weil sie sich zu früh bewegten oder zu weit vorne standen. Oder die Receiver Kadarius Toney, Skyy Moore, Marquez Valdes-Scantling oder Mecole Hardman, die Unmengen an Bällen fallen gelassen und so Niederlagen verursacht hatten. Oder der Offensive Coordinator Matt Nagy, der offen in den Medien am Pranger stand, weil Mahomes diese Offensive nicht zum Laufen brachte. Auch der Quarterback selbst war immer wieder in die Kritik geraten, weil er es übertrieb und immer argwitzigere Bälle warf, die in den Händen der Gegner oder im Nirgendwo landeten. Am Ende waren die Chiefs aber doch wieder die Nummer Eins. Mahomes war nun seit sechs Jahren der Regisseur bei den Chiefs und hatte in dieser Zeit dreimal die Lombardi Trophy gewonnen. Sagenhaft!

Schon in den Minuten nach dem dritten Triumph dachte Patrick schon an das nächste Jahr: „Ich werde jetzt mit meinem Team feiern, wie wir es auch dieses Jahr bis hier geschafft haben. Aber danach geht es darum, dass wir wieder in dieses Endspiel kommen.“ Mahomes ist niemals zufrieden, er hat im Kopf schon die nächste Stufe. Er will den historischen Three-Peat, den noch kein NFL-Team geschafft hat. Drei Super-Bowl-Siege in Folge. Das gab es noch nie.

Das Krasse dabei: Mahomes ist dieses Kunststück ohne Weiteres zuzutrauen. Auch die Frage nach der Dynastie beantwortete er jetzt eindeutig: „Es ist erst der Anfang. Wir sind noch lange nicht fertig."

## Ist der dritte Titel in Folge möglich?

Die Chiefs wollten den dritten Titel in fünf Jahren mit ihren Fans angemessen feiern und dann, wie Mahomes angekündigt hatte, die kommende Saison planen. Könnten sie Chris Jones von einem langfristigen Vertrag überzeugen? Blieb auch der Star-Cornerback L'Jarius Sneed, der in vielen Situationen überragend gespielt hatte? Und was macht man mit den Wide Receivern, die über die meiste Zeit im Jahr rutschige Finger hatten und die Bälle nicht festhalten konnten?

Viele Fragen, doch für den 14. Februar 2024 plante die Stadt erst einmal eine große Parade. Über eine Million Menschen wollten den Erfolg gegen die San Francisco 49ers zusammen mit dem Team und den Spielern feiern. Die umjubelten Stars fuhren in offenen Bussen durch die Stadt und präsentierten die Trophäe ihren Fans. Angekommen auf einer Bühne an der Union Station, wo knapp zehn Monate zuvor der NFL Draft stattgefunden hatte, kündigten die Spieler an, dass sie alles dafür tun würden, auch im nächsten Jahr die Lombardi Trophy in die Stadt zu holen.

Doch dann passierte das Unvorstellbare: In der Masse vor der Bühne schossen zwei junge Männer aufeinander. Sie töteten eine unbeteiligte Frau und verletzten 22 Menschen verschiedenen Alters. Die Spieler rannten von der Bühne und wurden in Bussen in Richtung Arrowhead Stadium in Sicherheit gebracht. Die beiden Schützen wurden in den nächsten Stunden identifiziert und festgenommen – teilweise noch am Tatort. Dem Schusswechsel war ein Streit zweier Gruppen vorangegangen.

Die Chiefs waren schockiert, einige Spieler halfen den Opfern direkt und die Organisation startete eine Spendenaktion mit dem Namen „KC Strong“, die über zwei Millionen US-Dollar für die Opfer des Shootings einbrachte. Kicker Harrison Butker schickte der Familie der toten Frau noch ein Trikot von ihm, weil sie großer Fan von ihm war und auf der Sieger-Parade ein weißes Trikot mit seinem Namen und seiner Nummer getragen hatte. In genau so einem Trikot wurde sie auch beerdigt.

Einige Wochen später meldeten sich die Chiefs aus der Offseason, weil es positivere Nachrichten gab. Sie hatten sich mit Chris Jones auf einen Monster-Vertrag geeinigt. Er verlängerte für weitere fünf Jahre und kann in diesem Zeitraum über 158 Millionen US-Dollar verdienen. Garantiert erhält Jones 95 Millionen US-Dollar und ist damit der bestbezahlte Spieler auf seiner Position in der Geschichte der NFL. Genau das war sein Ziel, als er in der Vorsaison das Trainingscamp boykottierte und mit dem Angebot der Chiefs nicht zufrieden war. Er hatte abgeliefert und bekam jetzt die Belohnung. Verdient!

Anders sah es bei L'Jarius Sneed aus. Dem wollten die Chiefs die anvisierten 20 Millionen US-Dollar pro Jahr nicht zahlen und tradeten ihn daher nach Tennessee zu den Titans, wo er diese Summe bekam. Ein bitterer Abgang! Aber das Team war, ähnlich wie bei Tyreek Hill, nicht in der Lage, alle Spieler ihren Leistungen entsprechend zu entlohnen. Das ist durch den Salary Cap einfach nicht möglich – und gehört zum Business. Immerhin war noch genug Geld für Travis Kelce da. Auch dessen Vertrag wurde für zwei weitere Spielzeiten verlängert. Mit nun knapp 17 Millionen US-Dollar Gehalt pro Jahr ist er aktuell der bestverdienende Tight End der Liga.

Das Thema Wide Receiver ging das Team um Brett Veach im Frühjahr 2024 besonders aggressiv an: Marquez Valdes-Scantlings Vertrag wurde nicht verlängert. Dafür überzeugten die Chiefs Marquise Brown, der den Spitznamen Hollywood trägt, von einem Wechsel nach Kansas City. Er soll zukünftig die sichere Anspielstation für Mahomes werden. Im Draft Ende April entschied man sich für den schnellsten Spieler in der Combine-Geschichte: Xavier Worthy. Er soll das Offensivspiel wieder vertikaler gestalten und ist trotz einer anderen Statur der legimitierte Hill-Nachfolger, den sich die Fans seit dessen Abgang wünschten. Mit Worthy kann Mahomes potentiell wieder tief werfen und die gegnerischen Verteidiger über das Spielfeld verteilen. Aber damit nicht genug. Kurz vor dem Start der NFL-Saison 2024 wurde auch JuJu Smith-Schuster für einen Schnäppchenpreis von den Patriots zurückgeholt. Die müssen weiter den Großteil seines knapp 7 Millionen US-Dollar teuren Gehalts zahlen, er spielt aber wieder für die Chiefs.

Auch die Offensive Line erhielt im Draft ein Update. Als Left Tackle wurde der körperlich beeindruckende Kingsley Suamataia ausgewählt, der in Zukunft die *Blind Side* von Mahomes verteidigt und das in den ersten Vorbereitungsspielen bereits sehr gut machte. Auch Center Creed Humphrey verlängerte kurz vor Saisonbeginn seinen Vertrag. Die Offensive wirkt jetzt deutlich potenter und für die nächsten Jahre mit einem Mix aus jungen Talenten und erfahrenen Veteranen gut bestückt.

Die vielen schweren Verletzungen sorgen dafür, dass General Manager Brett Veach nochmal aktiv werden musste. Nur einige Tage vor der Trade-Deadline am 5. November 2024 sicherte er sich die Dienste des erfahrenen Wide Receivers DeAndre Hopkins von den Tennessee Titans. Die hatten im Gegensatz zu den Chiefs auf dem Platz bisher enttäuscht und versuchten nun ihr spielerischen Tafelgold in zukünftige Draft-Tickets zu verwandeln. Hopkins wollten die Chiefs schon einige Jahre vorher zu sich nach Kansas City holen. Außerdem brachte Veach auch den Passrusher Joshua Uche von den Patriots in die Stadt, der den Druck in der Defensive nochmal erhöhen sollte. Ersatz für den Cornerback Watson fand das Team aber nicht mehr. Ähnliche Fragezeichen gibt es nach zwei Monaten in der Saison auch um den Left Tackle Suamataia, der am zweiten Spieltag gegen die Bengals sein Albtraumspiel erlebte und seitdem von Wanya Morris eher schlecht als recht ersetzt wird. Die beiden Schwachstellen konnten die Chiefs nichts ausräumen. Gleichzeitig haben sie bis Anfang November weiter kein Spiel verloren und sind, da sind sich alle Experten sicher, der klare Super-Bowl-Favorit.

Das werden sie wohl mit Mahomes immer sein. General Manager Brett Veach und Head Coach Andy Reid haben es in den letzten Jahren geschafft, ihm auch immer wieder Mitspieler zusammenzustellen, die ebenfalls ein enormes Potential haben, um für das Rennen um den Super Bowl gewappnet zu sein. So könnte die Mahomes-Ära die dominanteste der NFL werden. Mit jetzt bereits drei Titeln ist der Junge aus Texas auf dem besten Weg, die Legende Tom Brady vom Thron zu stoßen.

Das Schöne dabei: Seit dieser Saison kommentiert eben dieser Brady auf *Fox Sports* die Spiele seines potenziellen Konkurrenten. Und lobt ihn dabei in den höchsten Tönen.

Aus einem erbitterten Rivalen ist jetzt einer seiner größten Fans geworden. So gut ist Mahomes.

## ZU DEN AUTOREN

**Daniel Jensen** produziert beruflich digitale Sportinhalte und berät internationale Marken bei der Aktivierung von Sportrechten. Seit 2020 steht er für die *Footballerei* vor der Kamera und diskutiert über die NFL.

**Alex von Kuczkowski** arbeitete 15 Jahre als Sport-Redakteur für große deutsche Tageszeitungen und berichtete über nahezu alle Sportarten. Seit 2014 ist er selbstständig, gründete unter anderem die *Footballerei*. Seit 2023 gehört er zur NFL- Crew des Fernsehsenders RTL.

## IMPRESSUM

Projektkoordination: *Dr. Marten Brandt*
Lektorat: *Ronit Jariv*
Layout und Satz: *Datagrafix GSP GmbH, Berlin | www.datagrafix.com*
Umschlaggestaltung: *Groothuis. Gesellschaft der Ideen und Passionen mbH | www.groothuis.de*
Lithografie: *Frische Grafik, Hamburg*
Druck und Bindung: *GGP Media GmbH, Pößneck*

MIX
Papier | Fördert gute Waldnutzung
FSC® C014496
www.fsc.org



1. Auflage 2024
© 2024 Edel Verlagsgruppe GmbH
Neumühlen 17
D-22763 Hamburg
ISBN: 978-3-98588-093-5

## LIEBE LESERINNEN, LIEBE LESER

wie schön, dass Sie ein Buch von EDEL SPORTS lesen! Wir lieben große Geschichten, herausragende Persönlichkeiten und starke Meinungen aus der faszinierenden Welt des Sports und freuen uns sehr, dass Sie diese Leidenschaft mit uns teilen. Sport ist Emotion, Entertainment und Business zugleich. Geben Sie uns gern Ihr Feedback auf Instagram (@edel.sports) oder schreiben uns an: *info@edelsports.com*

## UNSER VERLAGSHAUS

Mit Standorten in Hamburg und München zählt die Edel Verlagsgruppe zu den größten unabhängigen Buchanbietern Deutschlands. Zur Gruppe gehören die Verlage Dr. Oetker Verlag, Edel Sports, KARIBU und ZS.

**EDEL Sports – Ein Verlag der Edel Verlagsgruppe**
**www.edelsports.com**
**www.instagram.com/edel.sports**